恋文

パリの名花 レスピナス嬢悲話

保苅瑞穂
Mizuho Hokari

筑摩書房

恋文　パリの名花レスピナス嬢悲話☆目次

第二部　炎のラブレター

恋文

パリの名花レスピナス嬢悲話

まえがき

人と生れて一度も恋を知らないという人が果たしているだろうか。

遠く万葉の時代のわが国や古代ギリシアの昔から、歌びとや詩人の作品はもちろんのこと、現代の若者たちが日ごろ好んで口ずさむ歌にしても、その大半は恋がテーマになっている。これはきっと恋することがわたしたちにとっていちばん自然な感情だからであって、その想いは、詩や歌にたくしてどんなに歌っても歌い切れないほど深く、哀切なものである。だから誰かの胸に、その自然な感情がいつ、どこで芽生えても少しも不思議はないのである。ただ、ひとくちに恋と言っても、そこには千差万別の趣きがあって、それぞれの恋がたどる道すじやその行く末となると、これぱかりは誰にも推し量ることが許されない。

ある人の恋が淡雪のような初恋であれば、恋しいという想いはその人の胸のうちに秘められるばかりで、時がたてば遠い、微かな思い出に変わってしまう。それでもその切なかった思慕の記憶だけは幾つになってもこころの片隅に残っているが、恋した人がこの世からいなくなれば、その思い出も人に知られずに消えてゆくだろう。ところが、それが燃え上がる炎のような恋であれば、その激しさは色に出て、人の目を驚かせ、世間に言い伝えられて、後の世までも人々の語り草になるかもしれない。そして、そんな恋のために歴史にさえ名を残すことになった恋人たちがいたからこそ、詩歌や小説や演劇のなかに、恋に生き、恋に殉じたヒーローやヒロインが数え切れないほど登場することになる。

ただどうしたわけか、男の場合は、実在の人間でも、架空の存在でも、あの在原業平も、光源氏も、外国の例でいえば、ドン・ジュアンも、カサノヴァも、その恋は、恋一筋というよりも、どこか遊び心のまじった色事のように見えることがあるのに、女の場合には、どうもそうではないような気がする。女は、恋の情念にとり憑かれると、ときにはそれがすべてになり、命になる。葵上を嫉妬する六条御息所のすさまじい生き霊も、アテネの王妃フェードルの狂おしい愛欲とその果てに来る自害も、彼女たちには愛することが生きることだったから、その愛が阻まれれば、それは死を意味したからではないだろうか。御息所の怨霊はその死さえも越えて生き残っている恋敵に襲いかかった。この二人の女は作者の想像力が生み出した架空の存在であったが、かりにそういう情念をもった女たちが現実にこの世にいなかったとしたら、おそらく彼女たちも作者の胸の中に宿ることはなかったであろう。

ジュリ・ド・レスピナスは、そうした激しい恋に生きた実在の女の一人であった。しかしその名を知っているものがいまの日本にどれくらいいるだろうか。ジュリが生まれたフランスでさえすでに彼女の存在を知る人はそう多くはいないようである。それでも十八世紀のフランスの歴史、とりわけ文学の歴史のなかには、当時パリの社交界でもっとも評判の高かったサロンの一つを開いていた女性としてその名が載っている。

なぜかというと、フランスの十八世紀は、ヴォルテール、ディドロ、ルソー、あるいはダランベールといった思想家たちが中心になって、封建制度の旧弊を打ち破ろうとする啓蒙運動が盛んに行われた時代であったが、その一方で上流階級の夫人たちが自邸のサロンで華やかに妍を競い合い、そのサロンを舞台にしてめざましい活躍を見せた、いわゆる「女の時代」でもあって、彼女たちの社会的な存在とその影響を歴史の流れからはずすわけにはいかなかったからである。

それぞれのサロンでは、女主人を囲んで、政界をはじめとして各界の名士たちが寄り集い、そこに外国から来た政治家や外交官、あるいは思想家や文学者たちも加わって、世間の噂話にはじまって、色とりどりの話題に花を咲かせたものであった。実際そこでは、色恋の噂が聞かれるかと思うと、政変や閣僚の人事、または法律、経済、商業などの面で大問題が持ち上がれば、さっそくそれが話題にあがった。新しい思想、たとえば、いまも名をあげたヴォルテールやルソーたちの世間をゆるがすような大胆な思想があらわれると、それをめぐって賛否両論の議論がまき起こった。あるいは最新の文学や演劇、評判のオペラ、かつての名画などをめぐって、丁々発止の意見の応酬が見られたものだった。

もともとフランスのサロンというのは、十七世紀の前半に、フランスよりはるかに文明国だったイタリアからフランスのランブイエ侯爵家に嫁いで来て侯爵夫人になった女性が、フランスの貴族といっても、その頃はまだまだ粗野で野蛮だった男たちの無作法な態度を見るに見かねて、彼らを自邸に招き、行儀作法や言葉づかい、あるいは女性に対する振舞い方を教えたのが始まりだった。そしてそれが次第に、付き合いやおしゃべりの好きなこの国の国民性に後押しされて、男も女も話術の才を競いながら、振舞いが粋で優雅であることを心がけ、またその嗜みがあることをたがいに楽しむ社交の場に変わって行った。それが十八世紀も中葉になると、ただのおしゃべりでなく、いまも言ったように、サロンの花である主人役の女性の趣味と教養次第では、そのときどきで時代の先端を行く話題が聞かれたものだった。それを少しばかり理想化していうならば、サロンの少なくともその一部は、女主人を要にして、たがいの友情で結ばれた文化的、社会的なエリートたちがそれぞれに話題を持ち寄って、熱っぽく意見を戦わす知的集団の集いだったとも言えるのである。

ジュリ・ド・レスピナスのサロンはその典型的なものであった。彼女はサロンの常連の一人で、自分よりずっと年が若くて、実の弟のように可愛がっていたコンドルセという友達への手紙のなかで、こんなことを書いているが、それがそうした彼女のサロンの性格の一端を伝えてくれるかもしれない。ついでにいえば、このコンドルセという男は、若くしてフランス科学アカデミーの会員になった数学者だったが、この時代の人間にふさわしく人間の精神の進歩を信じて、フランス革命のさなかに国民教育の理念とその制度の基礎を築くことになった人物である。

「でも、みなさんが揃ってラファエロや、カラッチ〔十六世紀後半のイタリアの画家の一族〕や、レーニ〔イタリアの画家。カラッチ派の影響を受けたバロック絵画の代表的存在。一五七五―一六四二〕を愛し、この人たちを素晴らしいと思っているのはうれしいことですわ。ほんとうに私は、時代のなかで飛び切り優秀な人たち、どの時代にいても、きっとその時代の名誉になったような人たちを親しいお友達に持っていて、その信じられないような幸福をときどき自慢したくなることがあるのです。」

そのジュリのサロンで花形というべき人物はダランベールという著名な幾何学者だったが、あとで詳しく話すように、ジュリにとって彼こそは生涯なくてはならない一番の友達だった。彼には文才もあり、当時のいわゆる「哲学者」として時代に先駆ける啓蒙的な思想の持主でもあったから、この時代のヨーロッパの知性を代表するヴォルテールにさえ一目も二目も置かれた人物だった。また文学者であり、思想家でもあったディドロは、ダランベールの文才と見識を見込んで、あの画期的な『百科全書』を世に出すにあたって、彼を自分の右腕と頼んでこの歴史的な刊行物の序文を書かせたほどであった。

そのディドロの代表作の一つに『ダランベールの夢』という戯曲がある。これはレスピナス嬢の部屋で眠りこんでしまったダランベールがわけの分らない寝言をいうのに託して、ディドロが人間と世界について当時としては衝撃的だった唯物的な思想を大胆に表明した傑作であるが、彼が戯曲の舞台として、ジュリの部屋という設定を思いついたのは、世間ではジュリたち二人がまるで兄妹のように睦まじく同じ家に暮らしていることを知らないものはいなかったからである。とにかくジュリは、そのダランベールを中心にしたサロンで抜群の才気と持ち前の優しい心づかいを見せて、集まって来る客たちを惹きつけずにはおかない魅力ある女性として世に知られていたのである。


ところがそれは、いまから思えば、おもてにあらわれたジュリの一面にすぎなかった。彼女の胸のうちには運命のいたずらというべきか、二人の男を同時に愛してしまった禁断の恋が秘められていたのである。彼女は二つの恋の葛藤に身の細る思いをしながら、自分の感情を偽ることなく、ひたすら命とも思う恋に自分のすべてを懸けて生きようとした。ただそうは言っても、最初の男との恋が友人のあいだに知れ渡っていたから、二人目の男への恋は衆人環視のサロンでは人目を気にする秘密の恋にならざるを得なかった。だから毎日のようにジュリのサロンにやって来る社交界の常連でさえ彼女のなかに燃え上がったあらたな恋には気づかなかった。それどころか、同じ屋根の下に住むダランベールでさえもそれには気づかずにいた。信じられない話だと思われるかもしれないが、これは事実である。

その秘められたジュリの恋が、彼女の死後に世に知られるようになったのは、彼女が二人目の恋人に宛てた百八十通あまりの恋文が奇蹟的に保存されていたからである。それらの手紙は、その恋人が死んだあと長いこと彼の未亡人のもとに世に知られずに眠っていたのである。

ところがその恋文が、ジュリが死んで三十五年たった一八一一年、未亡人の手によって書簡集として出版されることになった。世間のものは、なかでも女たちは彼女の狂おしいまでの恋に驚き、死の床にあっても衰えないその一途な恋に涙を流した。ある人はそんな彼女を、恋愛詩で有名な古代ギリシアの女流詩人サッポーに喩え、あるいは文学にあらわれたフェードル、マノン・レスコーといった恋に身を焼き尽くした女たちに比較した。実際、その手紙によってわたしたちの前に現われたのは、恋の歓びに身を震わせ、恋の苦しさに身悶えするひとりの女であり、恋ゆえに歴史や文学に名を残した名高い女たちに比べても少しも引けをとらない女だったのである。

しかし手紙が語ることはそれだけではなかった。それは知られざる女流作家の発見でもあった。たしかにジュリの文章は十八世紀という時代の人間にふさわしく、平明な言葉を的確に使って書かれた、まことに自然な、かつ明晰な文章であって、恋する女のゆれ動くこころが行間に透いて見えるようである。それはまたルソーの恋愛小説『ジュリあるいは新エロイーズ』が世間で圧倒的な成功を収めたことにも見られるとおり、時代の流れが理性の偏重から「感じやすい魂」の復活へと移りかわるのを反映するかのように、繊細な感性を感じさせる文章でもあって、そのおかげで手紙は恋する女の複雑で、微妙なこころの襞、まさしく人間の心理の「迷宮」にまで立ち入ることに成功している。

そうした手紙が伝える恋のドラマは、十九世紀ロマン派の叙情的な魂を予告するものと言ってもいいだろう。しかしまたその情念の激しさ、純粋さによってあらかじめそれを凌駕して、例えばラシーヌの『フェードル』におけるように、人間の情念の普遍的な真実に達している。伝記の分野で多くの名著を残したイギリスの作家リットン・ストレチーはこの書簡集を評して、「かつて人間の精神にとり憑いた情念について世界が所有するもっとも完璧な分析」といって絶賛しているが、それはけっして誇張ではなかった。ジュリはこれを後世に残すつもりで書いたのではなかったけれど、これらの手紙が『クレーヴの奥方』を先駆とする恋愛心理の分析というフランス文学の伝統に連なるべき、書簡文学における一傑作であることは間違いないだろう。

もうかなり前のことになるのだが、わたしは少し必要に迫られて、あれこれ十八世紀の文献を漁ったことがあった。そのとき、偶然レスピナスの書簡に出会い、かつてパリの社交界にその名を馳せた女のなかに、炎のような恋が秘められていたことをはじめて知った。十八世紀のフランスというと、ともすれば男女の風紀が乱れた、淫蕩と軽薄の時代のように思われがちであるが、そこにはレスピナスのような、ひたむきに真実の恋に生きた女がいたことをわたしは知ることになった。たしかに淫蕩も軽薄もこの時代の一面であって、それを否定するつもりはないけれど、一方でこの時代の人間が得ようと努めたもっとも貴重なものの一つは、内なる感情を解放して生きているという生命の実感を味わうようになったことであるが、ジュリ・ド・レスピナスの知られざる愛の生涯はそれをあざやかに物語る実例なのである。

そんなわけでわたしはいつかその恋の顚末をつぶさにたどってみたいと思っていた。そしてようやくいまその顚末を書こうと思い立ったのだが、それというのも、ほかでもない恋する今の世の女性たちに、みずからの魂の叫びに促されて最後まで真実の愛に生きた女がかつてフランスにいたことを、その恋文を通して伝えてみたくなったからである。

そこでまず、その女の生涯を語るために、フランスのとある地方に、不幸な運命を背負って生れてきた、名もない、貧しい一人の娘が、なぜ草深い田舎からパリの華やかな社交界に突如として登場することになったのか、そのあたりの事情から話さなければならない。

第一部　哀しい星の下に

Ⅰ　ある少女時代

1

かつてフランスの古都リヨンを流れるソーヌ川の岸辺に沿って、ドゥアーヌ広場という小さな、ものさびしい広場があった。いまでは跡形もなく消えてしまったけれど、これから話をするこの本のヒロインが生まれた十八世紀の前半には、その広場の一角に、ひとりの外科医が助産婦の妻とともに、診療所を兼ねたつつましい住まいを構えていた。

秋が深まって、寒さがひときわ肌身に沁みるようになったある宵のことである。ひとりの女が宵闇にまぎれて、外科医の家にこっそり入って行った。優しそうな顔には気品が漂い、まだ若さの名残りもあった。女の容貌と身にまとった衣装から、彼女がこの界隈の町方のものでない、身分のありそうな婦人であることが窺われた。

その夜からしばらくたって、女は赤ん坊を産み落とした。女の子だった。

一七三二年十一月九日のことである。

その頃のフランスは、太陽王と仰がれた名君ルイ十四世亡きあとの、あの風紀が乱れに乱れた摂政時代も、九年前に、摂政オルレアン公の死によって終わりを告げて、ルイ十五世が親政する時代を迎えていた。

翌日、教区の教会で女の子の洗礼式が行われ、ジュリ＝ジャンヌ＝エレオノール・ド・レスピナスと命名された。

こうして、これから語る悲恋のヒロインがこの世に誕生することになった。

ところが、洗礼証書には、父クロード・ド・レスピナス、母ジュリ・ナヴァールと記載されてはいるが、じつはどちらも偽名であって、実在する人物の名前ではなかった。彼女の出生には、はじめから謎めいたものが付き纏うことになったのだが、しかし出生の謎と、そのあと少女の身に起きる出来事には、悲劇といってもも言い過ぎでない驚くべき事実が隠されていたのである。

母親の素性は早くから割れていた。フランス南東部ドーフィネ地方の古い名家のひとつにダルボン家というのがあって、その一族は分家としてもうひとつの家系を持っていた。あの夜、外科医の家を訪れて子供を産んだのは、分家のサン＝フォルジュウ侯爵家という家系に属する女性であった。彼女は、やがてもう一方の家系であるダルボン伯爵家に属する、いとこのクロード・ダルボンと結婚して、ジュリ・ダルボン伯爵夫人となった。

このダルボン伯爵家には、三百年も前から所有しているレスピナスという名の所領地があったが、娘の母親であるダルボン夫人は、産み落とした子供の洗礼に際して、とっさにその土地の名と夫の名とを組み合わせて洗礼証書に記して、父親の名としたのではなかっただろうか。

しかし、いまもいったとおり、その名を持った父親であるべき人物は現実には存在しないのである。

そうかといって産み落とされた女の子は、夫人の実の夫であるクロード・ダルボン伯爵の子でもなかった。なぜなら夫人にはそのとき、夫とのあいだに生れた十六になる娘ディアーヌと八つになる息子カミーユがいたが、そのカミーユが生れた年、すなわちジュリが生れる八年前の一七二四年には、夫はすでに妻と別居していて、まったく音信が途絶えてしまっていたからである。

夫が出て行った後しばらくたって、彼女は実家の祖先が代々引き継いできたリヨン近郊のアヴォージュという土地に引き移って、そこの館に二人の子供たちとともに住むことにした。やがてジュリが生れると、父親の名を隠して、ある情事から生れたその女の子を館に引き取った。そして出生の秘密をひとり胸の奥に秘めたまま、哀しい星の下に生れてきたわが子に惜しみなく愛情を注いで、養育した。そうすることが何の罪もない子供にたいしてみずからの過ちを償うための、たった一つの道だと思ったからにちがいなかった。ダルボン夫人三十七歳のときのことである。

いったい本当の父親は誰だったのか。

のちにジュリがパリの社交界でもっとも名を知られた女の一人になったとき、彼女の素性についてあれこれ憶測するものがいないわけではなかったけれど、それは事実とは程遠いものであった。ことの真相が公に明らかになったのは、ジュリが死んで百三十年近くもたった一九〇五年のことで、事実を突き止めたのはセギュール侯爵という十八世紀フランスの著名人の評伝を専門に手がける伝記作家であった。真相の解明に至ったいきさつは、彼が著した『ジュリ・ド・レスピナス伝』にこと細かに書かれている。その詳細はともかくとして、やがて出生の真相とそれが引き起こす肉親同士の軋轢が幼いジュリを苦しめて、生涯彼女のこころに癒しようのない傷跡を残すことになるのである。

そのあたりのことを知ってもらうためには、まずその出生の謎について述べておかなければならない。

リヨンの北、マコンにほど近いシャンロンという土地に、ヴィシー伯爵家という、これもまた代々続いた由緒ある旧家があった。ダルボン家とは地理的に近い位置にあり、縁戚関係によっても結ばれていた家である。

このヴィシー家の長男に、ガスパール・ド・ヴィシーという男がいた。二十歳で軍隊に入隊してからは、遠く故郷を離れて、戦地や駐屯地で過ごすことが多かったが、それでも休暇にはマコンに戻ってきて、ダルボン家を訪ねては、まだその地に留まっていた同い年のダルボン伯爵夫人と付き合うようになった。そのころの夫人が夫のダルボン伯爵と別れて、別居生活を送っていたことはいまも述べたとおりだが、じつはこのガスパールという男こそジュリの父親だったのである。

たとえ父親が判明したとしても、情事から生れた私生児の境遇がそれで容易に変わるものではないだろうが、しかし問題がただ私生児であるということであれば、幼いジュリをあれほど苦しめて、彼女の少女時代を絶望的なまでに暗くすることもなかったであろう。これはずっとのちのことになるが、そのころ彼女が家族と思っていた人たちから受けた「残忍な仕打ち」をふりかえって、ある手紙でこんな告白をしているからである。

「いつかあなたにお話しようと思っていますが、それはプレヴォ〔小説『マノン・レスコー』で有名な十八世紀のフランスの作家〕やリチャードソン〔十八世紀の英国の小説家。代表作に『パミラ』や『クラリッサ』がある〕の小説にだって決して見つからないことなのです。私の身の上話は、あまりにも不幸な、あまりにも堪えがたい状況が寄り集まって出来ているので、真実というものは、しばしば本当らしくは見えないものだということがそれでよくわかりました。……人間というものはなんて残酷なのでしょう！　それに比べたら、まだしも虎のほうが優しいものです。」

あるいはまた、

「この私は悲しみと苦しみしか知りませんでした。味わったものといったら、私がこころの慰めを期待して当然だったはずの人たちの残忍な仕打ちだけだったのです。」

ジュリに、少女時代をふりかえってこういう悲痛な言葉を書かせた「あまりに不幸な、あまりに堪えがたい状況」とはいったい何だったのだろうか。

幼い頃、彼女は、アヴォージュの館で、父親の違う、といってもその頃の彼女がその事実を知らされていたわけではなかったが、十六も年上の姉ディアーヌと、八つ年上の兄カミーユとともに、母の愛情と庇護のもとで穏やかな幼年期を過ごしていた。館は中世の堅固な城砦を思わせる、まわりに堀をめぐらせた広大な屋敷だった。そこは、よくフランスの田舎に見られるような、川がゆったりと流れる肥沃な谷間で、屋敷は、遠く地平線に山々の頂きが望める緑の多い自然のなかにあった。そうした環境のなかで、ともすれば孤独になりがちな彼女は、じつの兄と思っていたカミーユをたった一人の遊び相手として、静かな暮らしを送ることができた。年は離れていても、自分が姉や兄とおなじこの家の人間であることをジュリは疑ってもみなかった。

その暮らしに変化が起きたのはジュリが七歳になった一七三九年のことである。兄が軍隊に入るためにアヴォージュの家を離れたのである。それにつづいて姉が結婚することになった。

結婚を申込んだのは、なんと母の愛人の、あのヴィシー家のガスパールだった。この結婚話に母が激しく動揺したことはいうまでもないだろう。だが母は、そうでなくても感じやすい二人の娘たちの驚きと悲しみを思うと、その男が自分の愛人であることはとうてい彼女たちに明かせるものではなかった。万一それを明かすようなことにでもなったら、ジュリの出生の秘密もいずれは明るみに出ずにはすまないからだ。ジュリにしても、そのとき秘密を知らされなかったことは、彼女の幼い年を思えばむしろ幸せなことだったかもしれない。

姉がその男と結婚することになったのには次のようないきさつがあった。

軍務に服していたガスパールは、それまでにも軍から賜暇が下りると、愛人だったダルボン伯爵夫人との逢瀬を楽しむために、ときおりアヴォージュの館を訪ねて来ることがあった。ところが、そのうち愛人である母よりも、その娘で二十三歳になろうとしていた若いディアーヌのほうに惹かれていって、ついに彼女を娶ることにした。愛人とその娘を相手につぎつぎに関係を持つということは、いくら男女間の風紀が乱れていた十八世紀のフランスであっても、そうざらにある話ではなかっただろう。その上ジュリの立場からすれば、その乱れた関係は単に性的な乱脈にとどまらず、のちに彼女自身が言った言葉を使えば、「人間というものに身の毛がよだつようなおぞましさを抱かせる」ものだった。なにしろジュリにとって、姉の結婚相手になる男、つまり未来の義兄になる男はなんと自分のじつの父親だったからである。

その年の十一月も半ばになって、冬の厳しさが遠くに連なる山々の峰に雪を降らせる頃、姉はガスパールが住んでいるシャンロンへ向けて、あわただしく去って行った。ジュリは静まり返った古城のような館に母と二人きりで取り残されることになった。

月日が流れた。

母は、その当時死病といわれた肺病に侵されて、もう余命が長くないことを予感するようになった。自分が死ねば、わが子はみなし児になる。そう思って、何とか嫡出子としての身分と権利を回復させてあげたいと切に願うようになった。しかし、そのこころからの願いが、遺産相続をめぐる骨肉の争いの火種になりかねないことは昔も今も変わりがなかった。案の定、娘婿のガスパールはそれに頑強に反対した。もしも夫の反対がなかったならば、妻のディアーヌは、そしてジュリをじつの妹と思って愛していた兄のカミーユも、母の申し出を受け入れていたかもしれなかった。しかし結局、二人ともガスパールの剣幕に押し切られる形になった。万一ジュリに嫡出子の権利が認められれば、将来、彼女から遺産の取り分を要求されることになるかもしれない。彼らはそれを恐れたのである。

母は取り付く島もない拒絶の前に、わが子の身分と権利を回復させてあげたいというたっての願いを諦めざるをえなくなった。

それならば、せめて世間の荒波から娘の身を守るために、彼女を修道院に入れることを考えた。これは十八世紀にはよくある話だった。零落した貴族が、娘に持たせる多額の持参金に事欠いたり、娘が美しい容姿に恵まれなくて嫁がせる先が見つからないようなとき、やむをえず、まだうら若い彼女たちを修道院に送って、信仰もないのに、そこで生身の体を朽ちさせたのである。ディドロの小説『修道女』を読めば、そうした若い娘たちが世俗の華やかな生活から無理やり引き離され、僧院の塀のうちに閉じ込められて、肉体も心も理不尽な拘束のなかで、もだえ苦しむ姿を見ることができる。

けれどもジュリは、このときばかりは母の申し出に強く反撥した。彼女は、信仰を持たずに入れられて生きたまま死を待つような修道院での生活を受け入れるにはあまりに気性の激しい娘だった。ぼんやりと「中途半端に」生きることは、ジュリにとって生きることではなかった。物ごころがついてから、なにごとによらず、一途に、力いっぱい生きること、それが彼女の生き方だったからである。あるときジュリは自分の恋の仕方について、こんな告白をしたことがあった。

――私はほんとうに激しく生きているので、ときどき、ふと気がつくと、もう気が狂いそうなくらい恋をしていて、しまいには不幸になることがあるのです。

この告白のとおり、ジュリがはじめて恋を知るようになったとき、その激しい気性と生き方が、愛する喜びにどれだけ彼女を酔わせ、恋の苦しみにどれだけ悩ませることになるかを、読者はやがてご覧になるだろう。

こうしてこの願いも、ジュリの反対に遭って、母は捨てざるをえなかった。そのかわり遺書を書いて、自分の死後に、幾ばくかの金が年金の形でジュリに渡るように心を配った。それが娘に対するせめてもの心づかいであった。ただその金額というのは、彼女の相当な資産からすれば微々たるものにすぎなかった。私生児に遺す金額を、公証人に書かせる公の遺言書に記すとなれば、不当に多額の金額にするわけにはいかなかったからである。

一七四八年の春、母は心残りのジュリをたった一人、ひと気のない館に残して、この世を去った。

母の最期を看取ると、彼女は十五の若さでみなし児になった。少女が味わった悲しみと、孤独と、不安をここに書き連ねることは控えよう。それは彼女自身が自分の少女時代について「この私は悲しみと苦しみしか知りませんでした」と語ったあの言葉がはっきり告げていることであって、それがいかに真実の言葉だったか、いまはそれを噛みしめるだけにとどめておく。

広大な屋敷にひとり取り残されたジュリは、誰かと相談してその後の身の振り方を考えなければならなかったが、相談するといっても、兄のカミーユは遠い騎兵連隊の駐屯地で軍務に服していて、いつ故郷に戻って来るか知れなかった。残る道はガスパールに嫁いだ姉に頼るしかなかった。

姉は乗り気ではなかったが、夫の同意を得て、妹を引き取ることに決めた。

2

ジュリが身を寄せたヴィシー夫妻の住まいは、いまも言ったマコンに近いシャンロンという所領地にあった。それは跳ね橋が架かる深い堀に囲まれた、これも中世の城砦のような館であった。館の一角には大きな塔が聳え、広々としたテラスをはじめ、花壇や鳥小屋などを備えていた。主人のガスパールは五十歳を越えて、すでに軍を退役していたが、地方の貴族としての体面を保つために、司祭、侍従、給仕頭、料理人、従僕、御者など、数十人の使用人を擁していた。

その当時、ここに住む家族はヴィシー夫妻のほかに、二人のあいだに生れた子供たちがいたのだが、ジュリは、なかでも自分より八つ年下のアベルという男の子を可愛がり、辛うじてそれが、慣れない新しい住まいで過ごすわびしい日々の慰めになった。

ジュリはこの土地に来てから、毎日のわびしさを忘れるためにあることを思い立った。彼女はアヴォージュの館にいた頃、母からはじめて読み書きの手ほどきを受けていたが、それをここに来て補うために、自分から本を読み、勉強に励んだのである。英語もイタリア語も話せるようになった。シェイクスピアを原文で読めるようにさえなった。それほどの語学力を身につけることができたのは、たぶん当時の女性としては異例なことだったと思われる。またその一方で、自国の作家ではラシーヌ、ラ・フォンテーヌ、ヴォルテールをくりかえし読んで、しまいにはほとんど暗記してしまうほどになった。

そうした努力が彼女の言葉の感覚を磨き、趣味を洗練させ、判断力を養ったことは間違いなかった。若いときに身につけたこの教養が、のちにパリの社交界で発揮される知性や言葉づかいの巧みさを生む土台になったことも確かであろう。話が先へ飛ぶようだが、ジュリという女の一面を伝えるために少しだけその点を確かめておこう。

まずある人の回想録（追記を参照）がそれを裏付けてくれる。「彼女は博識というのではなかったが、教養があった。……またとりわけ自国語のフランス語を完璧に心得ていた。……適切な語を用いるという貴重な才能、それがなければ表現の微妙な味わいも、正確さもありえないあの才能を彼女のように身につけた人を私は誰ひとり知らなかった。」（「エリザを称えて」）

またこれは、後年彼女がパリに出てからのことになるけれど、フランスの作家のほかに、同時代の英国の小説家リチャードソンやスターンを愛読したことが同じ回想録のなかに見えている。リチャードソンは当時ヨーロッパに名を知られた人気作家だったが、それよりも注目していいのはスターンを愛読したことである。彼女の英語の力がそれによって証明されるからというだけではない。今風にいえば、前衛的な小説といってもおかしくないあの『トリストラム・シャンディー』の奇抜な構成や、脱線する筋の運びや、諧謔や、細密な描写をものともせずに、これを読みこなしたということが、彼女の柔軟な精神と旺盛な知的好奇心を示す何よりの証拠になるからである。

「彼女はあの不滅のリチャードソンをどんな作家よりも高く買っていた。彼女は本を一読し、再読してはそれを翻訳した。またスターンを鍾愛していた。『センチメンタル・ジャーニー』をパリで評判にさせたのは他でもない彼女だった。出来にむらがあり、不完全で、風変わりな作品であっても、そこになにか天分や感受性を窺わせる筆づかいが見つかれば、彼女の目には魅力的に映った。そんなふうにして彼女は根気よく『トリストラム・シャンディー』のすべてをまっさきに開拓したのであった。」

これほどの女が、いや男でさえ、あの頃のパリにいたかどうかは大いに疑っていいことであって、それだけ彼女が端倪すべからざる女性だったことが想像されるのである。

そんなジュリだったから、姉夫婦の子供たちの面倒を見ながら、読み書きを教えるのはたやすい上に楽しいことでもあったから自然とそれが彼女の日課になった。子供たちの両親は、普段は彼女にひどく冷たい態度を見せていたが、これには感謝せずにはいられなかった。

ジュリがここに身を寄せるようになってから一年がすぎた冬のことである。ガスパールと妻のディアーヌは、冬をパリで過ごすために、子供たちをジュリに預けてシャンロンの屋敷を後にした。その留守中に彼女が子供たちをみっちりと教育したことはいうまでもない。

帰宅して、姉夫婦は子供たちの進歩に目を見張った。が、それと同時に、彼らは隠れていたジュリの素早い頭の回転に気づき、かつそれを警戒した。この娘は自分たちと同じ身分だと思っている。今のうちにその思い違いに釘を刺しておかなければ、いつそれを盾にとって遺産の取り分を要求して来るかわかったものではない。吝嗇なガスパールたちが用心したのはそのことだった。その頃からジュリに対する態度がいっそう冷たくなり、夫と妻は、かりにも自分の娘であり、妹である彼女を見下して、給料なしの家庭教師か、召使のようにこき使いはじめた。

私生児という秘密が彼らの口からジュリに暴露されたのは、そんなことがあってからしばらくたった頃のことだった。同じ回想録のなかに、そのときのことがこう綴られている。「彼らはジュリに、自分がどういう人間であるかを思い知らせた。……彼女は同じ家のなかで、いきなり、みなし児で、よそ者の地位に転落したのだ！　軽蔑したような、残忍な同情がこの薄幸な娘に警戒の目を光らせた。」

恐ろしい事実を突きつけられて、どれだけジュリが動転し、傷つき、あまりの驚きに身が凍るような思いをしたかは語るまでもないだろう。義理の兄であり、姉の夫と思っていた人が、自分の父親だったとは！　しかもその父親が、娘の私を平然と「よそ者」の境遇に突き落とす。世の中にそんな残酷なことがあっていいものだろうか。

ジュリの心のなかで、すべてが一時に崩れ去った。

彼女は絶望のなかで、なぜ姉夫婦が自分を引き取ることにしたのか、その理由をはじめて悟った。姉と思い、義兄と思っていた人たちは、私を身近に引き止めておいて、遺産の請求という筋違いな真似をさせないために、密かに自分を監視していたのだ。

彼女が「あまりに不幸な、あまりに堪えがたい状況が寄り集まって」といった状況というのはこういうことだったのである。

もう彼女の頭には「残酷な迫害者」が住むこの家を一日も早く去ることしかなかった。しかしほかに身を寄せるところはどこにもありはしなかった。母が死ぬ前に漏らした修道院での生活が頭をよぎった。あのときは母にはげしく反撥して、修道院入りを諦めさせたのはほかでもないジュリ自身だった。いまだって、そのときの気持ちを忘れたわけではなかった。でも、こんな屈辱的な暮らしに堪えるよりは、そのほうがまだましかもしれない。

――思い切ってリヨンの修道院に入ろう。

彼女はそう心に決めた。

その年、ジュリは二十歳になろうとしていた。

3

ところが、この絶望の淵にあった娘の運命を一変させる出来事が起こった。

一七五二年春たけなわの五月のある日のことである。ヴィシー伯爵の館の前に一台の馬車が停まった。そこから五十代も半ばをすぎた一人の女が降りたった。その衣装から明らかに貴族とわかる女であった。もちろんそのときのジュリは、その人が自分の運命を根底から変えることになろうとは夢にも思っていなかった。

女の名はデファン侯爵夫人、旧姓はマリ・ド・ヴィシーである。この旧姓から、読者はもうおわかりになったかもしれないが、女はヴィシー家出身の娘で、ガスパール・ド・ヴィシーの妹だったのである。となれば、ガスパールの娘であるジュリはデファン夫人の姪に当たることになる。

このデファン夫人というのは、ジュリはまだなにも知らなかったけれど、当時、パリの社交界で知らぬものがないもっとも有名な女性の一人で、彼女が開いていたサロンは選りすぐった客たちを迎えて、華やかな社交を繰り広げていたのである。

だが、デファン夫人は、華やかな社交の世界とは裏腹に、心のうちはまったく虚ろだった。夫人が若かった頃というのは、ちょうどあの風紀が乱れた摂政時代に当たっていて、彼女自身もいっときは無類の色好みで聞こえた摂政オルレアン公とさえ関係をもって奔放な生活を送っていたのである。その後、ルイ十四世の嫡男メーヌ公と結婚してメーヌ夫人となった女がパリ郊外のソーに開いた宮廷で侍女として仕えたあと、ありあまる才気を武器にパリでサロンを開くことになったが、恐ろしく鋭い目が人間の裏も表も見つくしたあと、彼女に残ったものといえば、こころの空しさと癒しようのない倦怠だけであった。その上、五十を過ぎたころから視力が極端に落ちて、失明の危機に晒されていた。

そんな身も心も傷ついた状態から逃れるために、デファン夫人は、自分が生まれ育った田舎に戻れば生きる力を取り戻せるかもしれないと、そこに一縷の望みをかけた。かくして彼女はこの日、兄のガスパール・ド・ヴィシーが住むシャンロンの土地にやって来たのである。

しかし、着いて数日もしないうちに、早くも夫人はその望みが空しかったことを悟った。田園の静かさが傷ついたこころを癒すには、パリの社交界の華やかさと喧騒にあまりにも浸りすぎていたからだ。たしかに彼女は社交の空しさと人間の軽薄さや愚かさに嫌気が差してはいたけれど、かといって、それがなくては一日も生きてはいられない人間になっていた。もう夜が明けようという頃に最後の客たちが引き上げると、にぎやかだったサロンはとたんに静まり返った。しかし、それですぐに眠りに就けるわけではなかった。こうしてひとりにされて、自分自身と向き合わされることが彼女には死ぬほど苦痛なのだ。大勢の客を迎えて驚くような才気と辛辣な言葉をふりまき、話に打ち興じるのも、もとはといえば自分の空虚なこころを覆い隠すためだった。日が高く昇るころになってようやく床に入っても、眠れないベッドのなかで、生きている目的のない生活の空しさがこころをさいなんだ。

——天使から牡蠣まで、人生にはたった一つの不幸しかなくて、それは生まれてきたことです、というのが彼女の口癖になった。

そして、ついに癒しようのない倦怠感に堪えられなくなって、パリを逃れて来たのであった。

ある日、デファン夫人はジュリを連れて、館につづく広い庭園に散歩に出た。春の日差しを浴びた濃い緑のクマシデの並木がつづく小道を二人はゆっくりと歩いた。視力がひどく落ちてしまったので、付き添ってくれる連れが必要なのである。しかし、ジュリを連れて来たのはそのためばかりではなかった。彼女が無邪気に発散する若さの魅力についい引き込まれて、いつしかこの娘と話をすることが、単調な田舎暮らしを慰めるたった一つの楽しみであることに気づいたのである。

夫人はシャンロンに着いた最初の日から、家の中で、一人取り残されたような若い娘の存在に気づいていた。食事のときも、娘はお情けで、食卓の端に席を与えられているように見えた。
——私は彼女がひどく悲しそうにしていて、よく目に涙を浮かべているのに気づいていました、と、夫人はパリにいる知人への手紙に書いている。娘の出生の秘密について、したがって彼女が自分の姪に当たることも、兄のガスパールから聞いて知っていたに違いない。あの淋しそうな風情も、涙にうるむ目も、彼女が置かれている今の堪えがたい境遇がその原因であることを夫人はすでに察していたであろう。

ところが、デファン夫人が持ち前の巧みな話術で、ジュリにとっては別世界のようなパリの社交界で起きた面白い出来事でも話しはじめると、彼女の大きな栗色の目は途端に輝き出して、いつもはあんなに淋しそうに見えた表情が、まるで待っていた春の光を浴びる草花のように見違えるばかりに生き返った。その自然な生命の発露が、デファン夫人に長いこと忘れていた命の息吹を吹き入れた。

それが、相手を魅了せずにはおかないジュリの天性の美質であった。こころのなかにあふれる喜びや、感動や、悲しみが顔に出て、彼女の表情に驚くほど微妙な陰影をあたえるのである。そして、それがそのまま話している相手のこころに染みとおって、その人を動かした。そんなジュリの特徴をよく知る人が、
——あなたという人は大理石の彫刻に感じるこころを与え、物質にさえ考える力を与える人ですね、と、言ったことがあった。

それればかりではなかった。夫人が話すことにすばやく反応する精神の敏捷さと、それを素直にあらわす率直な性格が、夫人に、彼女のサロンに出入りする社交慣れした人間には見られない爽やかな印象を吹き込んだ。「この子をそばに置いて暮らすことになれば、パリでの生活をやり直すことができるかも

しれない。もう私にはそれよりほかに生きる道がないかもしれない。それに、この娘をパリに来させれば、いまのつらい境遇から救い出すことにもなるだろう。」

夫人はそう胸のうちで思った。

やがて親子ほども年がちがう二人の女は、たがいに相手をたったひとりこころのうちを打ち明けることのできる人だと考えるようになった。

しかしジュリには、夫人と過ごす短い時間を除いて、シャンロンでの暮らしが堪えがたいものであることは依然として変わりがなかった。いずれデファン夫人がパリへ戻ってしまえば、ジュリは話し相手を失って、またひとりぼっちになり、慰めのない、孤独で、屈辱的な生活を強いられることになるだろう。だから彼女はデファン夫人と出会ったあとも修道院に入る決意を翻えそうとは思っていなかった。

その年の十月、ジュリはリヨンの修道院に入るために、いよいよシャンロンを離れることになった。その日の朝、デファン夫人は彼女の耳もとに、

——パリに来て、私といっしょに暮らしてみてはどうかしら、

と囁いた。一瞬、ジュリはわが耳を疑った。そしてつぎの瞬間、思いもかけない申し出に顔中が輝いた。しかし、それはその場で返事ができるような申し出ではなかった。

やがてデファン夫人も、ジュリのいなくなったシャンロンの土地を去って、リヨンに近いマコンに移った。

修道院に籠もってから、ジュリはその申し出を冷静に考えてみた。パリという見知らぬ大都会に飛び込むことは、実際彼女には空恐ろしいことだった。田舎の生活しか知らない娘に、その渦巻くような人間たちの群れにまじって、いったい何ができるだろうか。その不安に比べたら、修道院に身を潜めて、

たとえ退屈であっても、静かな生活を送った方が安心なのではあるまいか。彼女は真剣に考えたすえにパリへ行くことを諦めることにした。リヨンでデファン夫人に会って、正直に自分の気持ちを伝えた。

夫人はもの静かな口調で、ジュリに思い直すようにくりかえし説得に努めた。その後、夫人がパリに戻ってからも、二人のあいだでなんども手紙のやり取りがあった。

それがかれこれ一年以上つづいた。ジュリは夫人の度重なる説得に屈して、ためらっていた気持ちを振り切って、ついにパリへ行く決心を固めたのである。

ジュリの決心を知ったデファン夫人はすぐさま彼女に手紙を書いて、それを次のように結んだ。

「さあ、荷物をお作りなさい。そしてこちらに来て、私の生活の幸せと慰めになるようにしてください。それが私だけのことでなくて、おたがいにとってそうなるかどうかは、もう私の手で決められることではありません。」

一七五四年四月中旬のある日、一台の馬車が、デファン夫人の住まいがあるパリのサン＝ジョゼフ修道院の前に停まった。

若い娘が、不安と期待で引きつった顔を、馬車の戸口からのぞかせた。そして、はじめて来たパリの土地にそっと足を下ろした。

Ⅱ　ジュリ、パリ社交界に登場する

1

サン＝ジョゼフ修道院のデファン夫人のサロンは、数あるパリのサロンのなかでも格式の高い、もっとも貴族的なサロンとして知られていた。ジュリがパリに出て来たころはとりわけその絶頂期にあって、宵闇が街に漂いはじめると、常連たちが次々と夫人の住んでいるサン＝ドミニック街に馬車を乗りつけた。そして華やかな夜会が始まるのである。

そこは修道院と言っても、夫人のアパルトマンは修道院とは別棟の建物のなかにあって、やかましい宗教上の規律があるわけでもなく、ときおり中庭を歩く尼僧のすがたを見ることはあっても、いたって自由な生活を送ることができた。太陽王と言われたルイ十四世に愛された寵姫のモンテスパン夫人が、十七世紀の終わりにヴェルサイユの宮廷を去ったあとで余生を送ったのも、この同じ別棟のアパルトマンでのことだったそうである。

落ち着きのある豪華なサロンは、壁に黄金色の波形模様があしらわれ、窓には同じ色合いのどっしりとしたカーテンが垂れ下がっている。大勢の客が来るので、大型の安楽椅子や柔らかそうなソファーがいくつも並んでいて、部屋の隅には本が積まれた円テーブルが置かれていた。サロンにつづく隣りの部屋はもっと内輪の集まりに使われるデファン夫人の寝室で、暖炉のそばには夫人専用の、からだがすっぽりと収まるくらいの大ぶりの肘掛け椅子が置かれていた。それは、背もたれの上部にまるで小さな天蓋のような覆いが付いた、見るからに居心地のよさそうな椅子であって、みんなは面白半分にそれを樽と呼んだものだった。

彼女はその椅子に坐って、ひざの上でお気に入りのアンゴラ猫を撫でながら、ほとんどいつも顔ぶれのきまっている常連の客たちを相手に、夜の更けるのも忘れて、いつ果てるか知れないおしゃべりに花を咲かせるのである。

——何を話してもかまわない、ただし小むずかしい議論はいっさいご法度、

というのがこのサロンでの唯一の掟であった。

常連の客の顔ぶれは時代とともに多少は入れ替わったけれど、代表的なところでは、たとえばモンテスキューや若いころのヴォルテールといった著名な文学者、チュルゴのような政治家、ダランベールのような数学者、ときにはイギリスからやって来た大物哲学者のデイヴィッド・ヒュームや歴史家のギボンといった一流の知識人であり、趣味人たちであった。またそれに加えて、イギリス、イタリア、スペイン、あるいは北欧やロシアなどの大使や外交官が現われることもある。そんな彼らにまじって、後の宰相ショワズール公爵の夫人や、デファン夫人とは竹馬の友で、上流社会の礼儀作法にやかましい美貌のリュクサンブール元帥夫人、社交界の花と言われたブフレール伯爵夫人、ミルポワ公爵夫人、ボーヴォー大公夫人などの女たちが顔を揃えていたが、男も女も、社交界のみならず当時の社会で名を知られ

た錚々たるメンバーであった。

その誰もが個性たっぷりな人物だったが、その多士済々の人たちにただひとつ共通するものがあるとすれば、それはあふれる才気と人を惹きつける会話の才能であり、万が一それを欠くようなことになれば、代わりにどんな肩書きを持ってきてもここでは通用しなかった。そして、その才気を誰よりも持っていたのがほかでもないデファン夫人その人だった。客たちは、彼女の容赦ない人間観察と鋭い才知から放たれる寸鉄人を刺す類いの警句が、今宵も聞けるかもしれないと期待してサロンに集まって来るのである。

よそ者を近づけないそんな恐ろしくも華やかな集まりのなかへ、ジュリのような社交の作法などまったく知らない田舎出の娘がひきだされたら、怖じ気づいて身が竦んでしまうのではあるまいか、と客の誰もが半分は好奇心、半分は同情から心配したものだ。実際ジュリはまだ二十一の若さであって、こんな上流の社交界はおろかパリの町すら見たことのない田舎娘だった。

デファン夫人はそれを見越して、常連の仲間たちに、

——今度、姪が私の世話をするために田舎から出て来ますけれど、社交界のことはまるで知らないうぶな娘なのです、
と、みんなに根回しをしておいた。

ところが、そのジュリがいったんサロンに現われると、彼女は瞬く間に客たちを魅了してしまったのである。

伝記作家のリットン・ストレチーはこう書いている、「彼女はこういう社交界で成功するのに必要な資質をすべて備えていた。機転、洗練、才気、洞察力、そのすべてを持っていた」と。さすがにデファ

ン夫人の眼力に狂いはなかったわけである。ちょうど二年前、はじめて故郷の田舎でジュリと出会ったとき、彼女のなかに垣間見た才気や利発さが、その明るい性格とあいまって、まったく臆する様子もなく発揮されたのである。会う人ごとにその心を虜にしないではおかないジュリの魅力に感歎して、ある夫人は、

——まるで魔法使い《マジシエンヌ》のようだわ、

とつぶやいたものである。

ただ社交界の仕来りや、そこでの立ち居振舞いとなると、これだけはどうにもならなかった。

そんなジュリを見て、礼儀作法のご意見番のようなリュクサンブール夫人が、社交界での仕来りや振舞い方を教え込んだ。

おかげでジュリは、持って生れた伸びやかな肢体の女らしい自然な優雅さが、作法を身につけることでひときわ洗練されることになった。自分ではすこしも気にしていないのに、彼女のさりげない優雅な仕草は、美しく着飾った女たちを見慣れた男の肥えた目さえも惹きつけずにはおかなかった。田舎出の娘が、ヴァトーが描く若い貴婦人、たとえば名画「ジェルサンの看板」に描かれた貴婦人に見るようなあのみずみずしい優美な気品を漂わせるまでになったのである。それはどこかシンデレラを思わせる変身ぶりと言ってもいい運命からの贈り物であった。

しかし、サロンの生活から教えられたものは物腰の優雅さだけではなかった。ある意味でそれよりもっと貴重なものは知性の洗練だったのである。というのも、その知的な洗練は、のちに彼女が恋人に宛てた手紙のなかで、恋に一喜一憂する自分のこころの動きを驚くほど精緻に分析する能力に繋がってゆくからである。少なくともわたしにはそう見えるのであって、それをここで前もって言っておくのもジ

ユリという女を知る上で無駄にはならないだろう。

　先にも書いたように、彼女のまわりには知性や洗練された趣味にかんして当代一流の人物が少なからず集まっていた。そして、そういう仲間たちと付き合ううちに、ジュリは、いわば人間の真贋を見分ける目を養うことになった。そんな目を持ったことが彼女の人間としての成長を大きく促したことは間違いない。ただし人間の善し悪しを見分ける目を持つということは、サロンのような種々雑多な人間が寄り集まるなかで暮らすとき、良いほうにばかり働くとは限らないのが世の常なのである。

　あるとき、というのは彼女がパリに出て来てすでに二十年あまりが過ぎたころだったが、ジュリは、日ごろデファン夫人のサロンで知り合った人たちから授けられた貴重な「教育」について、思いがけないことを言ったのである。

　それを語った手紙の、まずその前段である次の一節を引いてみる。

「でも、驚きますわ！　パリの真ん中にだって地方の町のようなところがたくさんあるのですもの。愚かな人たちや偽もののお偉方だって、たくさんおりますわ。何につけても、どこへ行っても、立派な人というのはほんとうに稀ですから、そういう人と知り合って、その人を自分の日々の糧にしてしまうというのは大きな不幸ではないでしょうか。才気ある人や品性のすぐれた人と暮らす習慣については、ラ・ロシュフーコーさん〔『箴言』で有名な十七世紀フランスのモラリスト〕が宮廷についておしゃっていたのと同じことが言えます。そういう人たちは決して人を幸福にはしてくれないのに、それでいてその人たちがいるせいで、よそで幸せな気分になることは無理なのです。まさしくそれが、私がどこか別の社交の集まりにいるときに必ずと言っていいくらい痛感することなのです」

　と、ジュリはこう言うのである。才気ある人や品性のすぐれた人たちに日々接している幸せは、そうでない有象無象の人間との付き合いを堪えがたいほど退屈で味気ないものにする。そうだとしたら、その幸せはかえって不幸ではないのか。彼女はどこか別の社交の集まりに出るたびに、その矛盾した思いを味わわされてやりきれない気持ちになった。そんなジュリのやり場のない悩みを思うと、彼女が長年パリの社交界に住んで経験した人生の難しさが目に見えるようである。と同時にそれは、それだけ彼女が人間や世の中というものをしっかり見定めるだけの判断力を身に付けたということでもあった。

さてジュリが受けた人間教育のことはこれから引く手紙の後半に出てくるのだが、興味深いのは、それが恋愛と絡んで語られていることである。

「私としてはどうしても言わなければならないのですが、あまり才気のない人から、それどころかほとんど才気なんか持ってないような人から愛されても、どんなに激しく愛されても、すこしも幸せではないのです、喜びでもなく、慰めでさえないのです。すぐれた方しか愛せないなんて、そんな自分がほんとうにいやになります！　私はなんて気むずかしい女なのでしょう！

けれどもそれは私の責任でしょうか。私がどんな教育を受けたか、ちょっとご覧になってください。それはデファン夫人（なぜって、才気ということになれば、この人の名をあげないわけにはいきませんもの）、エノー〔高等法院〕院長、アベ・ボン、トゥールーズ大司教、エクス大司教、チュルゴさん、ダランベールさん、アベ・ド・ボワモンさん、モラさん。この方々が私に話し方や、ものの考え方を教えてくださったのです。その上みなさんは私をなかなかの女だと見なしてくださいました。そういうことがあったあとで、＊＊＊さんに愛されてのぼせ上がるなんて無理な話ですわ！　しかし、あなた、まるで才気がないのに、あってもほんの少ししかないのに、そんな人を愛することができるなんてお思いになりますか。こんな私をきっとあなたは頭がどうかしている、愚かな女だと思っておいでなのはよくわかっていますわ。でもそれはどうだっていいのです。私はいまお話したことがずっと気になって仕方がなかったのですから。」

人並すぐれた知人友人から授けられた人間教育には予想もしなかった落し穴があった。しかし翻って考えてみれば、その落し穴に気が付いて、すぐれた人しか愛せない自分を冷静に分析して見せるということが、取りも直さずジュリの知性と判断力の成熟を示すものだったこともまた動かすことのできない事実なのである。

やがて読者もご覧になるように、それが鋭利な武器となって、ジュリは自らのこころのなかに燃えあがる愛の情念に、あたかも生きているわが身にメスを入れるかのように、思い切った、鋭い分析をくわえることになるだろう。そこに炎のラブレターと呼んでみたい、ほかに類を見ない愛の書簡集が誕生するのである。

話をもとに戻そう。

パリに来た当時、ジュリは、サロンというものをはじめて経験して、宵闇とともにデファン夫人の家に集まって来る人びとの多彩さ、華やかさに驚かされた。そして、そうした人びとが夫人を輪の中心にして交わす臨機応変の会話の応酬に、ただもう無邪気に目を見張るばかりだった。

デファン夫人は、そんな素直な反応を見せるジュリの様子を、例の「樽」といわれた肘掛け椅子に坐ったまま、見えない目でさぐりながら、

――この娘《こ》を呼び寄せてよかった、

と改めて思った。

こうして二人の女のあいだに親しさが増し、信頼感が深まって行った。ジュリがサロンに姿を見せる

ようになってから、人を戦慄させるような夫人の才気とはまったく別の、二十一歳の娘がふりまく匂うような若々しさ、快活さ、そして物怖じしない機知たっぷりの受け答えが、この世の逸楽を味わい尽くし、その空しさを悟ったはずの六十、七十の粋人たちの気持ちまでも若返らせて、夫人のサロンに新しい息吹きをふきこむことになったのである。

2

サロンには、デファン夫人のほかに、もうひとりサロンの魅力をひきたてるのに欠かすことのできない立役者がいた。すでに十何年も前から夫人がこころから寵愛していたダランベールである。

ダランベールは、まだ三十七歳の若さだったが、その名はすでにフランスだけでなくヨーロッパ中に広まっていた。彼がディドロに見込まれてその片腕として編集に全力をそそいだあの歴史的な『百科全書』の第一巻が世に出たのは、ジュリがパリにやって来る三年前の一七五一年のことである。そしてそのころからこの世紀の後半にかけて、封建制度の旧弊を突くいわゆる啓蒙運動が、当局の弾圧や、宗教権力を笠に着たイエズス会からの誹謗と戦いながら展開されるなかで、そのかなめとなって活躍したのが、領袖のヴォルテールとともに、このダランベールだったのである。

しかし、その生い立ちはみじめなものだった。ダランベールは、奇しくもジュリと同じ私生児という不幸な星のもとに生れた人間だったのである。

母親のタンサン侯爵夫人というのは、ルイ十四世亡きあと摂政職に就いたオルレアン公をはじめ、多くの男たちと浮名を流したことで有名な女だったが、あるときシュヴァリエ・デトゥーシュという軍人と情事を重ねるうちに身ごもって男の子を産み落とした。タンサン夫人は酷いことをするもので、召使に命じてその子をパリのノートル・ダム大聖堂に近い、とある教会の石段の上に捨てさせた。一七一七年十一月のことである。

幸い、あるガラス屋の女房のマダム・ルソーという女がその乳飲み子を預かることになって、わが子のように大切に育てあげた。父親のデトゥーシュは外国遠征を終えてパリに戻ると、子供を認知しなかったかわりに教育費を出すことにした。成長したダランベールは、はじめ神学、医学、法律、古典学を学んだが、その後、転じて数学、幾何学、物理学、天文学を修めて、その分野での研究に没頭した。教師や友達はダランベールのめざましい才能に気づいて、彼を「神童」と評した。

果たせるかな、一七四三年、二十六歳のときに出版した『力学論』を皮切りに、彼は次々に論文を発表していった。彼の名を不朽にする『春分点歳差探究』が出るのは一七四七年のことであった。一方、その数年後にはいまも触れた『百科全書』の序論を書いて、その革新的な意義を世に示し、あわせてその編纂に関わることになるのである。

パリの社交界は、この有能な学者を捨ててはおかなかった。まず若い文学者や芸術家の庇護者《メセーヌ》であるジョフラン夫人が彼に目を付けて、自宅のサロンに招いた。つぎにデファン夫人がのりだした。彼女は、よそのサロンで彼に出会うと、学者であること以上に、純真で誠実な上に、道化のようにおどけて見せる陽気な性格に加えて、いったん社交の場に出ると、聞く人のこころをつかんで離さない才気煥発な話しぶりにすっかりほれ込んでしまった。こうして親子ほども年の離れた二人はたがいに意気投合した。

彼はそのころも養母のマダム・ルソーのみすぼらしい家に住んでいたが、晩になると夫人の家にやって来て、二人きりで、差し向かいの夕食を共にするほど夫人と親しくなった。当時夫人はサン＝ジョゼフ修道院へ引っ越す前で、シテ島のサント＝シャペル礼拝堂の近くに住んでいて、そこはダランベールの家とは目と鼻のさきだったから、彼はほとんど毎晩のように姿を現わした。あれは「私たちの友情の黄金時代」だったと、後になって夫人は回想することになるだろう。デファン夫人五十歳、ダランベール二十九歳のころのことである。

そんなデファン夫人が、これは前の章で話したことだが、社交生活の憂鬱と生きていることの倦怠に負けて、故郷のシャンロンへ帰って行ったとき、ダランベールは人との付き合いを嫌って、マダム・ルソーの家のわびしい部屋に引きこもってしまった。「あなたがパリを離れたときよりも、私は百倍も部屋にこもって孤独でいるのが好きになりました。毎日、ほとんど毎日、昼も夜も家で食事をしています」と、彼はデファン夫人に書き送った。

夫人のほうも、これからまたパリで社交生活を続けるためにダランベールを頼りにしていたのである。故郷から彼に宛てた手紙にこういう言葉がある。「あなたにお会いして、あなたとおしゃべりがしたくてほんとうに一日千秋の思いでいます。……また何度でもいっしょに差し向かいでお食事をしましょう。そして私たちの幸福は私たちの手にしか任せないようにおたがい決意のほどを固めることにしましょう。あなたが人間たちとの付き合いに堪えられるように、きっと私があなたにお教えしますわ。あなたはあなたで、私に人間なんかいなくても済むように教えてくださいますわね。」

デファン夫人が元気を取り戻してパリに帰って来ると、サン＝ジョゼフのサロンは、まるでわが家に舞い戻ったようなダランベールがあの陽気な性格と巧みな話術で社交の場を盛り立てて、以前にもまして華やかな夜会をくりひろげることになった。

ジュリがはじめてサン＝ジョゼフにやって来たのは、折もおり夫人のサロンがそんな賑わいをふたたび見せるようになった頃のことだったのである。

＊

それは、ジュリが郷里を出て、デファン夫人のアパルトマンに着いた四月下旬のある宵のことであった。

その日もいつもと同じように、ダランベールが真っ先にサロンに姿を現わした。見ると、サロンの片隅に若い娘が立っていた。

いまから思うと、それはまるで運命が、彼の前に、彼のために、この娘を立たせたかのようだったと、そんな言い方をしてみたくなるような二人の出会いであった。

なぜならジュリとの出会いは、ダランベールのその後の人生に、感情生活の面で決定的なものになったからで、それはデファン夫人との出会いがジュリの生涯にとって運命的だったのに劣るものではなかった。むろんこのとき彼がそれに気付くはずはなかった。ただ彼は、目の前にいる娘が、デファン夫人が話していた彼女の姪のジュリ・ド・レスピナスであることをとっさに了解しただけだった。

しかし実際は、彼の心のうちはそれだけではなかったようだ。ずっと後になって彼自身が告白したことを信じるならば、彼は「ほとんど最初の一日目からこの娘を愛してしまった」のである。「すべてを変質させる時間も習慣も、私があなたに寄せている感情には指一本触れることはできません。その感情というのはあなたが十七年前から私に懐かせてきた感情のことです」と、ダランベールはジュリに捧げた自分自身の人物描写《ポルトレ》のなかに記している。それが書かれたのは一七七一年のことである。その十七年前といえば、ちょうどジュリがパリにやって来た一七五四年に当たるではないか。

そのダランベールは、色恋に関するかぎりひどく晩熟《おくて》な男だった。社会に出ればすでにアカデミーの高名な学者として（ちなみに彼がアカデミー・フランセーズの選挙に勝って入会できたのはデファン夫人の並々でない奔走によるものだった）、また社交界の人気者として評判の高い人間だったのに、こればかりは皆が首を傾げた。美々しく着飾った女たちが大勢いる前で、熱弁をふるったり、芝居の役者やオペラ歌手を得意の人まねで真似て見せて、彼女たちを死ぬほど笑わせたりする男が、若い女と二人だけになると、とたんに臆病で不器用な男に変わってしまう。真剣な愛の告白はおろか、気の利いたおしゃべりさえできなくなる。そんな彼を知る女友達のひとりは、冗談半分に、

——あの人はいつまでたっても子供で、たとえ王宮のハーレムのなかにいても永遠の子供時代をひきずっていることでしょう、

と言ったものである。

しかしジュリは、毎晩のようにサロンでダランベールと会ううちに、彼の底知れない優しさと、なにかと気を遣ってくれる繊細な心配りに気づくようになった。まわりの伊達な男たちとはちがって、いつも服装はだらしなく髪もぼさぼさなのをまるで気にする様子もない。そんな人だけれど、こころは純真そのものであって、これがこの人のほんとうの性格なのだ、とジュリは判断した。口では告白しなくても、彼が自分に好意を寄せていることもジュリは女の勘で察していた。ただその好意がはっきりと愛情の表われだったとはジュリも気づいていなかった。

ともかくそんな純真なダランベールの心配りに、ジュリも持って生れた優しさで応え、友情をもってお返しをした。田舎出の娘と、女に不器用な男とのあいだに、不思議な親しさが育っていった。悲しい出生の秘密を分かち持っていることが二人のこころをさらに近づけたであろうことも言っておくべきだ

ろう。

かくして、時が流れた。

人の気配やこころの動きに極度に敏感なデファン夫人が、二人の打ち解けた睦まじさに気がつくのは避けられないことだった。案の定、夫人のこころのなかに若い二人への猜疑心が芽生えた。

もともと彼女は、サロンに出入りする人間は誰でも自分のために存在しているのでなければ気がすまない性分だった。とりわけジュリのことは自分の気晴らしと世話のために田舎から呼び寄せてやった小間使いも同然の娘と思っていたから、何につけても勝手なふるまいはいっさい許さなかった。まして大切なダランベールに、田舎もの風情の小娘が手を出すような真似だけは許すわけにいかなかった。たしかにパリ社交界で権勢をふるう夫人に、物事が自分を中心に廻っていなければ満足しない気むずかしさがあったことは隠せない事実だった。

あるとき、イギリスの作家でサロンの常連になったホレース・ウォルポールが、彼は晩年の夫人の愛人だったこともついでに言っておこうか、夫人のそんな気性を諌めて、こう言ったことがあった。

——あなたの気むずかしさと来たら、まったく思った以上のものですね。あなたという人は、誰もがあなたのためだけに存在していてほしいと思っているのです。疑惑と不信感であなたはご自分の日々を台無しにしている。あなたは友人たちに、あなたを満足させることはとても無理な話だと観念させて彼らをうんざりさせているのですよ。

ウォルポールは夫人と懇ろな仲だっただけに、彼が言うことには余計な遠慮がなかったから、彼女の性格の弱点を容赦なく突くことができたのである。

また社交嫌いで、人付き合いの苦手なジャン＝ジャック・ルソーが、社交に明け暮れる夫人と折り合いが悪かったことは想像に難くないのだが、そのルソーが夫人との付き合いについて、『告白』のなかでじつに辛辣なことを書いている。

「私は夫人を顧みなかった。向こうもそれに気がついた。彼女を激怒させるにはそれだけで充分だった。こういう性格の女がいかに恐るべきものであるか、それを私はよくよく感じてはいたけれど、彼女の友情の禍に身を晒すくらいなら、いっそ彼女の憎しみの禍に身を晒したほうがはるかにましだったのだ。」

なるほど夫人にそういう身勝手な性格があったのは確かではあったけれど、それでも初めの数年間は、ジュリを可愛がり、ジュリのほうも夫人の愛情に感謝して、二人の女はまるで蜜月のように甘い穏やかな関係をつづけることができた。

しかし、ダランベールとジュリの仲をあやしむデファン夫人の猜疑心は、やがてジュリへの愛情を憎しみに変えてしまった。態度は冷たくなり、言葉にとげを含むようになった。明らかにジュリにたいする嫉妬であった。それでもジュリは自分を救ってくれたデファン夫人に恩義を感じて、目が不自由な上に、賑やかな社交の場を離れると人が変わったように気鬱になる夫人に一心に仕えていた。夫人のベッドのかたわらで寝ずに世話をすることもあれば、不眠に苦しむ彼女に本を読んで聞かせて寝付かせることもあった。

それなのに、悲しいかな、ジュリには自分の意志で行動する自由がほとんど許されていなかった。彼女は女友達の一人に、そんな窮屈な暮らしのつらさを訴えてこんな愚痴をこぼしていたのである。

「でも自分の毎日がどんなことで満たされているかを知ると、驚いてしまいます、というよりむしろ悲しくなってしまうのです！　私の日々を満たしているものといったら束縛と不自由だけですもの。自分で選んだことをするなんて月に一度あるかないかですわ。でもほんとうは叶えてみたいと思う望みや好みを一つも持たないようなときなんてほとんどないのです。私に分別があることはたっぷりお見せしましたけれど、そのかわり私の幸福のほうは雀の涙くらいしかお見せできないのです。」

ダランベールは、はじめてジュリがつらい日々を送っていることを知らされて、わが事のように悲しんだ。ひとりでつらさにたえているジュリが不憫になった。そしてデファン夫人を恨んだ。いくらこの家のあるじだと言っても、理不尽な彼女の仕打ちが許せなかった。

彼はジュリと同じく夫人に恩のある身ではあったけれど、彼女のそんな仕打ちはただ性格だけが理由ではない、そこには男の自分が絡んでいて、ジュリと親しくしていることへの妬みから殊更ジュリにつらく当たるのだと気がついた。自分のせいで三つ巴になった感情の縺れに、ダランベールは苛立ちを抑えることができなくなった。

こうして純真な彼のこころは、急速にデファン夫人から離れていった。

3

そんな折のこと、プロシアのフリードリヒ大王からダランベールのもとに一通の手紙が届いた。招聘状であった。

このフリードリヒ大王というのは、十八世紀になって祖国を武力によってヨーロッパの列強の一つに育て上げた辣腕の国王だった。しかし一方では、その真実の正体はともかくとして、学問や文芸を愛する開明な啓蒙君主と見なされていて、みずからも詩文を綴ることをひそかな誇りにしていた。そんなわけで啓蒙運動の旗手であるヴォルテールやダランベールなどのいわゆる「哲学者」たちを擁護して、かねてから彼らと親交があったのである。それに反してフランスのルイ十五世は、啓蒙活動を反体制的、反宗教的なものと見て、彼らに対する弾圧の手を緩めようとはしなかった。

当時フランスはオーストリアと組んで、プロシアおよびイギリスを相手に七年戦争の真只中にあったが、迫害を受けるダランベールら「哲学者」たちは、祖国の王たるルイ十五世の運命よりもフリードリヒ大王の運命を思って戦況のなりゆきに強い関心を寄せていた。

一七六三年、その大王が率いるプロシア軍が優勢だったフランス軍を土壇場で破って七年戦争に勝利し、平和条約が結ばれた。

ダランベールはさっそく戦勝を祝って、哲学の庇護者である大王に手紙を送った。

「哲学は、陛下の御許でこそ学習され、教育されることでありましょう。また哲学は、文芸にいそしむすべての者、幸いなことにヨーロッパの英雄のなかに自分たちの指導者を見出すすべての者の祝福と、愛情と、敬意とを（へつらいという非難を恐れる必要もなく）陛下に捧げることでありましょう。」

今回の大王からの招聘状は、こうした彼の心づかいに応えるためのものだったのである。

ダランベールはおよそ三カ月、ポツダムの無憂宮に滞在することになった。そして大王から下へも置かない手厚いもてなしを受けた。その年の春から夏にかけてのことであった。

その滞在が終わるころ、フリードリヒ大王はダランベールに、ベルリン科学アカデミーの議長職と一万二千リーヴルという高額の年金の支給を提示して、このまま宮廷に留まるよう懇願した。懐の乏しいダランベールにとって願ってもない話ではあったが、思わしくない健康や当地の厳しい気候、宮仕えよりも自由でいることへの執着を率直に説明して、丁重にこの申し出を辞退した。

しかし本音を言えば、ジュリが寄せてくれる友情と、そんな彼女と離れて暮らす淋しさがほんとうの理由だったであろう。ポツダムから彼女に送った手紙の一通にそれを窺わせるこんな言葉がある。「当地で受けているもてなしに、私が舞い上がっているなどと想像しないでください。おかげで私は友情のありがたみをなおさらしみじみ感じています。もっとも貪欲な自尊心が望みうるいっさいの満足感をもってしても、その埋め合わせはとてもできるものではないでしょうから。」

一方この滞在中、彼は一通だけデファン夫人に手紙を送っていた。それもいたって儀礼的な冷たい手紙なのである。すこしばかり抜粋してみようか。

「奥様は、私の近況をお知らせ申し上げることと、そちらの近況をお訊ねすることをお許しくださいましたが、……渦巻くがごときめまぐるしい暮らしのなかにおりましても、奥様がお示しくださったご厚誼と友情を忘れるものではないこと、それをしかと申し上げるだけに止めておくことにいたします。……奥様にとって、お手紙を書くことほど煩わしいことはないと承知しておりますので、あえてじかに近況をお訊ねすることはいたしません。ただレスピナス嬢がお知らせくださるものと期待しております。さようなら、どうぞ御身を大切になさってくださいますように。こちらはあいかわらず達者にしております。」

どうやらダランベールは、デファン夫人から手紙が来ないように彼女の秘書役でもあるレスピナスの名を出して予防線を張っておいたのであろう。たしかに目の不自由な夫人にとって手紙を書くというのは面倒なことだったにちがいないから、夫人がジュリに代筆を頼むのはごく自然なことだった。

ところが、すぐさま夫人から返事が返って来た。それも盲目の彼女が自分のために作らせた筆記補助器を使って、子供が書くような大きな文字で書かれた自筆の手紙が届いたのである。

「いいえ、いいえ、あなた、私の近況をあなたにお知らせしようというのに、それを誰にだって任せられるものではありません。その上頂戴したあんなにすばらしいお手紙にお返事をするとなってはなおさらですわ。あれを拝見していて、二十も若返った気持ちになりました。まだ私がサント＝シャペル〔既述のとおりサン＝ジョゼフへ移る前の夫人の旧宅があった場所。夫人と出会った頃ダランベールはたびたびそこを訪れた〕にいた時分のことや、私もそうでしたが、あなたが私といるのが楽しそうだったことを思いました。つまりお手紙は私たちの友情の黄金時代を思い出させてくれたのです。私の愛情を目覚めさせ、幸せな気持にさせてくれました。あそこからまた出直すことにしましょう。どうか私を信じてください。以前私たちが愛し合ったのと同じようにおたがい愛し合おうではありませんか。」

しかし、結局彼はこの手紙に返事を書かずに、夫人の哀願を黙殺したのである。

秋口になって、ダランベールはパリに戻って来た。サン＝ジョゼフのサロンでジュリを優しく抱擁した。やっと彼らは待ちに待った再会を果たすことができた。抑えられないうれしさに二人の顔が思わずほころびた。

だが、一方のデファン夫人に対しては、それまでと変わらない冷たい、他人行儀な態度を崩そうとしなかった。

夫人は、あの手紙にこめた願いが空しかったことを思い知らされた。こころの友と思っていたダランベールを失う取り返しのつかない事態に、彼女は癒すすべのない絶望的な喪失感を味わわされた。

――あの女がいなければ、ダランベールを失わなかったものを、

と、後々までも彼女は告白したものだったが、彼を失うのかと思うと、盲目の夫人のこころに光のない底なしの寂寥が襲ってきた。取り残されてたった独りでいる恐ろしい孤立の情景が頭をよぎった。盲いた目から、人に見せたことのない涙が流れた。

それからというもの、デファン夫人の態度はジュリへの遺恨からいっそうとげとげしくなって、ジュリがそばに近寄ってもうるさそうな素振りを見せた。ジュリはこんなふうに憎しみをむき出しにされると、家のどこにいても身の置き所がなくて生きた心地がしなかった。人に嫌われるせつなさが胸に迫り、身が細る思いがした。

むかし、少女時代に姉夫婦の家に身を寄せていたとき、姉たちが私生児の自分を忌み嫌って、氷のように冷たい態度を見せたことが思い出された。あの思いだけはもう二度としたくなかった。

事がここまで来れば、二人の女のあいだにはもはや訣別するほかに道は残されていなかったであろう。しかしデファン夫人はジュリに対してすぐに行動を起こそうとはしなかった。一家の女主人らしく構えて、ただ冷やかで取り付く島のない態度を見せるばかりだった。

ところが、破局は、まったく突然に、思いもかけないかたちでやって来たのである。

4

これはもう何年も前からのことになるが、ダランベールは、夕方になると、ジュリの部屋に上って行くようになった。

それにはこんな事情があった。

ジュリに充てられた部屋は、デファン夫人のアパルトマンよりずっと上の階にあったが、そこは中庭からじかに階段で上がって行ける独立した小さな部屋であった。彼女は、前に引いた手紙にもあったとおり、夫人の日常に付き合わされ、命じられたことに服従して、ほとんど行動の自由というものが許されていなかったから、その部屋だけが、夫人の世話やきびしい言いつけから解放されて、ほっと息のつけるただひとつの隠れ処だった。

その夫人の暮らしというのは、外出するときを除いてほとんど毎日変わることがなかった。彼女がベッドに入るのは、夜が更けてサロンの客たちが帰って行ったあとで、もう夜が白む頃だった。ときには独りにされるのが何よりも恐ろしくて、残った客を誘って、馬車で寝静まった深夜のパリをひとめぐりすることもあった。不眠に悩まされるときは昼近くになってようやく眠りに就く。目を覚ますのは午後も遅くなってからである。客がぼつぼつ姿を見せ始めるのは七時すぎだから、夫人が寝室を出てサロンに現われるのもその頃である。こうして彼女の一日が、というよりも彼女の長い夜が始まるのであるが、そのときまでがジュリの自由でいられる時間であった。

一方のダランベールは、アカデミーでの仕事や自分の研究を終えると、夫人のサロンにすがたを見せるのが慣わしだったが、その前にジュリの部屋に上って行くようになって、それがいつしか二人のあいだの習慣になっていた。

それは、夕方の静かさに包まれた短い語らいのひとときであったが、二人にとって、なんという幸せな時間だったことであろう。高い階にある彼女の部屋にいると、まれにおしゃべりの合間に聞こえて来るのは、近くにある教会から聞こえてくる夕方の時鐘の音くらいのものだった。それが鳴り止むと、部屋の中は急にひっそりとして、夕暮れどきの静かさがいっそう深く感じられた。

音と香りが夕方の空気のなかをめぐりただよう、
もの憂いワルツ、やるせないめくるめきよ!

実際それは、そんな穏やかな夕方の空気のなかで、女に臆病なダランベールと、幸せというものを知らなかったジュリとが、二人して味わう、何の気兼ねもない、打ち解けた、水入らずの時間、たがいにこころから寛ぐことのできる至福のひとときだったのである。

けれども、彼らはそのひとときを二人だけで独占したのではなかった。やがてダランベールは、二人に共通の友達や『百科全書』に協力した若い同志たちを誘って、ジュリの部屋を訪ねるようになった。チュルゴやコンドルセ、マルモンテルやシャテリュ、それにまじって、ご老体のくせにジュリの若い色香にすっかりご執心の元高等法院院長のあのエノーまでがやって来て、しまいにジュリの狭い部屋には坐る椅子もなくなった。そんな他愛もないことまでが彼らには楽しかった。

こうしてその部屋は、デファン夫人のサロンとちがって、ジュリひとりを囲む、格式などにとらわれない友達同士の集まりの場になった。夫人の夜会にたいして、いわばその前 - 夜会 avant-soirée になったわけである。

ただしこの集まりは、あくまでもデファン夫人には極秘の存在であって、皆は暗黙のうちにそれを了解していた。秘密を漏らしてせっかくの楽しみを自分からふいにするものはいなかったから、秘密は固く守られて、集まりは何事もなく長い間つづけられた。

だが、勘の鋭いデファン夫人が、早晩、秘密の集まりに気づくことはやはり避けられることではなかった。秘密が発覚したのは、ダランベールがポツダムからパリに戻ったその翌年、四月末のことであった。

デファン夫人は、こともあろうにジュリの部屋で秘密の集まりがもたれていることを知って驚愕した。

そして、それまで抑えてきたジュリへの感情を一度に爆発させた。よりによって自分が住んでいる同じ建物のなかで、自分のサロンの常連である男たちをまんまと誘い込んで、内密な集まりを開いている、そんな彼女の魂胆が許せなかった。それは恩のある私を裏切ることであり、主人に盾突くことだ。まるで蝮を家に飼っていたようなものだ。そう言って、彼女は怒りをあらわにした。

ジュリがそんなつもりはまったくないと釈明しても、夫人は聞く耳を持たず、彼女の言うことに取り合おうともしなかった。今度こそ二人の女は表立って対立することになった。

ところが、この事態を収拾するためにデファン夫人が打った手はジュリにはまったく意外なものであった。すべてをダランベールに任せたのである。自分を選ぶか、あの女を選ぶか、夫人は最後の賭けに出た。

ダランベールには、ジュリと同じく若い頃から夫人には測り知れない恩義があった。アカデミーの会員になれたことも、社交界で持て囃される人間になれたこともすべては夫人の力なのだ。それを忘れてはいなかった。一方、ジュリについては、彼女が寄せてくれる優しい友情があった。これはいまの彼にとって何ものにも替えがたいこころの宝であった。

彼はためらわずにジュリを選んだ。夫人とは手を切って、二度と会わないことにした。彼の決断が夫人のこころを打ち砕いたことは言うまでもない。しかしその結果、ジュリはサン＝ドミニック街に住むことができなくなった。

五月の初め、彼女は住み慣れたサン＝ジョゼフ修道院を立ち去ることになった。パリに来て、早いものでちょうど十年の年月が経っていた。

大した資力もないジュリは、いったいこの先、だれひとり身寄りのないパリでどうやって暮らしてゆくというのだろうか。自分の力だけで解決できる問題ではなかった。

しかし運命は、途方に暮れる彼女のために、友人の姿をかりて、今度もまた救いの手を差し伸べようとしていた。

Ⅲ ジュリ、パリでサロンを開く

1

ジュリは、毅然としてデファン夫人のもとを去った。自分には後ろめたいところは少しもないと信じていたからだ。

しかし、これからは、この大都会で、なにもかも自分ひとりの頭で決めて暮らして行かなくてはならない。たしかに一抹の不安を感じるけれど、そんなことより自由を奪われたこれまでの生活から解放されるのだと思うと、わっと声を上げたくなるようなうれしさがジュリの胸に湧きおこった。

この年の秋が来れば、ジュリは三十二歳になる。彼女にとって、これからが女盛りの季節なのだ。

ジュリはまず住む場所を決めなければならなかった。彼女が選んだ住まいは、偶然、それまで住んでいたサン＝ジョゼフ修道院から百メートルと離れていない、同じサン＝ドミニック街の一角にあった。建物の、日本風にいえば三階と四階を占めるアパルトマンがジュリの新しい住まいになった。家賃は月に九百五十リーヴルで、門番への支払い、いまでいう管理費が四十二リーヴル。彼女の収入はいくつかの年金を合わせても三千六百程度だったから、決して楽な暮らしとは言えない。その上、ジュリのような社交界に生きる女としては、小間使いや、料理女や、従僕を雇わなければならない。

引越しとなると、もともと彼女には生活費に当てる年金のほかに余分な蓄えなどあるわけがなかったから、その費用については何人かの男友達が気を利かせて助けてくれた。テーブル、肘掛け椅子、ソファーといった家具調度の類いは、リュクサンブール夫人が揃えてくれた。そのほかのものについては、デファン夫人のライヴァルで、ヨーロッパ中から客が集まるパリ第一といわれたサロンを主宰する裕福なジョフラン夫人が気前よく提供してくれた。彼女は初めてジュリに会ったとき、一目で明るい、伸びやかな性格と聡明さに魅せられて娘のように可愛がり、やがてジュリが自宅でサロンを開くことになると、頼もしい庇護者になってくれるのである。

こうして新しい住まいは、知人や友人たちの好意に助けられて、居間に家具が入り、窓には深紅の絹のカーテンが掛けられた。若い世代の者たちから敬愛される新思想の旗手ヴォルテールの胸像も部屋の一角に据えられた。サロンにつづく寝室の壁には赤いダマスク織の緞子が掛けられ、カーテンで隠されたアルコーヴにはベッドが入って、新居の準備はすっかり整った。

それは一七六四年五月のことであった。ジュリがリヨンの修道院を去って、たったひとり心細い思いをしながらパリに出て来てから、ちょうど十年の年月が過ぎていた。

この年の十一月が来れば、彼女は三十二歳になる。もう田舎出のうぶな娘ではなかった。社交界での作法をデファン夫人のサロンでしっかり身につけて、今では立派に社交界で振舞える一人前の女に成長していた。

ジュリよ、これからが、あなたが自分の意志ひとつで生きてゆくほんとうの人生なのだ。草深い田舎でつらい少女時代を過ごした彼女にとって、いまの境遇は夢かと思うばかりのわが身の変わりようだった。

たしかに彼女がデファン夫人のサロンで目覚しい成功を収めたのは、ひとつにはその華麗な変身にあった。しかしどんなに洗練されたサロンであっても、所詮はそこも人間が集まる場所のひとつであって、たがいのこころが触れあうことで生れてくる親しみと友情が、最後には人と人とを結びつけ、ひいてはサロンでの成功を決定する。ジュリがいるところつねに和気藹々とした雰囲気が漂うことになったのは、知性と教養のほかに、人びとの心を和ませて、彼らを虜にする天性としか言いようがない人間としての魅力があったからであった。

そんなジュリのまわりにいつも人が集まるようになって、彼女の新しい住まいはごく自然にサロンの趣を呈することになるのだが、そのささやかなサロンがパリでも指折りのひとつになった経緯の説明は、もう少しあとにまわすことにしよう。その前にまず彼女の身に起きた不運な出来事と、それがきっかけとなって彼女の暮らしに世間をあっといわせるような思い切った変化が起こった経緯について話しておかなければならない。

この新居への移転は、自由を得たジュリが、待ちに待った第二の人生に乗り出すための門出の一歩になるはずだった。ところが運命は、それを祝福するどころか、彼女に手ひどい一撃を加えたのである。

ジュリは、引っ越してまもないある日、高熱を発して、突然倒れてしまった。診察した医者は、

――これは天然痘に間違いない、

と、即座に診断を下した。

この天然痘という病気は、当時のヨーロッパでは、発病者の二割は死に至るといわれた恐るべき伝染病だったのである。ヴォルテールはイギリス亡命中に見聞した種痘による予防法をいち早く『イギリス書簡あるいは哲学書簡』（一七三四年）のなかで説いているが、この新しい予防法は世間の偏見に邪魔されて容易には受け入れられず、ようやくフランスで種痘が一般に行われるようになったのは十八世紀中ごろのことに過ぎない。そのきっかけを作ったのはヴォルテールの知人で、ジュネーヴ出身のトロンシャンという名医であって、彼はとりわけ上流階級のパリの女たちのあいだで引っ張りだこになり、トロンシャン詣でと称して、彼の種痘を受けにやって来る女たちがあとを絶たなかった。が、あいにくジュリはその種痘を受けていなかった。

彼女の症状は重篤だった。全身が腫脹に覆われて、しまいには意識が朦朧としてうわ言をいうようになり、命さえ危うくなった。彼女が病に倒れてから、枕元につき切りで看病したのは、あの、ジュリをこころから愛していたダランベールだった。

——もう駄目か、

と、なんども彼は覚悟した。しかしそのたびに、数学も哲学も、いっさいの仕事を投げだして、夜も寝ずに献身的に看病をつづけた。苦痛にもだえるジュリを励まし、生きる勇気をあたえつづけた。その甲斐があって、ようやく彼女は危機を脱することができた。

しかし、命を救われたかわりに、顔面にあばたが残り、肌は艶やかさを失ってしまった。それが若い女にとってどれだけ痛手になったかは言うまでもないことだが、それでもジュリの魅力が失われることはなかった。それは、やがて彼女がサロンを開くと、ジュリを目当てに連日のように客たちが押しかけて来るのを見てもわかることで、ジュリには女の色香だけではない魅力、うわべのどんなに魅惑的な容姿にも求めることのできない魅力があったのである。

ところが、今度はダランベールが熱を出して倒れてしまった。生まれつきひ弱な体質に加えて、ジュリを喪うかもしれない不安と、連日の看病から来る過労がおそらくその原因だったのであろう。

そのころダランベールは、前にも話したとおり、私生児の彼を幼いときから引き取って育ててくれた養母のマダム・ルソーの家に住んでいた。そこへジュリが駆けつけて、枕元に付き添い、看病に当たった。その親身な献身ぶりは、たんに自分の命を救ってくれた人への恩返しではなくて、彼によせる友情のごく自然な発露だった。

ダランベールは、病が峠を越してからも、体力も、気力も容易に回復の兆しを見せず、衰弱した状態が何週間もつづくことになった。彼の病室は、日の当たらない、風通しも悪い、なんともひどい部屋だった。いまでは著名な数学者にして哲学者、また科学アカデミーとアカデミー・フランセーズの会員であり、方々のサロンで歓迎される有名人になっていたにもかかわらず、彼は、長いあいだ自分の世話をしてくれた養母の優しさを思って、その穴倉のような粗末な部屋を去ろうとはしなかった。

そんな彼に、医者は、病後はもっと健康にいい場所で過ごさなければいけないと、強く移転を勧めたのである。

ジュリのアパルトマンには上の階に使っていない空き部屋があった。彼女は、

——いっそのこと、私の家に来て静養してみてはいかがかしら、

と、提案した。

若い女にとって、これはかなり大胆な申し出であった。それがただの親切心から出たとっさの思いつきだったとはどうも思えない。自分の家でダランベールを静養させるということは、要するに彼と同じ

屋根の下で暮らしを共にしてもいいということであって、そういう思い切った提案を、彼女はあえて申し入れているのである。二人はパリの社交界では知らぬものがない存在であり、そんな二人が同じ家のなかで暮らすとなれば、とりわけ若いジュリにたいして、心無い連中が根も葉もない噂を面白半分に言いふらすことは目に見えていた。

ところが彼女は、そんな世間の噂をあらかじめ平然と無視するかのように、病後のダランベールを家に迎える決意をしたのである。十年におよぶ彼への友情と深い信頼がなければありえないことだったが、やはり彼と暮らすことがジュリの望みだったのであろう。このとき彼女が自分の将来をどこまで見通してこの決断を下したのかはわからないが、しかし結局、彼女が選んだ外から見れば同棲もおなじような暮らしが、ジュリの生活のかたちを彼女が死ぬ日まで決定することになるのである。

一方、純朴なダランベールは、ジュリの申し出を率直に喜んで、それを受け入れた。

ダランベールがジュリの家に移ってきたのは、一七六五年の秋のことである。彼の友達のひとりはそれを知って、思わずこう叫んだ、

——これは記念すべき日だ。今日、ダランベールはついに乳離れをしたのだ。

この年、彼は四十八歳になる。ずいぶん遅い「乳離れ」ということになるけれど、養母のもとを去ってジュリの家に住むことは、彼にとって、病気という奇禍がもたらした、まったく思いもかけない幸運だったであろう。そしてこの幸運は、ジュリの場合と同じく、ダランベールのその後の人生を、最後に訪れる深い絶望も含めて決定することになるのである。

2

こうして二人の共同生活が始まった。

果たして、その噂はすぐさまパリの社交界に広まった。ジュリはダランベールの愛人になったとか、二人はもうすぐ結婚するとか、勝手な噂が飛びかった。ジュリはそんな噂にはまったく動じなかったが、純真なダランベールは苛立ちを隠せなかった。

噂はスイスとの国境に近いフェルネーの村に住むヴォルテールのもとにまで届いた。ヴォルテールといえば、前にも少し触れたように、当時イエズス会の狂信的な言動や封建制の弊害と戦う啓蒙運動の領袖としてヨーロッパ中に名が轟いていて、この世紀でもっとも著名な人物だった。

フェルネーの長老は、パリから届いた噂を耳にすると、思いがけない同志の艶聞に、にんまりと笑った。そしてダランベールのもとに邪気のない冗談を手紙に託して送ってやった。

ところが、まじめ一方のダランベールは、敬愛する長老の冗談をまともに受けとって、苦々しい思いでこんな返事を返したのである。

「あなたはこうおっしゃるのですね、「もしもあなたが恋をしているのなら、ずっとパリにおいでなさい」と。いったいどういうわけであなたは私が恋をしていると思っておられるのですか。憚りながら私はそんな幸福というか、そんな不幸は持っておりません。それに私は胃腸がひどく弱いと来ているので、夕食以外のことで腹の中を掻きまわされるには及ばないのです。」

そしてジュリとの結婚の噂については、やっきになってこう否定したのである。

「いやはや、妻と子供たちがいるとなったら、いったいこの私はどうなってしまうでしょうか。たしかに世間のものたちが私と結婚させたいと思っている相手の女性は、立派な性格の持主であり、付き合いの喜びと楽しさとで夫を幸福にするのに打ってつけの人です。しかし彼女は私なんかよりもっと優れた相手と結婚するのがふさわしいのです。それに私たちのあいだにあるのは、結婚でも、恋愛でもなく、おたがいの尊敬と、友情から来るすべての喜びなのです。」

彼が最後に言っていること、つまり彼ら二人のあいだにあるものといえば「おたがいの尊敬と、友情から来るすべての喜び」だというのは、事実その通りだったにちがいない。ただ恋愛感情となると、これは少しばかり微妙であって、ダランベールはそれを否定しているけれど、実際は充分に恋愛感情を持っていたであろう。しかしジュリのほうには、それに応えるだけの熱い想いがあったようには思えない。確かなことは、彼女がダランベールに信頼と、尊敬と、友情を抱いていたことであって、それさえあれば、病後のダランベールを家に引き取って静養させることに、彼女は何の躊躇も感じなかったということである。

それはつまり、彼女が、何ものにも束縛されることのない、自分の判断で行動できる自由な女として生きようとしていたからである。彼女は手紙のなかで、「私は自由です。自立した女です。自分の意のままに生きることに何の後悔もありません。」と書いている。しかも二百五十年以上もむかしの封建制の時代にである。なぜそんな時代にそういうことが言えたのだろうか。

それを許したのはむろん彼女の強い意志であり、性格だったが、それに加えて十八世紀のフランス、なかでもパリという特別な環境があったことを指摘しておこう。そうすることでジュリが暮らしていたその頃のパリの雰囲気を感じることができるからである。

まず言っておきたいことは、この都会では、たとえ社会全体がまだフランス革命前の、職業や生活習慣に関して男が中心となった封建制度のもとに置かれていても、女が男と対等に生きる余地が生じていたということである。その余地がなくて、そもそも女が仕切るサロンがこれほど盛んになった理由も、この時代が女の世紀とさえいわれた理由もわからなくなる。一口でいえば、人間が人間として生きる自由を可能にする文明が、大革命が勝ち取る「人権宣言」にさきだって熟していたということである。制度が文明をもたらすのではなく、文明の成熟が制度の変革をもたらして、あらたな制度を招来するのである。

その点で、ジュリのサロンの常連の一人だったアベ・ガリアーニというイタリア人の観察は、パリという都会の特徴をよく摑んでいて、なかなか興味深い。彼は同国人への手紙にこういうことを書いていた。「これがナポリでだったら、この二人はひそかに結婚していると噂されることでしょう。ところが、ここパリでは、そんな無駄な断定をする必要はないのです。……レスピナス嬢は皆から愛され、尊敬されている一個の人間として生きる権利を享受しているのです。そういうわけで、パリの選り抜きの仲間たちは彼女のもとへ出かけて行くという次第です。」

男女平等という理念や制度が生まれる以前に、この都会では、少なくとも一部の男女は、女が男と対等であることを当たり前のように考えて行動していた。それゆえ女が自分の意志にしたがって自由に生きることもできたのである。

さてダランベールは、健康を取り戻したあともジュリの家に留まり、二人の同棲生活はそれが当然のことのように続けられることになった。こころを許しあった二人の共同生活は、たとえ彼らをとやかく言うものがいたとしても、それで影響を受けるようなことはまったくなかった。その暮らしぶりは、まるで仲のいい兄と妹が一つ屋根の下で暮らすような無邪気なものだった。二人のそばにいて、彼らの日常をよく知っていた友人で、文学者のマルモンテルは回想録のなかでこう言っている。「彼らの水入らずの生活くらい無邪気なものはなかった。だからそれは重んじられたのだ。悪意ですらそれを攻撃することはまったくなかった。レスピナス嬢が受けていた尊敬は、そのために傷つけられるどころか、かえっていっそう立派に、いっそう公然と確立されたのである。」

これはずっと後の話になるけれど、ダランベールは、アカデミー・フランセーズの終身幹事の要職に就任することになったとき、ルーヴル宮の広々したアパルトマンに無償で住む権利を与えられた。だが彼はその特権を惜しげもなく断ってしまった。広い部屋に一人さびしく住むよりも、わずかな家賃を払いながらジュリのアパルトマンの狭い部屋に住んで、彼女と暮らすことを選んだからである。

二人の共同生活というのは文字どおりのもので、一つだけ例をあげると、共同の暮らしぶりは、二人に共通の友達に二人で手紙を書くというささやかな、しかし心楽しいことにまで及んでいた。ジュリはヴィシー家の遺伝的な体質を受け継いだせいか、よく眼を患うことがあった。そういうとき、いやそうでなくても、一通の手紙を書くのでさえ彼らは、それを二人で書くのを楽しみにしていたから、ダランベールは進んでジュリの「秘書」役にまわって、彼女が口述することを代筆するのである。

あるとき彼女は、湯船に浸かったまま、ダランベールをそばに侍らせて、二人の友人である若いコンドルセへの手紙を口述した。それはこんなふうに書き出されている。

「二十二日、火曜日。湯船のなかから。私は今お風呂に浸かっています。」

ジュリがダランベールのいる前で入浴している光景を思い描いて、二人のあいだになにか艶っぽい場面を想像するものがいるとしたら、それは思い過ごしというもので、彼らは恋人ではなくてこころをゆるしあった友達なのである。だからジュリは彼の目の前で湯に浸かることになんのためらいもなかった。もっとも湯船に浸かると言っても、ジュリが使っていたあの頃の銅の浴槽は、湯に浸かる人の頭部だけを残して、寒いでからだをそっくり隠してしまう、ちょうど木靴の形をしたものだったのである。

その湯船のなかで寛いでいるジュリの姿は、ダランベールの愛情と信頼に包まれて、彼女が生れてはじめて味わう安らぎと幸福をなによりもよく伝えている。その証拠に、といえるかどうかわからないが、彼女はこの手紙の結びを楽しそうに、冗談をまじえてこんな具合に口述しているからだ。「さようなら、私の秘書みたいなこんなに《ご立派な》殿方に口述筆記をしていただくというのは、とってもやりにくいものですわ。その方はアカデミーでは、それは素晴らしい研究論文を発表なさるのに、《家では》ひどくむっつりしているのです。ずいぶんむっつりしてはいますけれど、そんなあの人でも、あなたにはこころからあなたを抱擁すると申しております。」

このなごやかな同棲生活は、少なくともそのはじめの頃は、少女時代から人間の悪意や残酷さにあれほど苦しめられたジュリにとって、ようやく訪れた幸福そのもののような一時期であった。彼女は自由であることの喜びと、信頼するダランベールに愛され守られている幸福とにこころの底から浸っているのである。

たしかに愛というものは、ほとんどつねに苦しみや、ときには憎しみさえも伴うものであって、後にジュリも愛と愛ゆえの苦しみをいやというほど味わうことになるのだが、唯一ダランベールとのあいだにはそれがなかった。彼はのちに最愛のジュリを喪ったとき、この頃のことを回想してこう書くだろう。「あなたは私に幾度となくこう言ったものです、あなたが人に懐かせたすべての愛情のなかで、私があなたによせる愛情とあなたが私によせる愛情だけが、あなたを不幸にしなかった唯一のものだったと！」

たしかにそう回想できることは、あとに残された彼にとって深い慰めになったであろうが、しかしまた、それは決してぬぐいさることのできない苦渋の思いともなった。なぜなら、ジュリが真に愛していたのは自分ではなくほかの男だったという事実を、ジュリの死後に、ほかでもない彼女自身の手記によって暴露されることになるからである。

しかし、その話をするのはまだ先のことである。いま二人は、私生児という同じ境遇を乗り越えて、やっと手に入れた穏やかな幸福をたがいに嚙みしめているところなのである。

3

彼らはやがてジュリの小さな客間を開放して、サロンを開くことにした。

しかしパリでサロンを開くといっても、それを成功させるのは容易なことではなかった。すでにパリにはいくつものサロンが競い合っていたからだ。なかでも三つのサロンがパリの社交界を支配していた。まずサン＝トノレ街のツァリーン（皇后）として、莫大な富とゆるぎない威信を誇るジョフラン夫人のサロンがある。次に、これはすでに前の章で詳しく話したが、サン＝ジョゼフ街に住むあの絶妙な才気で客を魅了するデファン夫人のサロン、そしてクレリー街の豪華な邸宅で開かれるスイス出身の若々しいネッケル夫人のサロンがある。

ジュリには、この三人の女に太刀打ちできるものは、物質的な面ではなに一つなかった。客たちに供する食事の支度でさえ彼女の財布では儘にならない。ただジュリにとってこころ強いのは、デファン夫人と別れたときダランベールをはじめ彼女の味方についてくれた仲間たちがいたことである。前にも話したように、夜、デファン夫人のサロンが始まる前にひそかにジュリの部屋に集まって、思う存分おしゃべりに興じあったあの仲間たちのことだ。楽しかったあの集まりをもう一度復活させよう。そう思うと、ジュリのこころは大きく弾んでくるのである。

ジュリの意向を知ったグリムは、さっそく自ら主幹をつとめる雑誌「文芸通信」にそれを伝える記事を載せた。

ちなみにこのグリムというドイツ出身の男は、フランス文化に心酔してパリにやって来て、ディドロやダランベールといった百科全書派のものたちと親交を結び、パリ社交界の花形の一人になった人物である。またこの雑誌はフランス、とくにパリにおける文化的な出来事を、プロシアのフリードリヒ大王やロシアの女帝エカテリーナ二世、あるいはポーランドやスウェーデンの国王など、当時、啓蒙思想に共鳴したヨーロッパ各国の王侯貴族たちに伝えるための貴重な情報誌だったのである。

グリムはサロンを開くジュリの気持ちを代弁して、それを次のような機知に富む文章に綴って読者に伝えた。それにしてもこんな文章ひとつにも、この時代のパリに生きた人間たちのこころのゆとりと才気とが生き生きとあらわれている。女が人間として男と対等に生きていて、女も男も、身分や肩書きによるのでなく、その人間の能力と魅力によって評価されるのが文明社会の一面であるとすれば、それがこの文章にもおのずと反映されている。

「修道女レスピナスは、修道士たちにお知らせいたします。修道女の財産では、晩餐も、夜食も、差し上げることがかないません。だからと申して、修道士の方々が《腹ごなし》をしに来たいと思し召すのであれば、皆様を草庵にお迎えしたい修道女の気持ちには何の変わりもございません、と。これはあれほどの才気と美質の持主であれば、美貌も財産も用がないということである。」

たしかにジュリには、美貌も、財産も、豪華なサロンもなかった。だが、何といっても彼女の強みは、才気と美質のほかに、ダランベールがつねに彼女のそばに付き添っていたことである。彼は多くの人脈を使って、サロン開催の知らせをパリに流した。しかし、彼の強みはその人脈だけではなかった。

彼のことはこれまでにもすでに何度か触れた。アカデミーの会員で、著名な数学者、幾何学者、また時代に先駆ける哲学者であること、誠実で純朴な性格の持ち主だということ、巧みな人まねや潑剌とした話術でサロンの人気を独り占めにしたことも話した。しかし彼がヴォルテールに次いで、フランスではむろんのこと、ヨーロッパでひろく名を知られた人物だった理由はまだ充分に話していない。

なぜ彼が外国でそれほど有名なのかといえば、フランスは、ルイ十四世の時代に国力が増大するにつれて、ヨーロッパの文化的な中心に躍り出て、パリが国際的な都になったことをまずあげなければならない。そして十八世紀が半ばを過ぎて、そのパリでヴォルテール、ディドロ、ダランベールらによる啓蒙運動が活発になると、その思想は、彼らの名前とともに周辺諸国の知的な人々のあいだに拡がって、パリにやって来る外国の政治家や外交官、思想家や文人たちは、フランスのいわゆる「哲学者」との交流を熱心に求めるようになった。なかでも彼らが会いたいと熱望したのが、パリにいないヴォルテールにかわって、その片腕と目されたダランベールだったのである。こうした状況のなかで、彼はヨーロッパ中に名を知られる有名人になったわけだが、そんな人間をサロンの要として擁することが、サロンにとってどれだけ強みになるかは説明するまでもないだろう。

ジュリがサロンを開くのをその目で見た同時代のものたちは、サロンが瞬く間に華々しい成功を収めたことを口を揃えて語っている。もちろんその成功の鍵の一つがダランベールの力にあったことは言うまでもないけれど、もう一つの鍵となったジュリの魅力については、これもまたこれまでにたびたび触れてきたが、ここであらためてその魅力の在りかを確かめてみたい。

はじめにリットン・ストレチーの「マドモワゼル・ド・レスピナス」から次の一節を引いてみよう。その名文がジュリという女のまれに見る存在とサロンの雰囲気をみごとに活写しているからだ。そこに出てくる当時有名だった人物の多くは、われわれにはすでに馴染みのない過去の名前になってしまったが、彼らの経歴など知らなくても、顔ぶれの多彩さが感じられさえすればそれで充分なのであって、文意はおのずから明らかなはずである。

「彼女のサロンは、パリの、そしておそらくは世界の知的な中心となった。毎晩、六時から十時まで、著名人の一群がそこに集まったものである。ダランベールは必ずそこにいた。コンドルセとチュルゴは絶えず、マルゼルブとディドロはときおり、シャテリュ、シュアール、そしてマルモンテルはたびたびやって来た。ときには魅力的なシャチヨン公爵夫人や、驚くべき経歴を持ったブフレール伯爵夫人の顔があった。あの偉大なるジョフラン夫人の顔さえときには見ることがあった。その上著名な外国人たちの姿もあった。ナポリ王国大使のカラチオーリ、しゃべり出したら止まらない才気煥発のガリアーニ、眼光鋭いシェルボーン卿、そして大御所中の大御所デイヴィッド・ヒュームである。実際、サン＝ドミニック街の小さなサロンは、回り道をしてでも訪れる値打ちがあったのだ！　もしもたびたびそこへ行く特権を手にしたものがいたとしたら、よそのどこにも見出せないもの――自由で、打ち解けた雰囲気を味わうことになった。それは、平等と、同じ精神の共有と、真実の友情から生れた果実であって、後にも先にもそんな平等や精神の共有や友情を生み出した集まりはほとんど存在しなかった。それらすべてを吸い込んで、レスピナス嬢こそは、彼女のサロンの取っておきの花、そのたぐい稀な至宝であった。

さまざまに変わる彼女の表情を観察することは、会話そのものをたどるのと同じことであり、彼女の会話は、刺激を受けて白熱する知性によって生き生きとした顔つきのなかに鮮やかにあらわれたのである。

——あの人のからだのなかには、炎が燃えている、

と、友人たちは声を揃えて叫んだものだ。」

その燃える炎が、ジュリの言葉と表情に乗り移って、そこにまぎれもない真実味を吹き入れる。だから、それを聞き、それを見るものは思わず引き込まれずにはいない。彼女をもっともよく知る友人の一人も、同様にこう回想している。「いつも私が打たれたのは、彼女の考えと表現との関係、こういってよければ、その調和である。いったん彼女がその精神あるいはその心によって活気づくと、動作も、顔つきも、すべてが、声の響きに至るまで、彼女の言葉との完璧な一致を見せるのである。」

こうした伝記や回想を読みながら、わたしは彼女がどんなふうにしゃべり、どんな表情を見せたのか、その実際をなんとか想像してみたいと思うのだが、こればかりはうまくいかない。外国人が話をするとき、表情や身振りが圧倒的に豊かなことはよく知られているが、座談の名手が大勢集まるサロンにあって、これだけみんなが、彼女の会話と表情がまるで「魔法使い」のそれのように、人を虜にすると口を揃えて評したことはやはり異例中の異例だったはずである。そうなると、これはもう話がうまいといった話術の能力を突きぬけて、ジュリという女の、ほかに類のない魂と精神が言葉となり、表情となってあらわれたとしか言いようがなくなる。

ダランベール自身も、彼女の使う言葉についてこんな回想を残している。「彼女は適切な言葉しか好きではないのだ。なぜなら彼女自身がつねに力強い、適切な言葉しか使わないからである。彼女の言うことはつねに真実なのだ。そこにあの逆らうことのできない魅力がある。」

だからまたジュリと対話するものは、彼女の全身から放たれるこの真実の雰囲気に包まれると、自然に彼女とこころが通い合い、一瞬にして数年来の友達になった気持にさせられる。友人で文学者のラ・アルプはこう回想している。「ジュリは人にこころからの信頼感を抱かせたので、知り合って二週間もすると、自分の身の上話をしてみたいと思わないような相手はひとりもいなかった。だから誰ひとり彼女のように多くの友達を持っているものはいなかった。しかもその一人ひとりが、まるで自分だけが愛されるべき唯一の人間であるかのように彼女から愛されていたのである。」

こうした回想録を読んでいると、実際、友達という言葉が十八世紀のパリでのように頻繁に使われ、友情が大切にされたことは他の時代にはなかったような気がする。その上それは同性のあいだばかりでなくて、男と女の友情についても言えるのである。七十を過ぎてからあのデファン夫人が、彼女のサロンを訪れたイギリスの作家ホレース・ウォルポールと友情で結ばれて、のちにはそれが愛情にかわって、死ぬまで彼と手紙を交し合い、それが有名な往復書簡になったことはよく知られている。男女のあいだに色恋だけでなく、こうした深い友情が存在していたことは、この時代のものを読んでいてわたし自身が感じた感想でもあるのだが、これは十八世紀の人間を知る上でかなり重要なことである。セバスチアン・メルシエが、十八世紀のパリの風俗や生活習慣を描いた『十八世紀パリ生活史』(原題は Tableau de Paris『パリの情景』)のなかで、パリの女について、この友情という点から興味深い指摘をしているのを読んで、やはりそうだったのかと、わが意を得た思いがしたものだ。メルシエはこう書いている。「分別のある男が、女のなかに友達を探さなければならないとしたら、それはパリで探すべきである。パリでは、早くからものをしっかり考える習慣を身につけた、よその女よりもっと自由で、もっと見識のある女、偏見に惑わされず、女の感性にくわえて、男の毅然とした魂を兼ねそなえた女がおおぜい見つかるのである。女は、三十ともなれば、申し分のない友達になる。」

まるでジュリのことを言っているような書きぶりである。

メルシエはパリには友達にするのに「申し分のない」女がいることを男の立場から言っているのだが、それはそういう女との友情が成り立つことを当然と思っているからで、そこが大切なところである。そのとき女は女であると同時に一人の人間になっている。

現代のわたしたちは、それもとくに日本では、男と女の関係といえば、多くは色恋のことだと思っている。友情がそのあいだに入りこむ余地はあまりないと思っている。ずいぶん窮屈な話であるが、もとはと言えば、恋愛感情というのが、この世に男と女がいるかぎり、ごく自然に芽生える本能的な感情だからであって、色恋が友情よりも先に立つのもわからないことではない。恋愛は、それがどんなに清純な愛に見えても、相手にたいする欲望から芽生える感情である以上、いつ、どこで芽生えても一向に不思議ではない。

ところが、一方の友情は、欲望からは芽生えない。それはたがいの信頼と尊敬をもとにしたこころの共鳴から生れる感情である。その友情が同性のあいだに生れるのは、日本でもごく普通に見られることである。しかし、異性のあいだでの友情となると、日本ではそれをそう頻繁には見かけないような気がする。なぜだろうか。それは一人の女を、あるいは一人の男を、異性として見るだけでなく、同時に人間として評価する精神の準備、あるいは成熟がわたしたちの社会に欠けているためではないだろうか。憲法をはじめとして現代のさまざまな社会の掟は、すべての人間が「平等」であることを謳っている。その平等というのは、一人の女あるいは男を、その性別以前にひとしく一人の独立した人間として認めることであろう。この独立ということの意味は、たとえば既婚の女の場合、彼女を妻であり、女である以前に人間として見ることである。メルシエの言葉を信じるかぎり、十八世紀のパリの人間はそうした認識を、法や制度がそれを理念として定める以前にすでに身につけていたのである。

いったい、どうしてパリの人間、あるいはもっと広くいって、ヨーロッパの人間は、個人としての人間の独立を相互に認め合うようになったのだろうか。それを推測するためにはヨーロッパの歴史をさかのぼって、彼らがそういう個人としての意識を持つに至った経路を探ってみなければならないが、大雑把に言って、その一つの契機になったのは、古代ローマ帝国の末期にヨーロッパにキリスト教が布教され、その教義が説く原罪を背負った人間の、いわば実存的な姿に、彼らが直面させられたことにあったのではないだろうか。自分が原罪を背負った存在だと知れば、自分の信仰次第で死んで地獄へ堕ちるか、天国へ召されるかが決定されることになる。そののっぴきならない問題の前で、人びとはいやでも自分のこころのなかを点検せずにはいられなくなる。そして、そうした習慣が生活のなかで何百年もつづけば、自分を見つめるもう一人の自分が彼らのなかに定着して、自己に対する意識が、彼らめいめいの個としての存在のあり様を決めることになるだろう。デカルトが真に存在するものを摑もうとしたとき、彼は他者や外界に向かう代わりに、自分の「私」と向かい合い、そのなかに求めるべき真実の拠りどころを模索した。そして、自分の存在の根拠を徹底して検証し、疑わしいものをいっさい排除しつくした果てに、彼は「私は考える、ゆえに私は存在する」という確信に到達したのだが、この有名な自己点検にしても、厳密さという点でそれがいかに常人の域を超えるものがあっても、われわれ常人が行う自己点検とは別種の、例外的な行為だったわけではなかった。自分が一個の存在だと知れば、自分以外の人間も自分とおなじ一個の存在であることを認めずにいることはできなくなる。

少しまわり道をしてしまったが、ただ確かなことは、この個人としての人間の「平等」と「独立」の意識が、わたしたち一人ひとりのなかに確立しないかぎり、男と女のあいだに友情が芽生えることはむずかしいということである。わたしたち日本人は個としての人間を充分に意識せず、その上まだ無意識のうちに男女を区別する社会的な「偏見」に囚われて生きていて、個々の人間が性別を越えて平等であり、自由であることの意義を、頭では弁えていても、まだ体得するに至っていないのかもしれない。男女の友情が、稀に小説のなかに描かれることはあっても、わたしたちのあいだにほとんど見出せないということは、わたしたちが住んでいる社会のひずみを示す証拠なのではあるまいか。そしてこの不自由さ、窮屈さが、友情に限った話でなく、個人の私生活や、人との付き合いにまで及んでくると、世間の眼を気にするとか、外聞が悪いとか、ほとんど根拠のないことに振りまわされることになって、漱石とともに「とかくこの世は住みにくい」と嘆く結果を招く。パリに来て暮らしていると、その窮屈さから解放されて自由に生きられるのを毎日の生活のなかで感じることが多い。本来の自分を取り戻してほっと息がつける思いがするのは、ジュリが生きていた頃のパリが今のパリにも受け継がれているからではないかと思うことがある。

それにしてもジュリは友達に恵まれた女だった。それは彼女がなによりも友達の存在を大切に思い、彼らと真実のこころをもって付き合ったことの当然の結果だった。「私が知っているたった一つの喜び、私が持っているたった一つの関心事、それは友情の喜び、友情という関心事です。私が生きているのは、ただひとえに私のお友達を愛し、大切にするためなのです。」こういうことが言えた女はそれだけでも幸せだったであろう。

最後に、もう一人だけ彼女の友人の言葉を引いておこう。

それはジュリのサロンで出会ったもの同士が、彼女の死後に、友情の絆で結ばれたことを懐かしむこんな言葉である。「われわれは彼女のところにいると、誰もが友達だと感じたものだ。なぜならみんなが同じ感情で結ばれていたからである。いったい何人の人間が、彼女のおかげで出会い、求め合い、互いに意気投合したことだろう。そういう彼らも、もう二度とこれからは出会い、求め合い、互いに意気投合することはないだろう！」

こうしてたがいに友達になった常連の仲間たちは、ジュリのサロンで、いったいどんな話に興じたのだろうか。しかし、そう問うよりもむしろどんな話題も故意に禁じられることがなかったことが、他所のどこにも見られない彼女のサロンの大きな特徴だったと言ったほうが手っ取り早い。だから話は「哲学から文学へ、政治から歴史へ、大事件に関する解説から社交界のつまらない悪口へ」と、ごく自然に流れて行って、よどむことを知らなかった。

そんなサロンの模様を、伝記作家のセギュールは熱を込めてこんなふうに描いている。

「ひと言でいえば、どんな気詰まりも、どんな束縛もなかった。品位をまもる壁のほかにおよそ壁などというものはなかった。そこにはさまざまな頭脳とさまざまな気質の自由な飛躍があり、多彩な人格の完全な開花があった。それでいて、これら幾つもの魂がのびのびと解放されるなかで、混乱を思わせるものはなに一つ存在しなかった。見えない姿で存在するレスピナス嬢の《繊細な天分》は、それだけでまとまりを保つのに充分なのだ。彼女は、けっして切れない細い糸で、歓談に打ち興ずる人たちにほとんど気づかれることもなく種々さまざまな話の流れを自在に導いてゆくのである。」

多彩な人びとのこころをあやつるジュリの魔法が目に見えるようである。

こうやって彼女をめぐる同時代の回想や証言、あるいは伝記の類いを読んでいると、こんな夢のような集まりが本当にあったのだろうかと訝しく、またうらやましく思って、わたしは小説の一節でも読んでいるような気持にさせられることがあった。しかしこれは作り話ではなくて、現実のことだったのである。

現代のフランスはどうなのだろうかと、わたしはそれが気になって自分たちのパリでの交友関係を見回してみた。フランス全体のことになると、そう簡単にはものが言えないが、あるときわたしはこんな個人的な体験をしたことがあった。長年われわれ夫婦と親しいフランス人の男の友達三人を、日本人の友達もまじえてわが家に招いて、にぎやかに夕食の食卓を囲んだときのことである。

夜も更けたころ、食事が終わって、わたしたちはサロンに戻った。みんな思い思いにソファーに寛いで、ほろ酔い気分でしゃべっていた。テンポのいい音楽をかけた。すると、フランス人たちは若い女の客をソファーから立たせると、踊りはじめた。フランスのパーティーではよくあることである。

やがて、踊り疲れた年長のレオが、このレオというのはもう数十年の付き合いになる若いころからの妻の友達なのだが、彼がわたしのそばに来て坐った。彼は長いこと勤めていたパリのある有名なホテルを二、三年前に退職して、いまは自由の身となって毎日の生活を楽しそうに送っている。

——なんて楽しい夜だ。ほんとうに引退してよかったよ。

彼は、人懐っこい大きな目を輝かせてそう言ってから、まだ踊っている仲間を見ながら、いつになく真剣な顔になってこう言ったのである。

——ぼくはね、金なんかいらないんだ。いらない、いらない。ぼくにとって、人生でいちばん大事なものは、友情なんだ。そうだ、友情なんだよ。

彼はなんども念を押すように、わたしの顔を見て、そう繰り返した。わたしはそのときはじめてフランス人の口から友情という言葉が出るのを聞いた。そして、その真剣さに思わず打たれた。

その後、わたしはこのときの彼の顔と、友情という言葉を、ときどき思い出すことがある。彼はそれまでも友達にはいつも優しい心づかいを見せていた。彼が遠い旅先にいても、こちらがたまに日本に戻っていても、わたしたちのどちらかの誕生日が来ると、きまって彼から祝いの電話が掛かってくる。それをただ彼のこころの優しさだと思っていた。しかし、あの言葉を聞いてからは、それが性格の優しさだけのものではなかったことを悟らされた。あれはわたしたちに寄せるレオの友情の電話だったのであった。

＊

さてジュリがサロンを開いてから一年ほどたった頃のことである。訪ねて来る外国人の客のなかに、一人の気品にみちた若いスペイン人の姿があった。もしこの青年と出会うことがなかったら、彼女はパリ中の人気を集めるサロンの花として、ダランベールとともに穏やかな一生を送ることになったであろう。そして、彼女の名を不朽にしたあの炎のような恋文を残すこともなく、ただ歴史のなかにかすかな痕跡だけを残して消えて行ったことであろう。

ところが、運命はそれをジュリに許さなかった。運命は彼女のこころのなかに、今度は友情ではなく、恋を燃え上がらせて、愛する喜びと苦しみが縺れ合う、もっとも波瀾にとむ人生を用意していた。なぜなら、彼女の生き方、愛し方は、激しさの点で尋常ではなかったからである。ここでもう一度、前に引用したジュリの手紙からつぎの言葉を引いてみよう。「私はほんとうに激しく生きているので、ときどき、ふと気はつくと、もう気が狂いそうになるくらい恋をしていて、しまいには不幸になることがあるのです。」これが彼女の望む恋であり、じっさいに経験する恋のすがたになるのである。

彼女はこれにつづけて、手紙の相手にこう書いていた。

「これは何度も言うことですが、私は社交界の人たちが幸福とか楽しみとか呼んでいるいっさいのものよりもいっそ私の不幸のほうを選びます。もしかするとそのために私は死ぬことになるかもしれません。でも生きずに終わってしまうより、そのほうがどんなにましかしれませんから。」

彼女は手紙にそうはっきりと書いた。しかしこのときは知るはずもなかったが、この言葉こそは彼女のその後の人生を予言するものだったのである。

Ⅳ　ジュリ、スペインの貴公子に恋をする

1

その日、詳しくいえば、一七六六年の十二月もすでに半ばを過ぎたその日、ジュリが常連の友人たちをサロンに迎えて、おしゃべりに花を咲かせていたときのことである。

サロンの入り口に、一人の見知らぬ若者が現われた。生き生きと輝く黒い目の、整った顔立ちと端正な姿のなかに、生まれもった気品が溢れていた。

ジュリは、その風貌を見て、

──スペインから来たモラ侯爵にちがいない、

と直感した。その一瞥のなかに、自分の運命を決定するある感情の芽生えがあったことに、彼女は後になって気づくことになるだろう。

モラが方々のサロンで歓迎され、その凜々しい姿に女たちが色めき立っている噂は、彼女の耳にも入っていた。だが、やがて彼女のこころを捕らえることになったのは、女たちが騒ぎ立てる彼の美貌では

なかった。

ジュリは、すばやく肘掛け椅子から立ち上がると、遠来の客をサロンの奥へみちびいた。モラがジュリに流暢なフランス語で初対面の挨拶を済ませると、彼女はさっそくその若者をその場に居合わせたダランベールたち常連の仲間に引き合わせた。

じつは、モラがジュリのサロンを訪ねて来た目的は、パリで評判の高いレスピナス嬢に会うためではなかった。ここに来れば、ダランベールやコンドルセ、あるいはチュルゴといった、かねてから尊敬していたフランスの百科全書派の人たちに出会えることを知っていて、彼らの面識を得るためにやって来たのである。

このモラの行動には、少しばかり説明が必要かもしれない。

モラの父フエンテス伯爵は、スペインでもっとも由緒ある大貴族の家系の出身で、フランスをはじめ各国で駐在大使を歴任した人物だった。彼は、一七四四年に、長男のドン・ホセ・イ・ゴンサガ・モラ侯爵（この爵位はフエンテス家の慣例に従ってその長男に与えられた）が生れると、アベ・ガランヌというフランス人の家庭教師に、フランス語による教育を命じた。当時フランス語は、ヨーロッパの国際語として、教養ある貴族が身に付けるべき言語だったからである。モラがフランス語を見事に操るだけでなく、成人してからは、名君ルイ十四世の治下でヨーロッパを支配するに至った強国フランスの文化、なかでもヨーロッパに広まりはじめたその啓蒙思想に関心を持つようになったのも、その教育のためであった。

モラには、若い貴族として、一つの強い野望があった。それは何世紀にもわたって旧態依然としたスペインの現状を改革して、祖国の未来を切り開くことであった。そもそも彼にそんな野望を抱かせるようになったのは、のちにモラの義父になるアランダ公爵という大物政治家の存在とその影響があったからである。

当時のスペイン国王カルロス三世は、啓蒙君主としてヨーロッパにその名を知られた人物だったが、国王はこのアランダを、

――アラゴン産のロバのような頑固者だ、
と、口では言いながら、その慎重をきわめる策謀と確固たる政治信念を高く買って、大いに彼を重用した。アランダもその信任に応えるべく、大臣として辣腕をふるって、祖国の改革に乗り出した国王を力のかぎり補佐した。折もおり、宗教権力を盾にとって暴走するイエズス会を、断固スペインから追放する強硬な措置を打ち出して、それを成功させたのも彼のその辣腕だったのである。

このイエズス会士追放の知らせは、ジュネーヴに近いフェルネーの僻村に隠棲するヴォルテールのもとにまで伝わった。そのころフェルネーの長老は、新教徒カラスを宗教的偏見から不当にも死刑に処したあのカラス事件をはじめとして狂信を相手に戦っている最中であったから、その知らせを聞くと、小躍りせんばかりに喜んで、アランダの思い切った措置を褒めちぎった。知らせは、すぐさまヴォルテールからパリにいるダランベールたちのもとに伝えられた。ジュリのサロンの常連である例のガリアーニによると、彼らはアランダを、「スペインからイエズス会士を一掃した」英雄として、口を揃えて讃美したそうである。こうしてアランダの名は百科全書派のあいだにも広まっていたのである。

若いモラが、義父アランダの影響のもとで啓蒙思想の洗礼を受け、その精神を身につけたのにはそんな背景があったのである。

ところで、このアランダをいまモラの義父と言ったのは、モラが、アランダの娘で、ただひとり莫大

な遺産の相続人であるマリア・イグナシアと結婚したからである。モラ十二歳、マリア十一歳のときのことである。その年齢を考えても、それが両家の絆と権勢を強めるための政略結婚だったことはいうまでもない。また、この結婚と同時に、若輩のモラが、名目上、陸軍士官の位を授与されたことも言っておこう。

八年が過ぎて、モラに長男が生れた。ところが、彼の妻はそのときの産褥熱がもとで急死してしまった。モラは二十歳の若さで、突然、寡夫になった。

そしてその年、すなわち一七六四年の秋、妻が死んで数カ月して、彼はパリにいる両親と再会するために、はじめてフランスの首都を訪れることになった。父フエンテス伯爵が、その前年にフランス駐在大使としてパリに赴任していたからである。

モラの父は、持ち前の気配りと、女性にたいする洗練された振舞いで、パリの社交界やヴェルサイユの宮廷でなかなかの人気を博していたのだが、彼の絶対の強みは、ルイ十五世の寵愛を受けていたことである。その寵愛ぶりと来たら、国王の食卓で食事をともにするばかりか、夜食の席に伯爵の姿が見えないと、王も王妃も機嫌を損ねるほどのものであった。

なぜそれほど寵愛を受けたかというと、ブルボン王家のルイ十五世は、イギリスの強大な海軍力に対抗すべく、同じブルボン王家の血筋を引くカルロス三世（彼の父フェリペ五世はルイ十四世の孫である）と、一七六一年に親族協定というのを結んで、両国の関係を緊密にしたからである。各国大使が大勢いるなかで、彼だけは好きなときに国王に謁見できる破格の待遇を受け、ヴェルサイユ宮殿に専用の居室さえ与えられていた。

母のフエンテス伯爵夫人は、肺に病をかかえていたが、気丈で誇り高いスペインの女性らしく、貴族街のフォーブール＝サン＝ジェルマンに近いユニヴェルシテ街の邸宅に、文学者や哲学者、あるいは貴族たちを招いて、文学や哲学を論じて華やかな社交をくりひろげていた。

またモラにとって好都合だったのは、まだ慣れないパリで生活するうえで頼りになるビリャ＝エルモーサ公爵という年上の従兄弟がいたことである。数年前には、マドリッドで、ある女優をめぐって恋の鞘当てをしたこともある仲だったけれど、いまは大使フエンテスの秘書官としてパリに赴任しているのである。パリの社交界にも通じていたから、さっそく指南役を買って出て、モラに上流社会の情報や仕来たりに関する手ほどきを与えることになった。

こうしてモラが、両親の後ろ盾や友人の助言をえて、宮廷やパリの社交界に登場すると、妻を亡くした若い美貌の貴公子を慰めようと、女たちが擦り寄ってきた。モラも、いっときは脂粉の香のただよう歓楽の社交場で、美しく着飾った女たちを相手に、こころの憂さを晴らそうとした。しかしそんなうわべだけの憂さ晴らしは、彼のこころを慰めはしなかった。きらめくシャンデリアの下でモラは退屈した。もともと華やかな社交や享楽に耽る性癖の人間ではなかったのである。

これがモラの初めてのパリ滞在であって、彼はジュリにめぐり会うことなく祖国へ戻って行った。

二年後の冬十二月、モラはふたたびパリを訪れることになった。そしてこの章の冒頭で見たとおり、彼は初めてジュリのサロンに姿を現わしたのである。スペイン大使フエンテスの息子であり、また大臣アランダの娘婿だった若者を、ダランベールらが、異国の若き同志として、こころから歓迎したことは断るまでもないだろう。

モラが、義父アランダの影響の下で、ピレネー山脈を越えて渡ってくる新しい革新的な思想に共鳴したことは今も言ったとおりで、彼はヴォルテール、ルソー、ディドロ、ダランベール、エルヴェシウスなどの著作に早くから親しんでいた。フランスは、彼にとって、敬愛する哲学者の国であり、百科全書派の国なのだ。モラは彼らを手本にした祖国改革の夢を胸に秘めていて、みずからの思想を綴った草稿などもおそらくあったであろう。またジュリを含めた知人友人との手紙のやり取りもあったはずなのだが、不運にも彼の死後、それらのほとんどは親族の手によって焼却されて辛うじてわずかな手紙だけが残された。

その数少ない例外の一つに、コンドルセに書き送った手紙が残っている。これはたぶんコンドルセが人間の自由を擁護する当時のいわゆる危険思想を表明した文書をモラに送ったことへの礼状と思われるのだが、コンドルセがそういうものをわざわざ彼のもとに送ったことからも、若いモラが百科全書派の哲学者たちとすでに親しい交友関係を持っていたことが窺えるのである。ちなみに手紙の写しはジュリの書類綴りに保存されていたから、彼女の目にも触れたであろう。

むろん礼状はフランス語でしたためられたが、それはきわめて正確な申し分のないフランス語であった。以下はその日本語訳である。

「ご親切にお送りくださった見事な作品を拝受して、うれしさを身にしみて味わっています。深く感謝申し上げます。あなたが人類の運命について語っておられることは、不幸にしてあまりにも本当のことなので、人類の抑圧された自由を擁護するこの文書と著者をどれほど高く評価しても評価しすぎることはありますまい。しかし、この文書は真実の敵である者たちの鋭い眼から巧妙に隠さなければなりません。私が秘密を厳守することについては、なにとぞご信頼くださいますように。すべての人びとが私のように暴君と迫害者を嫌悪するのであれば、こうした秘密を守る必要もなく、誰もが自由という計り知れない幸福を享受するはずなのです。ところが人間はこの幸福のためにはできておらず、彼らの愚行と狂気は彼らを隷属という鎖に繋いでいるのです。

今夜、間違いなくチュルゴ氏のお宅にお伺いいいたしますが、そこで私の感謝の気持ちを改めて申し上げることにいたします。ド・モラ」

これが通り一遍の礼状でないことはその真剣な文面からも明らかだろう。モラは、ほとんど同い年のコンドルセ（モラより一歳年上）に啓蒙思想に寄せるみずからの真情をぶつけたのである。彼が手紙に書いている「抑圧された自由」、「暴君と迫害者」、「愚行と狂気」、「隷属という鎖」などの言葉は、どれを取ってみても、すべてヴォルテールが著作のなかでくりかえし使っている語彙の借用であって、そのあたりに彼がフランスの哲学者たちと志を同じくしようとする初々しい情熱が表われている。彼は気持ちの上では、もうコンドルセやその仲間たちの同志になっていたのである。

ところでモラは、ジュリとはじめて出会ったとき、肝腎のジュリをどう見ていたのだろうか。大いに気になるところなのだが、残念なことに、それを語っていたかもしれない手紙などの類いは、いまはなにも残されていない。ただジュリのほうには、はじめてモラと出会ったときの鮮烈な印象を綿々とつづった手紙が残っている。手紙の相手はドルバック男爵と言って、彼女の友達で、『百科全書』の協力者だった男である。ついでにいうと、『自然の体系』によって徹底した唯物論を唱えた人物でもあった。

手紙の日付は、一七六六年十二月十九日である。とすると、二人がはじめて顔を合わせることになった運命の出会いはその直前だったと思われる。そしてこの手紙が未来の恋人たちの関係を跡づける最初の記念すべきドキュメントになるのである。まずそれを読んでみよう。

「あなたにひとつお話したいことがあるのですが、それはいま、この瞬間に、私を悩ませている方のこと、新しく知り合いになった方のことなのです。私はもうその方のことで頭がいっぱいなのです。もしあなたが私にこころがあることを否定なさらなければ、そのこころはその方のことでいっぱいなのです、と申しあげるところですわ。お顔には優しさと魅力が溢れていて、思わず信頼と友情を抱かせずにはおかないのです。……穏やかで、人づき合いのいい、味のある性格、激することのない心地よい熱意、才知ある言葉とひらめきに満ちた揺るぎない公正な精神。それに、あのこころ、ああ、なんというこころでしょう！……あの方が最初に見せるこころの動きはすべて美徳の表現なのです。あの方がなさるお話はすべて美徳の香りを漂わせ、あの方の行動はすべて美徳のお手本なのです。……。ひと言で申せば、あの方は私が考える完璧というものの観念を満たす方なのです！　あの誠実な魂がどれだけ私の魂を動かしたか、あなたにそれがわかっていただけたらと思います！」

初対面の相手に、これはまたなんという讃辞であろう。ジュリという女の感じやすい心とひたむきな気性を余すところなく示した手紙である。

それにしても、これほど熱烈な讃辞を書き連ねるということはやはり只事とは思えない。これがつねに真実を口にするジュリの誠実な告白であることが疑えないだけに、なおさら只事ではない気がする。これは恋文ではないけれど、モラの印象を語る魂の高揚した語り方は、やがてジュリが書く炎のラブレターを予告するものと言っていいかもしれない。とにかく彼女のまわりには優れた男たちが何人もいたけれど、こんな讃辞を呈されたものはいままで一人としていなかったのである。

わたしはこの手紙を読んでいると、ジュリが、モラについて感じたことをこうして手紙に書きつづることで彼女の「魂を動かした」男の性格と心映えの高さをあらためて確認している、どうもそんな感じがするのである。そして注目していいのは、彼女がたった一度の邂逅でモラの本質を摑んでしまったことである。最初の一瞥で、彼の魂と人柄を見抜いてしまったのだ。そしてモラのなかに、彼女が理想と思う「完璧」な人が存在していることを見て取った。彼女の手紙があれほど興奮した書きぶりを見せたのも、理想の人を見出したその発見の驚きがあまりに大きかったからではないだろうか。

たしかにそんな男に出会って、ジュリのこころは動揺した。なにしろジュリは、これを読むドルバックの反応を見越して、手紙の終わりに思わずこんな言葉を書きつけてしまったからである。

「もしもあなたが、この方が男の中の男でないとおっしゃるのなら、もっとたくさんお話して差しあげますわ。なぜって、この友情が恋愛にまで発展するなんて思っていただいては困りますもの。」

こういって彼女は相手の出方を牽制した。しかし、自分の友情が「恋愛にまで発展する」ことはないとわざわざ断っていることが、かえって「その人のことでいっぱい」になっているジュリのこころの動揺を露わにしているのは明らかだろう。

ただし、どれだけ強い胸のときめきがあったとしても、それで彼女が冷静さを失うようなことはなかった。自分は私生児であり、もう若くはない。美しくもない。誇れるような身分も財産もない。モラには、そんな自分には及びもつかない高い身分と莫大な財産がある。いずれは父フエンテス伯爵の後を継いで、スペインきっての大貴族の家の当主となる未来が彼を待っている。どれひとつ取ってみても、モラは恋するにはあまりにも遠くにいる人なのだ。

いや、離れているのは二人の社会的な違いだけではなかった。実際、彼は遠い異国の人間なのだ。いったんスペインへ帰ってしまえば、彼は軍務に復帰して、いつまたフランスに戻ってくるかもわからない。いくら彼が自分の意にかなった「完璧」な人であっても、ジュリこそ、そんな人への「友情が恋愛に発展するなんて思って」はならないだろう。それははじめから叶わない恋だとわかっているのだから。

モラのほうは、どうだったのか。出会った人を次々に魅了せずにはおかないジュリの魅力に、彼もまったく無関心でいたわけではなかっただろう。しかしそのジュリに自分があれほど強い印象をあたえたことを、おそらく彼は知らずにいたにちがいない。そしてジュリと出会ってわずか二週間後の一七六七年の一月初め、軍の休暇が終わりに近づくと、彼は両親をパリに残してマドリッドへむけてあわただしく旅立って行った。

ジュリは、モラがパリを発ったのを知ったとき、ひとり取り残されたような気持ちになった。彼女はあの若者に恋をしてしまったのだろうか。にぎやかなサロンのなかで大勢の友達に囲まれて、持ち前の魅力と優しさでサロンの雰囲気を盛りあげていても、ふと気がつくと、ジュリはこころのうちが虚ろになっているのである。

2

ジュリにとって、恋は命であった。

それは彼女の本性に由来する宿命であると同時に、理性より感情に、なかでも恋愛感情に傾いてゆく時代の変化をたぶんに反映したものでもあった。ジュリの手紙には恋について語ったものが何通か残されていて、それらを読むと、彼女の恋愛観や生き方が手に取るように見えてくる。また彼女が生きていた時代に愛というものが一般にどう考えられていたのか、その一端も併せて知ることができる。そんなわけで話を進める前に、そういう手紙を引用して少しばかりその点を見ておくことにしたい。

十八世紀のフランスの恋愛とひと口に言っても、世紀の前半と後半とではそれにたいする態度にかなりの違いがあった。オルレアン公の摂政時代に典型的に見られた、あの官能の快楽を追い求めた淫蕩な風俗が前半の特徴だったとすれば、後半になると、とくに女の場合には、性愛の饗宴に空しさを感じて、乾いたこころを潤すような真実の愛情を求める女たちが現われるようになった。それが現実の愛であれ、小説などに描かれた虚構の愛であれ、彼女たちは愛することの喜びとその充実感にこころの支えを求めたのである。こころの支えをキリスト教の信仰に求めるには宗教はすでに力を失い始めていたからだ。

ところで、文学作品が同時代の人びとの思想や感情に大きな影響を与えてそれが社会現象にまで発展することは、どの国の歴史にも見られる出来事であるが、この時代のフランスにおける、思想面での例は、モンテスキューの『ペルシャ人の手紙』、ヴォルテールの『哲学書簡』、そしてディドロとダランベールらによる『百科全書』であろう。一方、人びとの感情や感性への影響という点でもっとも注目すべき例は、ジャン＝ジャック・ルソーの『ジュリあるいは新エロイーズ』という書簡体の恋愛小説の出現であった。

一七六一年にこれがパリで出版されると、当時としては驚異的な売れ行きを見せて、一躍ベストセラーに躍り出た。というのも、ヒロインである貴族の娘ジュリとその家庭教師のサン＝プルーとの、身分や家柄をこえた純粋な恋が、多くの女たちの「感じやすい心」を捉えて離さなかったからである。あの放蕩に明け暮れた軽佻浮薄の時代はすでに過ぎ去っていた。彼女たちは恋の喜びに身を震わせるヒロインのジュリに自分を重ねて合わせて、愛の喜びと苦しみをわがことのように味わい、涙を流した。

レスピナスのある伝記作家は、当時この本が異常な人気を博したことをこんなふうに伝えている。「人々は『新エロイーズ』を奪いあった。……女たちはこの本を枕の下に置かずにはもう眠ろうとしなかった。本を買うことができないときには、一時間十二スーで借りた。……地方では、パリからやって来る本の写しをわれ先に買おうとして、郵便馬車の前に列を作った。サロンでは、ハンカチを手に、もう一枚をポケットに入れて、本の朗読に聞き入った。長い啜り泣きが閨房を揺り動かした。」

もう一つこの小説が多くの読者を得た背景として忘れてならないことは、十八世紀のフランスには文明の成熟があったということである。それを具体的に言うと、これは前にも述べたことであるが、人間を身分や肩書きよりもその人間の能力や魅力で評価しようとするところまで人間の考え方が成熟していたことである。名もないレスピナスのサロンが成功を収めたことがそのいい例である。それゆえ、たとえば結婚にしても、それが正規の縁組であっても、身分や家柄で決められた愛情のない結婚よりも、愛情で結ばれた愛人関係や同棲のほうがはるかに多くの人間的な共感を呼び、尊敬さえも受けるという心理が社会に拡がっていた。ジュリとダランベールの共同生活は結婚ではなかったが、その格好な一例であって、そうした心理的な状況もこの小説の成功を裏から支えていたのである。

ジュリ・ド・レスピナスは、時代の心理がそうした十八世紀の後半へと移って行くありさまを、自分自身が真実の愛に生きることによって示した数少ない女の一人であった。そんな彼女がルソーの小説の熱狂的な読者になったことは当然の成り行きだったであろう。一途な恋に生きようとした『新エロイーズ』のヒロインの手紙を読んで、彼女は「胸が痛くなるほど切ない思いに悩まされた」と、例のドルバック男爵に宛てたと思われる手紙のなかで告白している。

「若い頃、私は感情の動きのすべてに、がむしゃらに身を任せたものでした。そのために命を落とすのではないかと思いました。健康を害したのもそのためでした。その後、もっと穏やかな状況、もっと静かな気持ちにたどり着けるようになって、人生はもしかしたら堪えられないものではないのだ、できるときには気散じをしたり、遊び呆けたりするのもいい、ただ何事にも強く執着してはならないということを知りました。これが私の生活の秘密なのです。そしてこれが、あなたがおっしゃる気晴らしをするこころというものなのですね。

でも、本気であなたはこころがそんな気晴らしのためだけに作られていると思っておられるのでしょうか。たとえ理性が私にそうした行動の方針を命じたとしても、私の魂がいつでもそれに従うとでも思っておられるのでしょうか。ああ、そんなことをするのがどんなに苦痛なことか、あなたにわかっていただけたら、私が『エロイーズ』の手紙を読んで、胸が痛くなるほど切ない思いに悩まされたことを疑ったりはなさらないはずです。」

ジュリの魂が求めたものは、理性がどんなに分別ある忠告をしようと、彼女にとって生きることそのものであるような、純粋で、ひたむきな愛だったのである。

そしてもう一通、ジュリが愛についての考えをいっそう大胆に語った手紙が残されている。それは見聞を広めるためにヨーロッパ各地を旅行中のクリヨン伯爵という若い男友達に書き送ったもので、ジュリは一人の女をめぐって、その夫と彼女の愛人である男とのあいだで起きた決闘の話を伝えたのである。その話というのは、さしずめメリメかスタンダールの短編小説にでもありそうな激しい情念の悲劇であるが、ジュリはその事件よりも、二人の男に愛されて愛に殉じた女の生き方に激しくこころを打たれた。そして死んでゆく女に最大級の讃辞を送ったのである。

少し長くなるけれど、あの時代には、愛ゆえに命をかけた決闘も行われたのだということを読者に知ってもらうためにも、ぜひその手紙を引いてみたい。なお手紙の最後に出てくるクラリッサというのは、十八世紀のイギリスの小説家リチャードソンの書簡体小説『クラリッサ・ハーロー』（一七四七―四八）のヒロインの名前で、ジュリがこの小説家を愛読したことは前に話した。

「眼を見張るような痛ましい出来事が起きましたが、もう誰かがあなたにその話をお伝えしたでしょうか。よくお聞きになってください、そしてそれがあなたの魂の奥底まで届くかどうか見きわめてください。私は魂がそのことでいっぱいなのです。数日前のことですが、ロオー氏とラ・ムスチエール氏とのあいだで決闘がありました。ロオー氏はラ・ムスチエール氏の夫人に恋をしていて、夫人を激しく愛していたのですが、ラ・ムスチエール氏はそのロオー氏を殺したのです。ロオー氏は、傷ついてから一時間はまだ息がありました。そこで、まわりにいた人が奥さんに会ってはどうかとロオー氏に勧めたのですが、彼はそれを断ってから、こんな不幸な出来事を引き起こしたことを妻に詫びてほしいと頼みました。でもこの出来事は、自分のこころを満たしていたあまりにも激しい情念に引きずられて、自分ではどうにもならないことだったのだ、と言いました。死に際に、彼は兄弟に頼んで、ラ・ムスチエール夫人に、

――私の最後の息はあなたのためのものです。どうかお願いですから、生き永らえてください、と、伝えてくれるように言い遺したのです。彼は頭が混乱してきました。そして、いまわの際に、「ああ、可哀想な女だ！　これであの人は死ぬことになるだろう」と言うのが聞こえました。

一方、ラ・ムスチエール氏は、ロオー氏に致命傷を負わせたあと、家に帰って行きました。夫人は少し気分がすぐれず、ベッドに横になっていました。彼はそのベッドの上に剣を投げ出すと、こう言ったのです、

――この剣で、たった今、あなたの愛人を殺してきたところだ。まだ彼の血で濡れている。

夫人は思わず激昂して、夫にこう言ったのです、

――それがあなたの血だったら、どんなによかったか知れません。その血を見たら、私は、あまりのう

れしさに頭がどうかなってしまいますわ。

この最初の怒りの発作が鎮まると、夫人は夫の足もとにひざまずいて、赦しを請いました。そして意識を失なってしまい、その後しばらくのあいだは苦しみに頭が錯乱していました。あまりに激しい発作を起こすので、医者を呼びにやり、十五回も瀉血をされました。ときおり意識が戻ることがありましたが、そのたびに、もう夫には二度と会いたくないと言うのでした。

昨日の夜、夫人は瀕死の床にありました。今日、死の知らせが届くかもしれません。夫は絶望しています。夫人を愛していたのです。彼女と結婚したのもひとえに愛ゆえであって、二年前から彼はロオー氏に嫉妬していました。夫人は自分の情熱を抑えることができなかったのです。そしてそれを釈明するために彼女は死んでゆくのです。きれいな人で、まだほんの二十五にしかなっていませんでした。

もし彼女が死ぬようなことになっても、いえ、もし死んでいたとしても、私はお気の毒とは思いません。彼女の運命はすばらしいものだったからです。彼女は命の値打ちというものを知り尽くしていて、それを愛する人に感じさせたのです。こうして生きた一年の年月は、フォントネル氏〔百歳まで生きたフランスの作家で、啓蒙思想の先駆者。一六五七―一七五七〕が生きた一世紀よりもずっと値打ちがあります。この不幸な女性は、ほかでもないパリの真ん中にいて、あらゆる感動を台無しにして葬ってしまう放蕩と軽薄さに囲まれながら、パリの劇場で演じられる情熱よりずっと濃やかな、ずっと強い情熱を抱いていたのです。ほんとうにこんな愛はめったにあるものではありません！　なんて偉大な愛なのでしょう！　なんて崇高な愛なのでしょう！　私はこの愛を美徳のように敬い、尊重します。ラ・ムスチエール夫人の魂に比べたら、パリの優雅なご婦人たちの魂はそこから何とかけ離れていることでしょう！　そのご婦人たちの愛と来たら、せいぜい粋な色事を思わせるのが精一杯といったところです！

伯爵さま、これは奇跡かもしれませんが、もしもロシアか、ラップランド〔ヨーロッパ最北の地域〕に亡くなったラ・ムスチエール夫人の魂を持って生きている女性がいたら、すべてを投げ捨てて、その人にあなたの命を与えることです。たとえその人が悲劇的な最期を遂げることになったとしても、あなたは神様に感謝しなくてはならなくなりますわ。もしもあなたの魂が冷たくて、頭が上の空でしたら、きっと私のことをおかしな女だと思うかもしれません。でも、少しのあいだご自分に立ち戻ってごらんなさい。そしてクラリッサの手紙を一通でも、ジャン＝ジャック〔・ルソー〕を一ページでもお読みになれば、間違いなくあなたは私の言葉がおわかりになるはずです。私がこの人たちとおなじ言葉を話していると思っているからではありません。私はこの人たちと同じ国に住んでいて、クラリッサの悲しいこころにたびたび共鳴することがあるのです。」

この命を懸けた「崇高な愛」への讃美は、ジュリの心の底から出た叫びであった。なぜならそういう愛に生きることが彼女にとっても胸に秘めた願いだったからである。もしそういう愛にめぐりあえれば、なにものにも換えがたい真実の喜びを味わうことになるだろう。たとえその愛ゆえに死ぬ羽目になっても、それは自分が望んだとおりに生きた証しになるのだ。ジュリはそう信じた。そして自分の求める愛についてこう言うのであった。「私は中途半端なもの、曖昧なもの、雀の涙みたいなものはなにひとつ好きではないのです。社交界の人々の言葉は私には理解できません。あの人たちは遊び呆けて、あくびをしている。お友達はいても、誰ひとり愛していない。それが私には哀れに思えてなりません。私は、あの人たちの命を麻痺させる快楽より、この命を焼き尽くす苦悩のほうが好きなのです。」

そんなふうに言うジュリの胸のうちを、去って行ったモラの面影がときおり去来したとしても、それは無理もなかった。あれだけの讃辞を送った男のことがそう簡単に頭から消えるはずはないのだから。

しかし、だからといってどんなにモラのことを思ってみたところで、それは不在の男のまぼろしを追うのに似て、彼女の想いを満たすどころか、こころの空しさを増すばかりになるだろう。

そんなジュリの胸のうちに気づいたものは親しい友達のなかに誰ひとりいなかった。いつも同じ屋根の下で暮らしているあのダランベールでさえそれに気がついていなかった。ジュリはいつもと変わらず、健気に、明るい顔でサロンの主人役を精一杯つとめていたからであった。

3

一方、帰国したモラのほうはどうしていたのだろうか。

彼がマドリッドに戻ると、人びとは彼の帰国に熱狂し、口々に、

——祖国の英雄だ、

——偉人のなかの偉人だ、

と叫んで、彼を迎えたのである。おそらく日本でも、鎖国を廃して近代化を推し進めていた明治の頃には、欧米からの帰朝者たちがおなじような熱烈な扱いを受けたのかもしれないが、モラが受けた歓迎ぶりには次のようなわけがあった。

モラ自身もそうだったが、当時、スペインの知識階級や上流社会の、少なくともその一部の人間は、フランスを啓蒙的な哲学者の国、革新的な思想を発信する先進国と考えていた。隣国から渡ってくる新思想は、祖国の旧弊を打破するための神託のようにさえ思われていた。たしかにそうした傾向はいっときの表面的な流行に過ぎないものだったかもしれないが、しかしモラが、パリでダランベールらの哲学

者たちと親しく語り合い、彼らの思想を祖国に持ち帰る使者として熱烈に迎えられたことは事実だったようである。

　そして、もし運命が許していたら、彼は父のフエンテスや義父のアランダのような外交官か政治家になって、祖国のために一命を捧げることになったであろう。あのガリアーニは、モラが夭折したとき、その死を深く悼み、旧態を脱し得ないスペインを深く嘆いて、こう書いていたからである。「この世では、万事が運命によって定められている。スペインはモラ氏のような人間を持つのに値しなかったのだ。……スペインはフランスにはならないだろう。もしそうなることが永遠の秩序に適うものであったら、モラは死んだりはしなかったのだ。」

　ただモラ自身は、祖国での熱烈な歓迎にも、マドリッドの社交界での華々しい歓迎や讃辞にもほとんどこころを動かされることはなかった。なにか憂鬱な気分が胸の底にわだかまっていた。おそらくパリで過ごした日々が甦って来て、その忘れられない思い出に、こころがうずくのを感じていたのではなかっただろうか。

　十八世紀が後半になると、パリにやって来る外国人の数は次第に増加するのだが、パリに滞在した彼ら外国人は、その職業を問わず、パリを去ったあと、口を揃えてその滞在を懐かしんだものである。そして機会があれば、ふたたびパリへ戻ることを夢見ていたのである。タレーランの言葉を持ち出すまでもなく、それだけのものが――ひと口でいえば生きる自由と喜びが――この都にはあるからで、それが今も変わらぬパリの魅力なのである。まして親しくなったジュリや著名な哲学者たち、それに方々のサロンで出会った美しい女たちにあれだけ歓迎されれば、モラがパリの魅力の虜になったとしても少しも不思議はないのである。

しかし、帰国したいま、彼には大佐として連隊を指揮すべき大任が待っていた。その上、連隊は華やかな首都マドリッドからカタロニアへ移動することを命じられた。彼はその地で、身内の者も、友もいない孤独の日々に堪えていた。そしてなつかしいパリへの郷愁の思いをひと言も漏らさずに、忠実に軍務に服してその任務を果たしていたのである。

ただそのかげには、何とかしてまたパリへ戻りたいという強い気持ちが隠されていたにちがいなかった。それゆえモラは、上司にたいして何度も休暇を願い出ていたのだが、願いはそう簡単に聞き入れられるものではなかった。こうして彼のこころのなかに鬱々とした気分が次第に濃くなっていった。

そんなとき、モラの沈んだ気分に追い討ちをかけるように、思いもかけない不幸が彼を襲った。アランダ家に預けてあった三歳になる一人息子が、天然痘に罹って、急死したのである。モラは妻につづいて子供までも喪うことになった。それはスペインに戻って、ようやく半年が過ぎたばかりの一七六七年七月のことであった。

モラは打ちのめされた。そして親友で、父の秘書官としてパリに滞在しているビリャ＝エルモーサに、妻の死につづいて今度は息子の死に見舞われて、絶望の底に突き落とされたこころのうちを叩きつけるような勢いで書いて送った。

「こういうことにはすべて打つ手なんかないのだ。苦しみの種をくだくだ並べてみても、苦しみを甦らせるのが関の山だ。ぼくは生れついての不幸者で、自分の運命を堪え忍ぶしかない。身内の者たちが変わらずに元気でいてくれて、それが慰めになってくれることを祈るばかりだ。僕の幸せのすべては彼らの幸せで決まるだろう。……友よ、ぼくは若い。だが、どんなに年を取った人間でも、この世の経験でぼく以上に辛い、ぼく以上に数多くの経験を嘗めたものは一人だっていはしない。ぼくは世の中というものを知っているつもりだ。そしてぼくはそんな世の中を軽蔑しているのだ。」

　不条理な運命にたいする怒りとも、諦めともつかないものが、モラのこころのなかで激しく渦巻いていた。

　ジュリのサロンを訪れて、彼女を魅了し尽くしたときの、あの潑剌としたモラは、もうここにはいなかった。残ったのは、若くして運命に痛めつけられ、世間を軽蔑の目で眺めている不幸な若者でしかなかった。彼はかつての覇気を失い、生きる気力も薄れて、同じ手紙のなかで、「遊び呆けることが、結局のところ、この世の中でいちばん大事なことではないだろうか」と、かつてのモラからは想像もできない自暴自棄なことを書いていた。モラが、生涯でもっとも不幸だったのはおそらくこの時期だったであろう。

　ところが、そんな窮地から彼を救い出すかのように、朗報が訪れた。待ちに待った休暇願いに許可が下りたのである。彼は、パリで家族の者たちやビリャ＝エルモーサに再会することに、苦しみと憂鬱をふり払う一縷の望みを託した。孤独のなかでつらい日々を送ることにもうこれ以上堪えきれなくなっていた。

　モラは親友にすがる思いで訴えた。

「この上、両親、兄弟、友達、要するに、ぼくがこの世で一番愛しているすべての人々を抱擁する慰めを奪われるようなことにでもなったら、それこそ踏んだり蹴ったりだ！　みんなに会えれば、ぼくを打ちのめす苦しみを鎮め、憂鬱を吹き飛ばすのになによりの助けになるだろう。はっきり言って、ぼくはまったくつらい日々を過ごしてきた。君がいなくて、どんなに淋しい思いをしたことか！　ぼくが悩んでいたときに君が傍にいてくれたら、どんなに慰めになったことだろう！」

モラは、ひたすらパリへ行くことだけに、いまの苦しみから逃れる望みを託したのであった。

4

その年の十月下旬、モラは、南国スペインから、秋が深まった肌寒いパリに戻って来た。一年八カ月ぶりのパリ再訪であった。

今度の住まいも、前に住んだフォーブール＝サン＝ジェルマンのユニヴェルシテ街にある屋敷である。そこへ、さっそくビリャ＝エルモーサが訪ねて来てくれた。友達とのうれしい再会だった。モラはその顔を見て、ようやく以前の元気を取り戻した。こうしてふたたびパリでの滞在が始まったのである。

ところが、パリに来てしばらくたったある日のこと、ビリャ＝エルモーサが訪ねて来て、しばらく話をして帰って行ったあと、モラは、突然、目まいの発作に見舞われた。じつはスペインでも、体調の不良を感じたことがなんどかあったのだが、今回はそれがことにひどかった。翌日、彼はビリャ＝エルモーサにこう書き送っている。「君が帰ったあと一時間して、ぼくは目まいに襲われた。それから高熱が出て、それが一晩中つづいたのだ。おかげでぼくはへとへとに疲れてしまって、半分死んだのも同然のありさまだった。」

旅の疲れに加えて、北国のパリの冷え込みがからだに堪えたのかもしれなかった。じつはこの発作は、のちにモラの母の命を奪うのと同じ肺病の前兆だったのである。その後、彼は喀血をともなう激しい咳の発作にたびたび悩まされるようになるのだが、このときは、さすがに若さがものを言って、モラはすぐに立ち直った。そして友人と連れ立って、馴染みになったパリのサロンを訪ね歩いた。

その噂が、家に来た友達の一人からジュリの耳に入った。彼女は一瞬、息が止まった。驚きとうれしさのあまり、体中の血がさわぎ、心臓が高鳴った。あの人がパリに来ていると思っただけで、彼女は身うちが震えてきた。狭いパリのことだから、どこかのサロンでばったり出会うかもしれない。一目でいいから、モラさんに会いたい。せめてもう一度、あの方と話がしてみたい。

ジュリが、待ちわびたモラとの再会をいつ果たしたのか、それを示す手紙のようなものは何も残されていない。だが、とにかくそれは晩秋のある宵のことだった。彼は何の前触れもなく、サン＝ドミニック街のジュリのサロンに、突然、姿を現わした。そして初めて訪ねて来たときと同じように、彼女のかたわらに腰を下ろした。

ジュリの栗色の眼がじっとモラを見つめていた。彼はその眼に、こころのなかの思いがあふれ出て人を惹きつけずにはおかない、あの忘れもしない表情が浮かぶのを認めた。

ところが、彼女のほうはモラの顔を見て、驚愕した。それはモラではなかった。ずっと胸に抱いていたあの晴れやかな彼の顔ではなかった。青ざめて、げっそりと痩せた顔は、輝く未来を約束された青年の、あの生気にあふれた顔ではなかったからだ。

モラは、前に訪問したときとは違って、ジュリが心配そうに、しきりに自分を見つめる眼つきに気がついた。それはこころから彼を気づかっている優しいまなざしであった。

彼は、そんな女のこころのぬくもりを感じるうちに、鬱屈していた気分が少しずつ薄れてゆくのを感じた。そして、なにかを問いたそうに自分を見つめるジュリの眼を見ながら、わが身に起きたスペインでの不幸な出来事を自分から話し始めていた。一人息子を病気で失ったこと、遠くカタロニアの駐屯地で孤独な軍隊生活を送ったこと、体調を崩したことなどに加えて、すべてに興味をなくし、生きることにさえ嫌悪を感じていることまで、モラは残らず告白した。こんなみじめな身の上話は、相手がジュリでなければ、いったいほかの誰に話せたであろう。

ジュリは、モラが自分と会わずにいたこの二十カ月のあいだに、重なる不幸と、悲しみと、病気に打ちのめされて、身も心もまるで別人のように変わってしまったことを知った。彼はたったひとりで、僻地の駐屯地で苦しみと悲しみに堪えてきたのだ。

そんな憔悴したモラを、ジュリは恋しさと哀れさから、強く抱きしめてあげたかった。

その想いが、眼のなかにあふれた。

モラは、ジュリの眼の色に、その想いを見て取った。この人は自分のことを真剣に気づかい、自分をこころから愛してくれているのだと感じた。モラにとって、はじめて知る真摯な愛情のあらわれだった。

それからというもの、モラはジュリに会うたびに、自分を慕い、自分を支えようとする彼女がいとおしくなった。できるものなら、片時も彼女を離したくなかった。

やがて二人は、こころとこころが、言葉がなくても通い合うのを感じるようになった。

そのときから、彼らの生活は一変した。

モラはスペインに戻ってから世間を軽蔑するようになって、もう祖国の未来にかける政治的な野心も、啓蒙活動への情熱も、貴族の誇りさえも失っていた。それがいまは、ひたすら自分を慕うジュリを愛することが、彼のこころを燃え立たせて生きる力になっていた。

それはジュリにとっても同じことだった。彼女はのちにそんなモラに愛されるようになった頃のことを回想して、そのうっとりするような幸福感をこう綴っていた。

「生きていることのすべての価値を、私以上にしみじみ味わった人がいたでしょうか！　どんなに私は愛されたことかしら！　それは信じられないような、決して起こるはずのなかった幸運でした。そのおかげで、これまでこの世にいた人のなかで、いちばん優しい、いちばん完璧な、いちばん魅力的な人が、その魂、その想い、そしてその命のすべてを私に下さり、それを私に委ねてしまったのです。その人が私にしてくださった選択と贈り物に、たとえ私がどんなにふさわしくなくても、私は驚きながらも夢中になって、それに浸っていたのです。」

なんという素直な喜びの表現であろう。

しかし、こうして愛し合うようになったとき、ジュリには一つだけ、どうしてもモラに聞いておきたい気がかりなことがあった。自分は美しくもないし、年はもう三十五で、あの人より十二も年上なのだ。その上、私は私生児であり、家柄も、身分も、財産も、あの人とは比べものにならないような人間なのに、モラさんはほんとうにそんな私で満足なのだろうか。

そう思って、あるとき彼女は「自然が二人のあいだに設けた計り知れない隔たり」が心配になって、モラにその不安を率直に打ち明けた。

その言葉がモラを「深く悲しませた」と、ジュリはそのときのことを思い起こして語っている。彼はその言葉を聞くと、しばらく沈黙してから、彼女を優しく説得するような口調で、こうジュリに言ったのである。

――私たちのあいだでは、すべてが対等なのです、あなたが私を愛してくれているのですから。

ジュリはモラの愛情の深さと、魂の高貴さに、からだが震えるような思いがした。モラさんがそう思ってくれるなら、もう二人のあいだの隔りを気にすることはないのだ。抑え切れなくなった想いが、このときはじめて堰を切ったようにあふれ出した。

「ああ、神様、すべてを経験し、すべてを判断し、すべてを評価した人、そしてしまいには賢者のように、すべては空でしかないと思うようになった人のために愛し、生きることは、なんて甘美なことだったでしょう！　あの人の心と魂には、愛することだけで充分だったのです。ああ、あの魂のなんて高貴で、偉大だったことでしょう！　あれほどの情熱があれほどの美徳に結びついているのを、私はこれまで一度だって見たことはありませんでした。」

モラは、ジュリを愛することによって苦しみと悲しみから立ち直り、ジュリはジュリで、モラの愛のなかに生きる喜びを見出したのであった。

こうして、その年の冬から春にかけての数カ月は、人生ではじめて巡ってきた二人の愛の記念すべき季節になった。

やがて、二人の関係は、友人たちのあいだで公然の秘密になっていった。「われわれは一度ならず、モラがジュリを激しく愛しているのを目撃したことがあった」と、友人のマルモンテルは『回想録』のなかで証言している。ただこのときもダランベールだけは別だった。彼は、あまりに世間知らずの純真な性格のためだろうか、自分にたいするジュリの愛情をまったく疑うことがなく、その分、彼女とモラが熱愛していることに気が付いてなかったのである。

モラの休暇は、五月の末で切れることになっていた。その期限が恐ろしい速さで二人に近づいてきた。モラには、いまでは無二の親友になったビリャ＝エルモーサと約束したことがあった。それは、スペインへ戻る途中、スイスとの国境に近いフェルネーの村に立ち寄って、ぜひともいっしょにヴォルテールを表敬訪問することであった。

これはまえにも話したとおり、当時、ヴォルテールといえば、フランスだけでなく、狂信や封建的な社会の旧弊と戦う「知性の王者」としてヨーロッパ中に名を知られた人物であった。しかしその一方で、『哲学書簡』、『カンディッド』、『寛容論』などの著作や、胸のすくような痛烈な諷刺文書、それに加えて、圧倒的な行動力による啓蒙活動ゆえに、権力側からは好ましからざる人物と見なされていた。そして万が一、追及の手が身辺に及んだときのことを考えて、彼は国境に近いこの村に隠棲したのである。しかし、いまでは政府といえども、そう簡単に手が出せる相手ではなくなっていた。むしろ外国の王侯貴族たちのほうがヴォルテールの思想と活動に共感して、プロシアのフリードリヒ大王やロシアのエカテリーナ二世は、彼と文通によって親密な交友を結んでいたのである。

そういうわけで、その声望を慕って、国の内外を問わず彼の啓蒙思想に共鳴する者たちが、連日のように彼の城館である逸楽荘を訪ねて来た。ヴォルテールはヴォルテールで、自称「ヨーロッパの宿屋の亭主」を務めるのはもう飽き飽きしたと口では言いながら、得意の座談とブルゴーニュ産の銘酒とで遠来の客たちを歓待するのである。この稀代の文学者の波瀾をきわめた生涯は、ここで語るにはあまりにその内容が多岐にわたるので、詳しいことについては、拙著『ヴォルテールの世紀』（二〇〇九年）を参照していただければ幸いである。

ジュリは、フェルネーの地にヴォルテールを訪ねるというモラに、寄り道などせずに一日でも長く自分のそばにいてほしかった。しかし彼女は百科全書派のサロンの友人たちから「哲学者たちの女神《ミューズ》」の異名を取っていただけに、彼らの領袖であるヴォルテールを表敬訪問しようというモラたちの気持ちを汲まないわけにもいかなかった。

そこで彼女は、ダランベールに頼んでヴォルテールに紹介状を書いてもらい、恋人の訪問が首尾よく運ぶよう取り計らってあげることにした。ダランベールはジュリの頼みを聞くと、二つ返事でモラのために手紙を書いて、フェルネーの長老へ送った。

「わが親愛なる、古き友よ、折り入って、ぜひともあなたにお聞き入れいただきたいお願いがあります。……いま、こちらに高貴な生れの若いスペイン人がおります。フランス宮廷駐在大使の息子であり、またスペインのイエズス会士を追い払ったアランダ公爵の娘婿であるこの若い貴族が立派な縁戚に連なることは、すでにご承知のとおりですが、それはまだ彼の誉むべき点の微々たるものに過ぎません。彼のような年齢の外国人で、精神がこれほど公平な、これほど明快な、これほど教養のある、これほど見識に富む人物を、私はほとんど見たことがありません。彼はまだ若く、大貴族であり、スペイン人ではありますが、私が申し上げることは誓っていっさい誇張などではありません。彼はスペインへ帰国しようとしているところですが、帰国するに当たってどうすべきかを考えて、あなたにお会いして歓談したいと望むのは当然のことでありましょう。……お会いくだされば、彼をご紹介申し上げたことを必ずや感謝なさることは間違いないと存じます。……彼のごとき若い外国人を見ると、わが国の軽薄なフランス人はまったく恥じ入るばかりです！」

ここに描かれたモラの像はたしかに誇張ではなかったであろう。これはダランベールの眼に映ったとおりのモラであって、彼が百科全書派の友人たちからどう見られていたかを示すものとして、なかなか興味深いものがある。モラは、パリに来る多くの外国人とちがって、評判のサロンで社交を楽しむ社交人としてでなく、優れた精神をもった知識人として評価されていたのである。もし運命が許してさえいたら、父たちの世代をひきつぐ少壮の貴族として、スペインの未来に貢献する存在になるであろうことは充分期待できたのである。

ジュリは、モラの出発の日が近づいて来ると、身が引き裂かれるような苦しみにおそわれた。どうしてもモラと別れたくなかった。この前のときはひそかな片想いをいだいたまま、口には出せない寂しさを味わわされたけれど、いまはちがう。いまは愛し合っている恋人同士なのだ。そう思うと、愛する人と別れる切なさがジュリの胸いっぱいに迫って来た。でも、モラさんは必ず戻って来てくれる。きっとまた逢える。別れがつらければ、その分だけまた逢うときは、思っただけでも気が遠くなるような喜びに浸れるにちがいない。

ジュリは、そう強く自分に言い聞かせた。そしてモラたちをのせた馬車がパリの街並みに消えてゆくのをいつまでも見送っていた。

V　最後の抱擁

1

一七六八年の四月も終わろうとする頃、モラたちはパリを発った。そしてその二日後に、ジュネーヴから数キロと離れていないフランス領内のフェルネーの村に着いた。

ヴォルテールは、ダランベールからの手紙を読んで、二人の来訪を心待ちにしていた。そしてジュネーヴに泊まるという若者たちを無理に逸楽荘に引き止めて、三日のあいだ若い遠来の客をこころから歓待した。

ヴォルテールはフェルネーに住み着いてすでに十三年になる。年は七十四歳になっていた。眼はかすみ、耳は遠くなったと、来る人ごとに愚痴をこぼしながら、依然としてからだは矍鑠としていて、その昔、パリの社交界で人びとを魅了した機知縦横の弁舌もいまだ健在であった。そして、いったん話題が狂信的なキリスト教徒との戦いに及ぶと、両眼は炯々と輝き、痩せたからだのどこにそんな情熱があったのかと思うくらい雄弁になった。若い二人は驚嘆し、目を見張った。

モラもまた長老の熱弁に刺激されて、大臣アランダがイエズス会士をスペインから追放した話や、異端にたいする宗教裁判のおぞましさや、ヴォルテールの本がスペイン人のこころを摑み、彼の戯曲がマドリッドの劇場で喝采を博していることを負けずに語って、長老を感激させた。

こうして彼ら二人は、逸楽荘で三日間の熱いもてなしを受けたあと、ジュネーヴで別れると、モラはスペインへ、ビリャ＝エルモーサは任地のパリへと戻って行った。

ヴォルテールはモラたちを見送ったあと、ダランベールへの返事にこう書いている。

「スペイン人は前進し、フランス人は後退する。彼らはわれわれが二十年かけて成し遂げた以上の進歩をわずか二年で成し遂げた。彼らはフランスで禁止されている革新的な本を読むためにフランス語を学んでいる。私は、あらゆる存在者のなかの存在者たる神が、アランダのお気に入りの親愛なるモラと、最愛のビリャ＝エルモーサの上に、永遠の祝福を垂れんことを乞い願うものだ。新しい世紀がスペイン人のなかに生れ出ようとしている。思想を取り締まる税関吏はもはや、フランスと同じく、かの地でも真実への道を閉ざすことはないであろう。異端審問の怪物の爪は切り落とされたのだ。」

年老いたヴォルテールは、若き同志たちの将来の働きに期待をかけた。だがモラの心は、別れてきた愛するジュリを想うあまり、その期待に応えるだけの情熱をすでに失っていたのである。

モラはカタロニアの宿営地に戻って連隊と合流した。

そして、ふたたび愛する人が待つパリへ戻るために、あらためて休暇願いを提出した。だが、今回も願いはそう簡単には受け入れられず、年月だけがむなしく過ぎた。

ところが、翌年になって、偶然、パリへ戻る絶好の機会がめぐってきた。モラの妹マリア・ムヌエラ・ピニャテリが、彼の親友で、パリにいるあのビリャ＝エルモーサ公爵と結婚することになったからである。わけを説明すると、こういうことである。

一七六九年六月一日、婚儀がアランダ伯爵の邸宅で執り行われた。しかし新郎は職務上、任地のパリに足止めされていたために、伯爵みずからが代理をつとめた。新婦である妹の付添い役は、兄のモラがつとめた。そして、いまや公爵夫人となった初々しい花嫁を、パリにいる新郎のもとに送り届けるために、兄のモラが彼女に同道することに決まった。こうして念願だった休暇願いに正当な理由ができて、正式に許可が下りることになったのである。

四台の豪華な四輪馬車が十五頭の馬に曳かれ、列を連ねてパリへむかったのは、婚礼の翌々日のことであった。

六月二十日、一行はパリの城門に入った。

モラは妹を、待ちかねた新郎のもとに無事に送り届けると、その足で、恋人が待つサン＝ドミニック街に飛ぶように駆けつけた。

逢わずにいた一年二カ月が、ようやく再会できた恋人たちのこころとからだを火のように燃え上がらせた。

二人のあいだを隔てるものは、いまはもうなにひとつなかった。そしてわずかな時間も惜しむかのように、モラは、朝になるとジュリを訪ねてきて、彼女を抱きしめ、二人はたがいに愛を確かめ合った。それからというもの、深紅の緞子で壁を飾られたジュリの寝室が、二人の愛の聖域になった。そこで二人は愛し合い、語り合って、時がたつのを忘れた。

ジュリはモラが帰ってひとりになると、ふと、これまでの人生の有為転変を思った。母の情事から生れた、名もない私生児の娘が、思いがけず草深い田舎からパリに出て来ることになって、首都の社交界を知り、たくさんの著名人とも知り合い、いまはこうして優しいモラに愛されている。それは自分でも信じられないようなわが身の変化であった。

あの、静まり返った古い城館ですごした淋しかった少女の頃や、姉夫婦の家でよそ者のように冷たく扱われ、不運な身の上を嘆いて泣き暮らした頃のつらい年月を思い出すことがあった。でもそんな思い出も、モラに愛されるこころに染みとおるような幸福感のなかに消えて行った。

実際モラは、ジュリのためにすべてを投げ捨てて彼女を愛した。その一途な愛し方を思い出して、のちに彼女はこんなふうに語ったものである。

「ああ、私はどんなに愛されたことでしょう！　あの方は、すべてを判断し、すべてを評価した人、力にあふれた、炎のような魂を持った人、そしてすべてに興味をなくし、すべてに嫌気が差して、ただひたすら愛する欲望と愛する喜びに浸る魂を持った人でした。私はこんなふうに愛されていたのです。」

またその愛は、あれほど彼女を魅了したルソーやリチャードソンが描く愛すらも越えていた。

「私は愛されていました、人の想像も遠く及ばないほど愛されていました。そんなモラさんの愛情に比べたら、私が読んだ本はどれもこれも、力が弱くて冷たいものでした。そういう愛情があの人の命をすっかり満たしていたのです。私の命もそれで一杯になっていたかどうか、それはそちらのご想像にお任せしますわ！」

ジュリもまたモラに負けずに、恋人と離れ離れでいた時間を取り戻そうとするかのように、激しくモラの愛に応えた。彼女は生れて初めて恋しい人に愛され、身も心も捧げてその人を愛する喜びに浸っていた。

あるときモラが、スペインからの手紙のなかで、その激しく燃える彼女の気性を喩えて、南国リマの燃える太陽に焼かれたようだと書いてあったことを、ジュリは忘れもしなかった。「あの人は、以前自分が愛した人や、まだ愛している人をよく較べたものでした。そして、いつも私にこう言っていたのです。《あの〔マドリッドの〕女たちはあなたのお弟子になる資格なんかありません。あなたの魂は、リマの太陽に焼かれて燃え上がるようだったのに、この国の女たちと来たら、極北のラップランドの氷の下で生れたような気がします。》」

愛するとなれば、すべてを忘れて、命のかぎり、精一杯愛さずにはいられないそんな彼女の燃えるような情熱に比べたら、情熱的だといわれるスペインの女たちも、モラにはまるで氷のように感じられたのである。

いつしか彼らは、恋がたどる自然な成り行きから将来のことを語り合うようになった。二人の愛を形ある確かなものにして、もう離れて暮らさなくてもすむようにしたいのだ。いうまでもなくそれは二人の結婚のことである。ジュリを悩ませていた年の差も、身分や境遇の違いも、「二人のあいだでは、すべてが対等です」と言ってくれたあのモラのひと言で、いまはもう彼女のこころから消えていた。

ジュリはサロンの常連で、親しい友達のシュアールという青年にだけ結婚の話をこっそり打ち明けた。このシュアールというのは、時の大臣ショワズール公爵やジョフラン夫人の庇護を受けて、政府の機関紙「ガゼット・ド・フランス」誌の編集を任されたジャーナリストとして頭角を現わし、数年後にはジュリの奔走で、アカデミー・フランセーズの会員に選ばれることになるのだが、そのシュアールが、ジュリの結婚の話を聞くと、彼女を励ますために心のこもった返事を送ってきた。「あなたの気持ちがいまどんな状態にあるのか、あなたの望みがどこまで進んでいるのか、それをもっと知りたいものだと思っていました。あなたが幸せになるのを、私はいつ知ることができるのでしょうか。あなたが思い悩むのが私には気がかりなのですが、その気持ちを和らげてもらうためにも、ぜひともその幸福を摑んでいただかなければなりません。」

モラもまた、うれしい結婚の話をパリにいる弟のルイ・ピニャテリにだけは打ち明けずにいられなかった。すると弟はうっかり両親のフエンテス夫妻にその話をもらしてしまった。父は結婚の話を知らされると、猛然と反対した。

夫妻はもともとジュリとは折り合いがよく、ときおり彼女のサロンに顔を見せることもあった。しかし結婚となれば話は別で、パリでどんなに有名なサロンを主宰する女だといっても、スペインきっての名家を継ぐ息子が、所詮は身分も財産もない相手と結婚するのは夫妻にとって家名を汚されるのも同然だった。ダランベールという男と同棲と変らない暮らしをしていることも、パリの人間には大目に見られても、スペインの大貴族である父のフエンテスには許されることではなかった。父の反対はモラとしても多少は予想していたけれど、いざ真正面から厳しい反対に遭うと、それが彼のこころに暗い影を落とした。

父子のあいだで、そんな確執が深まって行った頃のことである。またもやモラを不幸が襲った。年が明けて一七七〇年二月、彼は血を吐いた。病気が再発したのである。医者は彼を診るなり、これは肺病だと診断した。冬のパリの湿った、凍るような空気は、とくに肺には致命的だと、きつく言い渡した。

フエンテスは医者の忠告を容れて、健康を理由に、即刻モラに連隊が駐屯する温暖なカタロニアに戻ってからだを直すことを命じた。病気の治療もさることながら、息子をジュリから遠ざけるのが父の狙いだったことは断るまでもあるまい。モラは父の厳しい命令に従わざるを得なかった。

せっかく彼は、結婚した妹に付き添ってパリに戻って来て、ジュリと夢のような日々を過ごしていたのに、いままた病に倒れて、ふたたびパリを去らねばならなくなった。

こうして恋人たちは再度その仲を引き裂かれ、遠く離れて暮らすことを強いられる羽目になった。ところが、彼の失意とは裏腹に、連隊に戻って二カ月がたったころ、モラは、思いがけず旅団長に昇進することになった。その上宮廷に伺候する役向きまでも授けられたのである。

二十六歳の若さで、これほどの栄誉を得るというのは異例のことだったから、父フエンテスをはじめ一族の者は、モラの非凡な才能を讃え、旅団長への抜擢を祝い合った。親戚の一人がパリのビリャ＝エルモーサに喜びの手紙を送った。「いまや彼の天分が認められることになるだろう。その天分は尋常なものではないのだ。」その返事に、モラの義弟となったビリャ＝エルモーサは、同じくその才能を認めて、こう書き送った。「彼が満足しているかどうかは知らないが、しかし、ぼくは満足している。なにしろ彼の才能は、口で言えるようなことをすべて凌駕しているからだ。」

モラ本人が、この予期しなかった名誉ある昇進をどう受け取ったか、はっきりしたことはわからない。ただ確かなことは、この、一族のものを感激させた大いなる栄誉がモラをいっそう軍務に縛り付けるようになったことである。

異例の昇進からわずか数カ月が過ぎたころ、誰もが予想もしないことが起きた。モラは思い切った行動に出た。彼は軍に対して健康を害したことを理由に辞表を提出したのである。たしかにパリで喀血したのは事実だったが、帰国後、体調はすでにもとに復していたので、誰もが彼の行動をいぶかしく思った。

パリにいる父は、息子の突然の辞職に驚愕し、一家にとって大いなる希望だったものが一瞬にして潰え去ったことに、言いようもないほど落胆した。

健康上の問題が旅団長としての軍務の遂行を妨げるというのは、たしかにありうることだったかもしれない。だが、その理由が何であれ、この辞職がモラの強い決意のあらわれだったことは明らかだろう。彼は愛する女性のためにすべてを犠牲にし、自分の運命を自分の意志で切り開くためにこの決断に踏み切ったのである。重い決断であった。なぜなら軍職から身を引くことは、軍との結びつきを断ち切るばかりか、スペインの上流社会との繋がりや、場合によっては家族との絆さえ断ち切られる可能性があることを暗に意味するものだったからである。

これは女を愛するゆえの若者にありがちな軽率な行動だったのだろうか。父のフエンテスだったら、一言のもとにそう言い切ったにちがいない。しかしモラはいっときの情熱にかられて軽率に辞職を選んだのではなかった。このあとも彼は、死を覚悟したいまわの際に至るまで、ジュリへの純粋な愛を貫いたからである。

実際モラは、辞職の決断を下してからというもの、自分を縛っているしがらみをすべて捨て去り、ジュリのもとに帰ることだけを考えて、その準備に没頭したのである。それら一連の行動には、モラがなにか運命のうながしとでも言うべきものを予感して、それに急き立てられるかのような切迫したものがあった。

その年の暮れ、出発の準備がほぼ整うと、モラは恋人に再会する喜びに浸りながら、さっそくジュリに、年が明ければパリへもどる旨と、出発の日程を伝えるために手紙を送った。

その知らせに、ジュリがどれほど胸を躍らせたかは言うまでもないだろう。モラが帰って来て、もし結婚ということになれば、もうあの人と離れて暮らすこともなくなるのだ。波瀾の果てに、彼女の人生もこれでようやく落ち着いた日々を迎えることになるだろう。ジュリはモラの手紙をしっかりと胸に押し当てた。

2

しかし、運命は残酷だった。二人の希望が叶うはずだった年は、最悪の事態の発生によって幕を開けることになった。

一七七一年一月二十五日、モラは、パリへの出発を前にして、かつてないほど激しい発作に見舞われた。高熱を発して、また血を吐き、意識を失った。そしてあまり長いこと意識が戻らないので、このまま息を引き取るのではあるまいかと、まわりのものたちは眉をひそめた。

ようやく意識が戻ると、医者はモラに、

——肺は二つともやられている、

と冷やかに伝えた。そして、ただ一つ助かる道は、空気がよく、太陽の輝く温暖な土地で長期の療養をつづけることであり、それにはバレンシアがもっとも適した土地であると告げた。もしもこのまま、凍りつくような冬のパリへ行くようなことにでもなれば、

——それは死の宣告も同じことです、

と付け加えたのである。

その言葉に、モラは絶望した。

バレンシアには、たまたまビリャ＝エルモーサの弟のホルへ・アスロールが住んでいた。迷っている場合ではなかった。起き上がることもできないほど体が弱っているモラは、すぐさま地中海の陽光がふりそそぐバレンシアの地に運ばれて行った。

一方パリでは、ジュリが、ひたすらモラの帰還を待ちわびる日々を送っていた。愛する人と再会できるときが、日一日と近づいて来るのを数えながら、彼女は生きていることの幸せをしみじみ味わっていた。

その当時、スペインからの郵便は、週二回、郵便馬車でパリに届けられることになっていた。モラの手紙が届く日は、ジュリにとってなにものにも換えられない至福のときなのである。

あまりのうれしさに、あるときジュリは、宝物のように大切な愛の手紙を、あの親しい友達のシュアールに見せたくなった。すこし恥ずかしいけれど、自分がどんなに愛されているか、その秘め事のような愛の言葉を読んでもらいたいと思った。

ただシュアールは「ガゼット・ド・フランス」の編集長として文章に厳しい眼をもっていた。彼女は、その厳しさをしばらく忘れて、外国人のモラが書いたことを頭に入れてその手紙を読んでほしいと思った。前にも言ったように、彼の書くフランス語は語法の間違いのない立派なものである。それでもジュリはモラの書いたフランス語をかばって、こうシュアールに言うのだった。

——こうしてあの方のお手紙をあなたにお見せするのは、私には気がとがめるのです。彼がどんなにころの優しい人かということは私が請合いますけれど、それでもこんなことをすれば、あの方の精神を損なうことになりますわ。外国人である上に、急いで無造作に手紙を書く人なのです。でもたしかに思いやりもあれば、同じくらい才気もある人なのです。愛するようになる前から、私はあの方のことをそう思っていました。

ほんとうのところは、ジュリはシュアールに手紙を見せてモラのフランス語を少しでも褒めてもらいたいと思ったのではないだろうか。外国人が無造作に書いたものですからと断ってモラをかばったのは、それにしてはよく書けていると彼に言ってもらいたかったのではないのか。これはそんなことを想像させる言葉であって、恋する女のいじらしさが伝わってくる言葉である。

そんなモラの手紙が届く日は、ジュリを幸せな気持ちでいっぱいにするのだった。しかし、いざ手紙が途切れると、ジュリは人が変わったようにふさぎ込んで、こころは虚ろになった。

二月のある日、その待ちに待った手紙がやっと届いた。

ところが、それは、モラが重態に陥ったことを伝える最悪の手紙だった。

一瞬、ジュリは心臓が止まるかと思った。手紙を持ったまま、その場に立ち尽くしてしまった。

それからというもの、極度の不安が神経を苛だたせ、彼女は夜もろくに眠れなくなり、こころの動揺を抑えきれなくなった。同じ屋根の下に住むダランベールに冷たく当たるかと思えば、黙り込んで、暖炉のそばに坐ってじっと物思いに耽るようになった。できるものなら誰にも煩わされずにひとりになりたかった。

純真で、人のいいダランベールは、なぜ彼女が自分を寄せ付けようとしないのかわからなかった。彼女がモラのせいで苦しんでいることにも気づいていなかった。そしてすべての原因は自分にあると思い込んだ。しかしその原因がいったい自分のどこにあるのか、彼にはそれがわからなかった。

気の毒なダランベール！　彼はジュリが死んだあと、そのときのつらさを彼女の魂にこう打ち明けるであろう。「私はあなたの腕のなかに身を投じて、いったい私の罪は何なのかと、あなたになんど訊ねようとしたか知れません。しかしあなたのほうへ差し出すこの腕を、あなたの腕が押しかえすのではないかと、それが心配だったのです。あなたの態度、あなたの言葉、あなたの沈黙、そのすべてが、私があなたに近づくことを禁じているように思われたのです。」

しかしその彼も、ようやく原因がモラから来る手紙にあるらしいことに気がついた。すると、自分がヨーロッパ随一の数学者、百科全書派の中心人物、またアカデミー・フランセーズを率いる幹事であることも忘れて、スペインから郵便がとどく日には、一刻も早くそれを受け取って彼女に届けるために、夜明けとともに起き出すと、郵便馬車が着くサン＝ジャック通りの宿駅に駆けつけるのだった。

もちろん彼女にも彼の優しい心づかいに感謝したい気持ちは充分にあった。しかしこのときばかりは心をかたくなに閉ざして、もう以前のように潑剌としたジュリではなくなっていた。

それがダランベールの繊細な神経にはなによりもつらかった。そして次第に彼のほうが憂鬱な気分に取りつかれるようになって、仕事も手に付かず、食欲もなくなり、夜も眠れなくなった。彼は親しいヴォルテールや友人たちに悩みを打ち明けて、「こんな状態がいつになったら過ぎ去るのかわかりません。この先もこんなふうに生きていかねばならないとしたら、いっそ死んだほうがどんなにましか知れません」と訴えた。

ジュリはダランベールの異変に気がついたが、しかし自分も苦しみに苛まれる身であって、手を差し伸べるだけの気持ちの余裕がなかった。追い詰められた彼女は親しいコンドルセに助けを求めた。

「どうか私を助けに来てください。あなたの友情と美徳を二つとも示してくださるよう切にお願いいたします。あなたのお友達のダランベールさんがとても心配な状態に陥っているのです。おそろしいほど衰弱していて、言って聞かせなければ、もう眠りもしなければ食べもしません。でもそれよりもっと悪いことは、すっかり憂鬱な気分に取りつかれていることです。あの人の心は、ただもう悲しみと苦しみに浸っているばかりなのです。なにをする活力も、意欲もありません。要するに、今の生活から無理にでも引き出さなければ、あの人は死んでしまいます。この国にはもう彼の気晴らしになるようなことは何一つありません。私の友情も、ほかのお友達の友情も、彼に必要な気分転換をさせるには充分でないのです。結局、みんなで集まって、彼に転地をさせ、イタリアに旅行するように頼んでみたところ、まんざらそれを拒むのでもないのです。でもひとりで旅をするとなると、どうしてもその決心が付かないようなのです。私にしてもひとりで旅行をしてほしくないのです。あの人には友情の助けと心づかいが必要で、彼はそのすべてをあなたのようなお友達のなかに見つけなければなりません。あなたは彼の好みとその心にかなう人ですわ。みんなを心配させている状態から彼を救い出せるのはあなたしかいないのです。……彼はしきりに私にむかって、もう自分には憂鬱と死しかないと言いつづけています。そして憂鬱な気分に沈み込んで友人たちを悲嘆に暮れさせているのです。」

ここまで言われると、しまいにコンドルセはジュリの懇願を容れて、ダランベールに転地療法をさせるために彼に付き添うことになり、二人はイタリアへむけて長い旅に出ることに決めた。

ところが、彼らには肝腎の旅費がなかった。

二人は金策に頭をしぼった。そして思いついたのがあのプロシアのフリードリヒ大王のことであった。ダランベールは自分と親交があり、啓蒙的な哲学者に理解があるこの開明な独裁君主に、事情を話して二千リーヴルの無心をすることにした。大王は鷹揚なところを見せて、すぐさま旅費を送ってきた。ところがその金には、皮肉とも、自嘲とも、あるいは本心とも取れる短い手紙が添えられていた。それは大王の傲岸不遜な性格の片鱗をうかがわせるこんな言葉であった。

「これほど嘲弄されているかかる国王たちが、哲学者たちに対して何がしかの手助けをなし得るということは、余にとって慰めである。国王たちと言えども、少なくとも何かの役には立つというものだ。」

こうして二人は旅立って行った。

家にひとり残されたジュリは、気を遣ってくれるダランベールの眼を気にせずに、病気のモラへの想いに浸ることができた。そういう孤独の時間を彼女は待ちかねていたのである。

一方、ダランベールたち二人は、イタリアに入るにあたってスイスを経由することにした。そうなれば、長老ヴォルテールが隠棲するフェルネーを訪ねないという手はないだろう。

さわやかな十月初めのある日、彼らは逸楽荘に着いた。

ヴォルテールが、もっとも信頼する同志のダランベールと若いコンドルセをわが家にむかえて、大いに二人を歓待したことは語るまでもないだろう。

ちょうどこの十月は、彼の『百科全書に関する諸問題』が刊行されることになっていた。それで三人はあらためて啓蒙思想について論じ合い、祖国フランスが改革されるであろう近い将来を語り合って、時のすぎるのを忘れた。

話に疲れると、彼らは城館のうしろにひろがる、高い樹木に囲まれた、広々とした庭園に出た。そして草木の香りとともに、胸いっぱいに新鮮な空気を吸い込んだ。長老の自慢の菜園に入って、豊かに実る野菜を採ったりもした。遠くには、雪を頂くアルプスの山並みが澄み切った空気のなかに連なっていた。

こうして二人はパリでは味わえない秋の田園風景を思いがけず楽しむことになった。

数日フェルネーに滞在するうちに、ダランベールは見違えるばかりに気力も体力も回復していった。この分なら、わざわざイタリアまで足を延ばす必要はなさそうだった。そこで彼らは初めの予定を切り上げて、フェルネーからまっすぐにジュリがいるパリへ戻ることにした。

一方のジュリは、彼らが不在のあいだも、そして二人がパリへ戻ってからも、サン＝ドミニック街の自宅でサロンを開きつづけた。連夜、客たちが次々に集まってきたが、彼女は極力明るい顔を作って会話に加わり、けなげに客との応対に努めていた。なんといってもここは単なるサロンではなく、ダランベールたちのいわば「百科全書派のラボラトリー」であり、アカデミーの私的な会議室でもあったからだ。しかし明るい顔は作れても、こころはモラがいない淋しさに沈んでいた。しかしそれに気がつくものは誰ひとりいなかった。

そんなこころの裏側を、ジュリは気のおけないコンドルセにそっと打ち明けたことがあった。

「一日のある時刻になると、毎日私は私の時計を巻くように自分の《心の機械》のねじを巻くのです。そしてそれが一度動き出すと、どうにかうまくやっていけるのです。つまり私が明るくしていられるということです。それは人を欺こうというのでなく、ただお客様を引き止めておくためなのです、そうしてなんとか自分の気分に打ち勝って、まわりから私が明るい顔をしていると思われるところまで持っていけると、とてもうれしくなります。でも奇妙なことですわ、みなさんが本当の私と思っている顔を見せるために、どれだけ私が努力をしなければならないか、誰もそれが見抜けないのです。」

しかし、気丈なジュリも、モラがパリを去った年の終わりごろから、こころに秘めた淋しさに堪え切れず、からだは高熱と激しい咳の発作に悩まされるようになった。モラと引き離されて暮らすわびしさが、なにをするにも彼女のやる気を奪い、気落ちしたこころが体調の乱れを招いたのかもしれなかった。かくして病気と恋の二重の苦しみが、晩年の彼女を悲劇のヒロインに変貌させることになるのである。心配になったコンドルセは、ジュリの体調の変化に気を配るように努めた。そして日々の体調を、サロンの仲間で、ジュリの親しい友人のチュルゴに伝えることにした。やがて彼はルイ十五世から財政の舵取りをまかされることになるだろう。

この、前にも名前を出したことがあるチュルゴという人物は、フランスが大革命へとむかうこの時期に活躍した立役者の一人なので、ここでひと言触れておこう。

彼は『百科全書』に協力した経済学者でもあったが、このときから三年後の一七七四年には国王から財務長官に任命されて、慢性化している王政府の財政難と食料危機を救うために、国内における穀物流通の自由化や、徴税請負制度の改革、またギルド制や賦役の廃止など、数々の革新的な政策を打ち出し、それを断行したのである。

すでに八十二歳の高齢に達していたヴォルテールは、チュルゴの自由主義的な改革を大いに称えて、次のような手紙を書き送った。「あなたは美しい世紀を誕生させせましたが、わたしが見られるのは、白々と明け始めたその夜明けだけになるでしょう。しかし、わたしには大きな変化が起きるのが、かすかに見えています。フランスはあらゆる分野でそうした大きな変化を必要としているのです。」

彼の炯眼がその前兆を捉えていた「大きな変化」は、それから十数年後におきるフランス革命となって実現されるであろう。そしてチュルゴのもとで働いた若いコンドルセは、その革命の渦のなかへ巻き込まれてゆき、激動する政情に翻弄されて、悲劇的な最期をとげることになるのである。

さて、チュルゴへ送ったコンドルセの報告はジュリの病状をこう伝えていた。

「(一七七〇年十二月三十日) レスピナス嬢は一昨日の夜、非常に激しい痙攣性の咳に見舞われました。……阿片を飲みました。……きのうは熱が出て、ベッドに就きました。」

「(一七七一年一月一日) 相変わらず、体調が非常にわるく、体の節々に痛みがありました。きのうは一睡もしていませんが、今朝は、熱がありません。」

「(一七七一年一月六日) 数日前から熱はありませんが、まだ非常に疲れています。毎夜、眠れずにいて、頭痛がしています。」

「(一七七一年三月) レスピナス嬢は、昨夜、あなたに手紙を書くつもりでいましたが、しかし疲れきっていたので、私が代筆を買って出ました。」

「(一七七一年六月頃) きのう、非常に激しい震えが来て、そのあと高い熱が出ました。再発から、これで七度目の発作です。」

コンドルセの報告は、このあとも断続してつづけられるのであるが、それを見ても、ジュリという女がいかにまわりの者たちから大切に思われていたかがわかるのである。

またジュリのほうも咳と高熱と不眠に苦しみながら、体力が許すかぎりサロンに親しい友人たちを迎えて、社交の場を盛りたてるのに余念がなかった。

しかし、それは表の顔であって、陽気な客たちがみんな帰ったあと、深夜、寝室でひとりになると、遠いスペインの地でふたたび病に倒れた恋人がいまどんな容態なのかをしきりに思った。思えば思うほど、かえって不安は募るばかりだった。そしてその心労から、そうでなくても咳と高熱に苦しむジュリのからだは徐々に衰えてゆくのである。

3

ところが、モラのほうは、幸いなことに健康を取り戻しつつあった。オレンジの木の香が漂う、気候の温暖なバレンシアでの静養が功を奏したのであろう。そして療養所に来て二カ月も経つころから、彼は少しずつ体調が回復していった。

喜んだホルヘ・アスロールは、パリにいる兄のビリャ＝エルモーサに手紙を送って、モラの回復ぶりを伝えた。「モラは今までになく太って、顔色もよくなりました。しかしながら、肺の痛みが完全に消えてはいないので、モラの父上は彼に、まだここから出ないように説得していますが、私もそれに賛成しています。」

それからしばらくたった七月十三日、弟は兄にこう報告した。「喜んでいただくためにお伝えしますが、モラは日に日に元気になっています。ですから、彼にあらたな瀉血をすることを考えています。というのも、とくに肺の痛みがまだ残っているとなると、精力があることはかえってからだに有害になるかもしれないからです。……肺の傷が完全にふさがるまではここに留まるように、私から強くモラに言っておきましょう。」

体調の回復は、誰よりもモラ本人が感じていたことであった。そうなると、一日でも早くパリへ戻りたい気持ちがモラを突き動かした。元気になったとは言っても、肺はまだ完全に治癒したわけではなかった。しかし、だからといって病気が根治するのをこれ以上待ちつづけることは、もう彼のこころが許さなかった。

その矢のような帰心は、このときもまたみずからの運命に促されたとしか思えない発作的な衝動であった。いま動けば、せっかく戻った体調が崩れることは彼自身にもわかっていないはずはなかった。悪くすれば、一命にかかわることになるかもしれない。だが、その死の不安さえモラの心を押しとどめることはできなかった。ジュリへの愛に生きることだけが、このとき、たった一つ彼に残された生にたいする望みだったからである。

医者は、モラの無謀を許さなかった。

家族も、彼の決意を思いとどまらせようと必死だった。

しかしモラは、すべてを押し切って、バレンシアからパリへ、ものに憑かれたように、一気に、馬車を走らせた。

*

一七七一年、夏のある日、モラは前触れなしに、サン＝ドミニック街のジュリの家に、いきなり姿を現わした。

恋人の信じられない出現に、ジュリは、一瞬、

——これは幻かしら、

と思った。戸口に立ったモラを凝視したまま、とっさには言葉が出なかった。

彼女を見つめるモラの顔は、長旅で日に焼けていて、かつてないくらい精悍に見えた。

——モラは、よみがえったのだ！

とジュリは、こころのうちで叫んだ。そして狂ったように駆け寄って、恋人の腕のなかに飛び込んだ。モラの力強い抱擁に、からだが芯から溶けてゆくようだった。

二人にとって、これが三度目の再会だった。長い別離のあとで、恋人たちが再会の歓びに浸ってすごした愛の日々については、もう多くを語ることはないだろう。

例によってモラは、朝になると、サン＝ドミニック街にやって来る。昼は、十八世紀になってパリの町に出現して、人びとの憩いの場として一躍人気になった街角のカフェで落ち合うこともある。馬車で少し遠出をして、これもこの時代になってブーローニュの森に造られた、緑に囲まれた小道で散歩を楽しむこともある。また夜は夜で、どこかのサロンや晩餐会、あるいは劇場の桟敷席に、二人の連れ立った姿を見ることができるだろう。

愛するジュリと過ごす日々が、モラにとってどれほど幸せだったかは、それを知るある友人が簡潔にこう語っている、「わずか数年で、きみは神が地上の人間に与えうるいっさいの幸福を味わい尽くしたのだ」と。傍のものが見ても、恋する二人はそれほど幸せだったのである。

またこの時期ほど、モラが、パリの社交界や宮廷で持てはやされたこともなかった。社交界の名だたる人物が居ならぶのを尻目に、彼の人気は頂点に達していた。有名なサロンを主催する女たちは、先を争うように彼を奪い合った。レスピナス嬢に恨みを抱くあのデファン夫人ですら、モラがジュリと親密な関係にあるのを知りながら、錚々たる常連客とともに、夜食の席に、

――ぜひともご来駕いただきたい、

と、あえて彼に懇願したほどだった。

しかし一番華やいでいたのは、そんなモラがいるジュリ自身のサロンだった。モラが自分のもとに戻ってきてくれたおかげで、彼女は言いようもない幸福に包まれて、持ち前の明るさを完全に取り戻していた。常連の誰もが、自由で、寛いだサロンの雰囲気を思う存分に楽しんだ。ダランベールも、以前に

もまして陽気な性格を発揮した。そして得意の物まねを披露して、有名人たちのパントマイムを演じると、みんなは涙が出るほど笑い転げるのだった。

他方ジュリは、才能あるシュアールをアカデミー・フランセーズに立候補させ、その当選に向けて奔走しはじめた。そうかと思えば、痛風に悩むチュルゴの容態を案じて、濃やかな心配りを見せた。行儀というものを知らない若いコンドルセには、じつの弟のように優しく小言を言って、身だしなみにも気を配ってあげた。

この時期ほどジュリが輝いていたことはなかったが、またそのサロンが人気の絶頂に達したのもこの時期のことであって、誰もが魅せられずにはいないあの魅力（だからみんなは彼女を《magicienne 魔法使い》と言ったのだ）と、自然な心づかいとが、まわりに集まる人たちを虜にして、彼女の周囲には、おのずから自由で、なごやかな雰囲気が漂うのだった。

モラはつねにジュリに寄り添っていて、なにをするにも、どこへ行くにも、二人はいっしょだった。実際、彼女は「自分の幸福がこわくなる」と思うくらい幸せを味わっていた。

そんな二人が、しかし、一度だけ離れ離れになったことがあった。

それは秋たけなわの十月、国王ルイ十五世が、パリでのモラの噂を聞きつけて、友好国スペインの貴公子を、フォンテーヌブローの宮殿に招いたときのことである。折りしも、宮殿のうしろにひろがる広大な森は、あざやかな黄色や紅に色づく季節を迎えていた。

滞在は十日あまりつづいた。しかし、こころの通い合う恋人たちにとって、しばらくの別離もまた楽しい時間であった。その間ジュリは人とは会わず、ひとり部屋にこもって、モラを想いながら、彼に手紙を書きつづけた。

彼のほうも宮殿に滞在しながら、毎日、二通の手紙をジュリに送った。後にそのころのことを思い出して、彼女はこう語っている、「私は手紙を待っていました。そうでなければ手紙を書いていました。モラの不在は十日間つづきましたが、そのあいだに私は二十二通もの手紙を受け取ったのです」と。

実際、人から手紙をもらうというのは、誰にとってもうれしいもので、ましてそれが恋人からの手紙となれば、天にも昇るようなうれしさといっても誇張ではないかもしれない。この十日間、二人は手紙によってこころを通わせていたのだが、手紙を読むよろこびは、その場にいない恋人を思い描く想像の力を掻き立てて、あの胸が高鳴るような逢引のうれしさにも劣るものではなかったであろう。

いまの時代ならば、恋人たちは電話やメールで気持ちを伝え合うところだろうが、当時の社会には、電話などという便利なものはまだ存在していなかった。しかし、ただ事務的な連絡ならともかく、濃やかな感情を正確に相手に伝えるとなれば、手紙のほうがどれほど優っているかしれない。恋するこころの機微に触れるような微妙な事柄を、どうして電話で伝えることができるだろうか。持ち運べる電話機というものは確かに重宝な道具にはちがいないが、現代の恋人たちは、果たしてそれで充分こころのなかの想いを伝えあえているのだろうか。こころに思うことを文字に表わすことのなによりの取りえは、文字に書くうちに自分のこころのなかを正確に知ることができるということであって、それがわかって初めて相手にもこころの真実を伝えることができる。だから電話で、考えるより先に出てくるとっさの言葉でこころの奥にあるものを掬い上げることはなかなかできるものではないだろう。手紙を書くということは確かに手間のかかるものである。しかし、もしもあなた方が恋人同士であるならば、試しに一度くらいは恋文を書いてみることである。きっと胸がときめくような歓びをたがいに味わうことになるだろう。

ジュリは、モラがフォンテーヌブローに滞在した十日間、彼が宮廷の美しい女たちに囲まれて、優雅な時間を過ごしているのを想像しても、少しも不安や嫉妬を感じることがなかった。手紙でたがいの愛を確かめ合い、手紙でこころが結ばれていたからである。「あの方は、宮廷の浮ついた騒ぎのなかで、流行の寵児であり、この上なく美しい貴婦人たちの熱狂の的になっていても、あの方にはたった一つのお仕事、たった一つの楽しみしかなかったのです。つまり私の想いのなかで生きたいと願い、私の生活を満たしたいと思っていたのです。」

かくして恋人たちが、幸福の絶頂のなかで愛の歓びに酔い痴れるうちに、数カ月が夢のように過ぎていった。

4

季節が晩秋から冬に向かう頃、セーヌの川面に霧が立ち込めるようになった。肌を刺すような空気が、石造りの町並みに流れこんできた。街路樹はすっかり葉を落として、裸になった枝を冷たい風に震わせていた。

頭のうえには、灰色の空がどんよりと垂れ込め、氷雨が屋根や街路を濡らし、パリは陰鬱な顔を見せはじめた。

しかしその時期になると、パリのサロンは、暗い季節の到来とは裏腹に、本格的に社交の季節を迎えて、華やかな賑わいを見せはじめるのである。

夜、方々のサロンでは、シャンデリアがまばゆく輝き、暖炉には火が燃えて、暖かな室内には、着飾った女たちの脂粉の香が漂い、談笑する男女の声が響き合うのである。

毎晩のように、モラとジュリは、そうしたサロンに通いつめた。あるいはサン＝ドミニック街の自宅に客たちを迎えて、夜の更けるのも気づかずに、言いようもなく甘美な時間に浸っていた。しかしそれが、運命の女神が二人に許した恋の歓びの最後のときになることを、幸か不幸か、彼らは知る由もなかった。

モラは、バレンシアで地中海のまばゆい陽光を浴びて、体力を取り戻したのであったが、連夜の歓楽で疲れがたまるうちに、その体力も徐々に失われて行った。そして彼の病んだ肺は、太陽の少ないパリの凍るように冷たい空気を吸い込んで、ふたたび蝕まれてゆくのである。

案の定、春先になって、彼は発作に見舞われるようになった。喀血も繰り返すようになった。しまいにはジュリの家にやって来る力さえ失って、ベッドに横たわる日もあった。それでも若いモラは、これまでも発作のたびに立ち直った経験から、どこまでも病気に楽観的であって、今回も体調が回復することに期待をかけていた。

しかしジュリのほうは、愛する人の病気の再発に衝撃を受けて、心配のあまり、ほとんど絶望していたのである。「人生のすべての幸福をもってしても、私が月曜日から苦しんできたことの埋め合わせにはなりません。……そのうえ、この三カ月というもの、私は苦痛に責めさいなまれています。でも、そのために恋しさはかえって募るばかりなのです。」

そしてついに、パリに戻ってから一年近くがたった一七七二年六月の初め、モラはこれまでにないおびただしい量の血を吐いて、一時は命さえ危ぶまれるほどの重態に陥った。

コンドルセは、チュルゴをはじめ友人たちに彼の容態を伝えた。「モラは三度、瀉血を受けました。

いまは危機を脱しています。しかし、彼はこんな病気に侵されるべき人ではなかったのです。彼の友人たちにとって、これはじつに憂慮すべきことです。レスピナス嬢はまだひどく心配しています。こんなに弱くなったあのからだであれほどの発作がたびたび繰り返されては、彼女が不安になるのもまったく無理もないことです。」

幸い、友人たちを憂慮させた容態もしばらく静養するうちに治まって、さすがにモラは、まだ若いだけにふたたび外出ができるまでに体力を回復した。

ところが、パリの主治医であるロリー博士は、大事を取って、この夏はバニエールの湯治場で療養するようにとモラにつよく命じたのである。

このバニエールというのは、ピレネー山脈の麓にある町で、古くは古代ローマ時代から知られていた保養地だったが、その湯治場は肺病に薬効があるという評判が立って、十八世紀になると、ふたたび人気の保養地になったのである。

ジュリは、またも愛するモラと離れ離れになる日が来ることを知らされると、いまの喜びが、見る間に苦しみに変わるのが自分でもわかった。あまりの驚きに、あたまからさっと血の気が引いた。

モラの喀血から十日あまりがたった頃、彼女はコンドルセに、モラの体調と自分の気持ちをこう伝えていた。

「モラさんは、きのうの午後を私の家で過ごしました。たいへんお元気でした。でも、将来のことを思うと、私は恐ろしくなります。あちらは三〇〇里〔およそ一二〇〇キロ〕も離れている上に、彼は死ぬかもしれない病気を抱えているのです！　私の気力はとてもそんな思いには堪えられません。その上そこに愛情が重なれば、それが生活にもたらすつらさはぞっとするほどおそろしいものです。でも、人を恋する気持ちというのはほんとうに大きな魅力がありますから、愛することをやめたいなどとはまったく思ってもおりません。」

これまでもジュリは、愛するゆえの苦しみに身の細るような思いで堪えてきた。それがいまは、今度こそ肺の病が愛するモラの命を奪うかもしれないのだ。彼女は発作の再発にふたたび直面させられて、絶望的な苦しみに苛まれた。

しかし、身悶えするような苦しみを、彼女は厭いはしない。愛の歓びも、愛の苦しみも、「気が狂うくらい」激しいものでなければ、彼女にとって、それは愛とは言えないからであった。

「愛することと苦しむこと、天国と地獄、それが、私がこの身をいけにえとして捧げようと思うもの、感じたいと思うもの、住みたいと願っている風土なのです。私たちのまわりにいる愚かな人たちや操り人形みたいな人たちが生きている、あの生ぬるい状態なんか、私は真っ平です。」

この自虐的といってもいい激しい愛が味わわせる天国と地獄が、ジュリが住むべき愛の風土であった。そしてこの情念の激しさゆえに、彼女は、歴史や文学史に名をとどめたかつての恋する女たち、あの中世の修道女エロイーズから始まって、フェードル、クレーヴの奥方、マノン・レスコー、モルソフ夫人、クレリア・コンティ、カルメン、あるいはわが国の葵上や和泉式部、また与謝野晶子といった女たちの仲間入りをすることになるのである。

やがてモラは発作から立ち直った。そしてロリー博士の忠告をまもって、夏の終わりには保養地バニエールへ発つことにした。そしてジュリの苦しみをよそに、ふたたびパリへ戻ってくることを固く信じて、親しいコンドルセに、首都を去ることをつぎのように伝えたのであった。それは七月一日のことである。

「私は完全に健康を取り戻しました。いまは、あの最後に起こした発作以前の状態に戻っています。現在受けている治療法は、前に受けていたものより効き目があるように思います。ですから、もっと確実な効果が出ることを期待しています。いただいたお手紙に、ピレネーという地名がありましたが、私はそれを読むと、〔パリを離れる〕あの九月という冷酷な月が、すでにこれほど身近に迫っているのを知って、からだが震えてきます！　しかし、もし私がパリに戻ってくることに確信が持てなければ、こんな羽目に追い込まれることはありえないのです。そして、ふたたび戻ってきた暁には、私のいっさいの願いは叶えられ、私の希望はすべて満たされることになるでしょう。」

モラはパリへの帰還をこう力強く語ったのである。

そのモラの「願い」であり、その「希望」というのは、いうまでもなくジュリと結婚してパリに住むことである。彼は、バニエールの湯治場で療養したあと、またパリに戻ってくれれば、その願いが叶えられることになんの疑いも抱いていなかった。

それにひきかえジュリは、不安と苦しみに胸が押し潰される思いだった。そして別離の日が近づいてくることに必死で堪えていた。いまはただモラのことだけがこころのすべてを占めていて、ほかのことはいっさい頭から消えていた。

出発は予定より早まって、八月七日、ついにモラがパリを去る日がやって来た。

その日の朝、ジュリはモラと別れる悲しみに崩れそうになる自分を励まして、少しでも明るい顔でモラを見送ってあげようと思った。

「私は、たった一つの点だけに、私の力のすべてを集めていました。私にとっていっさいの自然は死んでいました。ただひとり、私の生活のすべての瞬間に命を与え、すべての瞬間を満たしてくれる愛する人を除いては。」

しかし、その顔は青ざめていた。今度の別れは、ただ悲しいだけではなかった。これが最後の別れになるのではないかしら、という不吉な予感に彼女は怯えていたのである。

モラはジュリの悲痛な顔にそのこころのうちを察して、優しく彼女を抱きしめた。彼女は目を閉じたまま、彼の胸に、いつまでも顔を埋めていた。

それが、恋人たちの最後の抱擁になったのである。

モラをのせた馬車が見えなくなると、ジュリは張り詰めていた気持ちが一度にゆるんだ。モラはもう戻って来ないだろう。こころがどんなに再会を願っても、きっとあの人のからだがそれを許さないだろう。そう思って、彼女はこのときほとんど死ぬ覚悟でいたのである。

ただし、もしもその後に、ある別の男がジュリのそばに付き添って、絶望しきった彼女のこころを支えてくれなかったとしたら、である。

第二部　炎のラブレター

VI 二人目の恋人

1

ここで話を、モラが湯治場のバニエールへむけて発つ日より一カ月半ほど前に戻すことにする。

パリは初夏をむかえて、青い空には、きらめく光が澄んだ水のように流れていた。道端のプラタナスは、淡い緑の葉がその光に透きとおって、ひときわみずみずしい命の輝きを放っていた。

ジュリは、モラが喀血の発作に倒れてからというもの、容態の変化に一喜一憂しながらほとんど生きた心地もしなかった。

それが、夏が近づくころになると、モラの体調は治療の甲斐があってめきめきと回復してきた。「私は完全に健康を取り戻しました」と友人のコンドルセに自信ありげに告げたとおり、まだ青春の面影を残しているこの若者は、快適な夏の季節が近づくとともに、もとの元気なモラに戻っていた。

ジュリは家に閉じこもって、人にも会わずに苦しみぬいた日々からようやく解放されて、ほっと胸を撫でおろした。顔色にも生気がよみがえった。先のことはともかく、せめて今だけはもうモラの病気のことで思い悩まなくてもいいのだ。

窓から外を眺めると、六月の太陽が、通りや家々の壁面にまばゆいばかりに輝いていた。彼女はその太陽にさそわれて戸外に出て、日の光を体中に浴び、思い切り手足を伸ばして、生きている歓びを思う存分味わいたくなった。

パリから八キロほど離れた郊外に、ムーラン゠ジョリという、当時は野趣ゆたかな景観ゆえにパリっ子たちのあいだで評判になった行楽地があった。そこはセーヌの流れが二手に分かれて、中洲になったところにできた小さな島で、木々が鬱蒼と生い茂っていた。

その島は、行楽地とはいっても、じつはアンリ・ヴァトレという徴税請負の役職によって財を成した資産家の私有地であった。ヴァトレはなかなかの教養人で、筆も立てば、絵心もあって、アカデミー・フランセーズに属するとともに、美術アカデミーの会員にもなっていた。彼は、その島に、長年連れ添ってきた愛人と住むために夏用の瀟洒な別荘を建てさせた。そして周囲の広大な土地には、特別にイギリス式の庭園を造らせた。

その庭園というのがたいそう評判だったのである。

それまでのフランスの庭園といえば、ヴェルサイユ宮殿のそれに代表されるル・ノートルの造園術に見るような幾何学的に設計された庭園であったが、十八世紀の後半になると、人工の手を廃して、自然の風景をそのまま取り入れたような、いわゆるイギリス式庭園というのが流行するようになった。この現象もまた、一つにはルソーの『新エロイーズ』の成功によるものだった。彼がロマン派の詩人たちに先駆けて、自然の美しさをはじめてその小説で描いたことが人びとをおおいに感動させ、それが「自然」を愛好する流行のきっかけとなって、「自然に帰れ」の掛け声のもとに、この種の庭園が各地に造られるようになったのである。

ムーラン＝ジョリの庭園には、灌木の植え込みがいたるところに配置されていた。樹齢百年をこす巨樹が残っていれば、それをそのまま利用した。またそれとは別にあらたにポプラ、楡、柳があちらこちらに無造作に植えられ、野生の花々や雑草までがたくみに活かされていた。そしてこういう庭園に欠かせないものだった人工の「廃墟」も造られて、それを眺めるものたちに無常な時の流れを瞑想させ、ときにはそこから人の世のはかなさや、それゆえの現世的な快楽主義へと人びとの思いを誘うのである。またここを訪れるものたちにこの庭園の眺めをすみずみまで堪能させるために、深い木陰の下を、何本もの並木道や小道がことさらうねうねと通してある。それをたどって行くうちに、やがて散歩者たちは悠久の時の流れを連想させる水量ゆたかなセーヌの岸辺へといざなわれる仕組みになっていた。

それは、その年の六月二十一日の昼下がりのことであった。

ヴァトレは、ムーラン＝ジョリに親しい友人たちを招いて、初夏の一日を午後の集いにあてることにした。ダランベールはこのヴァトレとは三十年も前からのいわゆる竹馬の友であった。何年か前に彼が病に倒れたとき、回復期の彼を、ジュリよりも先に引き取って面倒を見たのもこのヴァトレだった。そんないきさつがあって、ジュリもヴァトレとは親しくしていて、この日も、ダランベールと連れ立ってムーラン＝ジョリを訪れたのである。

招かれた客たちのなかに、ギベール大佐という若い士官がいた。ジュリは、社交界の女たちから騒がれているギベールの華やかな噂を耳にしたことがあったし、すでにどこかのサロンで顔を合わせていたかもしれなかったが、親しく話し合う機会を持つことになったのは、この日が初めてだった。

さわやかな初夏の太陽のもとで開かれた集いは、気兼ねのない園遊会の趣きがあった。客たちは、いっとき趣向を凝らした食卓のまわりに集まっていたが、やがて思い思いにのんびりと広い庭園のなかに散って行った。

ジュリとギベールも、話し合ううちにすっかり打ち解けた気分になって、鬱蒼と茂った樹々が木陰をつくる並木道を、二人きりで、どこへともなく歩んで行った。その足取りがやがて二人を、どこへ、どんな心の修羅場へ向かわせることになるのか……そんなことは、むろん彼らの念頭に浮かぶはずもなかった。ジュリも、ギベールも、このムーラン＝ジョリで過ごした一日が彼女の人生を狂わせて、「人生の不幸」を招きよせる運命的な日になろうとは、このとき、まったく予想もしていなかった。

この日の二人の出会いについて詳しい記録は残されていないが、伝記作家のセギュールがいうように二人の行動を想像することはむずかしいことではないだろう。——

二人はベンチに腰を下ろした。頭の上で、枝垂れ柳の長い枝がわずかな風にゆれていた。

そのうちジュリは、自分でもなぜか知らないが、近くスペインへ帰る恋人のモラのことや、後に残される自分の淋しさを、昔からの友達にでも話すようにギベールに打ち明けていた。

するとギベールは、ジュリの率直な態度に引き込まれたのか、自分にはモンソージュ夫人という愛人がいること、思慮深い、穏やかな女で、自分をこころから愛してくれるのだが、控えめな態度がどこか物足らなくて、早晩手を切ろうかと思っていることなどをごく自然に告白したのである。不思議なことに二人は、それぞれの大切なこころの秘密を分かちあったためだろうか、たった一度の出逢いなのに、おたがいこころを許しあう友達にでもなったような親しみを覚えた。

いったいギベールというのは、どんな男なのだろうか。

彼は一七四三年生まれで、このとき二十九歳。身分はフランス国王軍の大佐だったが、モラの場合とはまったく別の理由から、当時、社交界でもっとも持て囃される人物の一人になっていた。軍歴といえば、フランスがイギリスとプロシアを相手に戦った七年戦争やコルシカ戦役に従軍したということに尽きるのだが、それだけでは彼の異常なまでの人気ぶりを説明したことにはならない。

彼の名を一躍ヨーロッパ中に広めたのは、彼の『戦術概論』という一冊の本であった。一七七〇年にオランダで、匿名で秘密出版されると、地味な題名からは想像も付かないことだったが、これが圧倒的な評判を取ったのである。ギベールの戦術観は、これまでになかった画期的な創見に満ちたものであった。戦術に長けた、百戦錬磨のフリードリヒ大王もこれを絶賛し、のちにナポレオンは、イタリア戦役やエジプト遠征といった初期の戦いでは、戦闘に臨んでかならずこれを携帯して参照し、実戦でえた知見をそこに書き加えたと言われるほどのものだった。

しかしこの本の真価は、その本論よりも、それに先立つ「ヨーロッパにおける政治と戦術の現状に関する序論」にあった。ギベールは祖国にたいする軍人らしい真剣な情熱から、戦術論をはるかに越えて、絶対王政の欠陥を激しい口調で攻撃し、「すべてを覆すことですべてを再建する」必要があることを説いたのである。そうなれば、これがフランスで出版を禁止されるのも当然のことなのだが、それだけにまた、たとえばヴォルテールなどはこれを「天才の本」だといって激賞し、百科全書派の者たちはギベールの革新的な思想に喝采を送った。二十年後のフランス革命に際しては、憲法制定会議の改革派にとってこの本がそのバイブルにさえなったのである。

これがフランス国内でギベールの名を冠して出版されるようになったのは一七七三年のことである。それまでは密かに国内に持ち込まれた本を、人びとは先を争って手に入れようとしたのである。

パリでは、方々のサロンのテーブルの上に、あるいは閨房の枕元に、その評判の本が一冊、これ見よがしに置かれていた。女たちがそれをほんとうに読んだかどうかは怪しいものだったが、とにかくサロンというサロンでは、その本ではなくて著者のギベールのことが話題に上らない夜はなかった。

あるとき、例のジョフラン夫人のサロンで、こんな話の種が持ち出された。

――いったい、みなさんはギベールさんの何に、一番なってみたいとお思いになるかしら、あの方のお母様、それとも妹さん、それとも愛人かしら。

これが、彼女たちがサロンで一晩中議論してもあきない真剣な話題だったのである。そして結局、女たちは誰もが「愛人」になることを選んだ。すると翌朝、彼のもとに、涙のあとが残る恋文が、柔らかな髪の毛の房とともに読み切れないほど届けられた。

女たちの好奇心をそこまで惹きつけたのは、たしかにヨーロッパ中にその題名が知れ渡った本の著者ということもあったけれど、しかし、男としてなによりものを言ったのは、洗練された社交家が多いなかで、彼らとはまったく異なるギベールの野性味たっぷりの男くさい風貌だった。

彫刻家のウードンがつくった胸像によると、彼は整った顔立ちをしていたけれど、けっして美貌の持主ではなかった。濃い髪の毛は縮れ、額は異様に広く、眼は深く窪んでいて、肉厚の唇をした口は大きく、顎は四角く張っていた。そうした頭部を支える頸はがっしりとして太く、体軀はずんぐりとしていた。要するに、一目で人をひきつける気品も洗練もなかったかわりに、軍人らしい逞しさと意志が全身にみなぎっていた。

態度にも同じことが言えた。サロンに集まる着飾った女たちを優雅にあつかう薄化粧した紳士や士官たちと違って、ギベールはダンスの心得もなく、身なりも、物腰も投げやりだった。

しかしその野人風の無骨さと気取りのなさが、かえって女たちの好感を呼んだのである。これがひと昔前の社交界だったら、そうは行かなかった。ジュネーヴから出て来た社交の心得のないルソーや、フランスの地方から出て来た田舎者のディドロ、あるいは身なりなど一向に構わないコンドルセやダランベールたちの前例がなかったら、ギベールのような男はサロンの女たちの眉をひそめさせ、鼻の先であしらわれたことはまず間違いなかったであろう。

ギベールのもう一つの強みは、「甘い、情熱的な、よく響く、低い声」と、その声による雄弁な話ぶりにあった。それがとりわけ女たちの官能をくすぐり、感じやすいこころをつかむ武器であることを、誰よりも本人自身が心得ていた。

ある夜、彼は、サロンに集まった客たちの前で、自分で書いた戯曲を一人で朗読したことがあった。彼は軍人でありながら、劇作に並々でない野心を抱いていて、いつの日か現代のコルネイユかラシーヌになる日を待ち望んでいたのである。朗読を聴いたネッケル夫人は、翌朝、友人のグリムに手紙を送って、女たちが失神したことをこう伝えていた。「ある若い方が、たったお一人で作品を朗読なさったのです。それも最高の劇団がやるよりもっと見事になさったのです。そして朗読が終わってみると、まるで死んだような女や、今にも死にそうな女がいて、彼女たちを運び出す騒ぎになりました。」

こうした過熱した人気ぶりを、ジュリも知らないわけではなかった。しかし社交界で彼に接するうちに、彼女の鋭い観察眼は、ギベールのなかに、擦り寄ってくる女たちをたくみにあしらう、どこか真実味のない態度や、その場かぎりの甘い言葉を嗅ぎつけることになるだろう。

事実、ジュリが数年後に書いたギベールの人物描写《ポルトレ》の一節に、こんな辛辣な言葉が書かれていた。「あの人が女たちを扱うときの軽々しさ、いいえ、はっきり言って、あのつれなさは、彼女たちをほとんど物の数とも思っていないからです。あの人の眼に、女たちがどう映っているかといえば、浮気な女、軽薄な女、頭の弱い女、不実な女、蓮っ葉女といったところです。女をもっと好意的に判断するときでも、せいぜいそれは夢見る女だと彼は思っています。……あの人が女を捕まえたり、女と別れたりするのは気晴らしのためであって、女の感情というものを重く見てはいませんから、女の気持ちをいたわらなければならないとは思っていないのです。」

要するに、若いギベールは女を女とも思っていなかった。あれだけの人気を博しながら、まだ大いに野心に燃え、もっと大きな栄光を摑むことにこころがはやって、女との感傷的な恋にふける暇などなかったのである。

2

しかし、いま、ムーラン＝ジョリの庭園のベンチで、眼の前に坐っているギベールは、ジュリにはまったくそうは見えなかった。そして二人は、初めてとは思えないこころをひらいた語り合いに、すっかり満ち足りた気持になっていた。とくにギベールは、ジュリが眼を輝かせて、モラとの愛を一心に語って聞かせる、そのひたむきな語り方に強くこころを打たれた。こんなに情熱的な女に出会ったのは初めてのことだった。

こうして二人のあいだで、長いこと会話が弾んだあと、ふと話が途切れた。

木々の枝をゆする風の音のほかに、あたりには何の物音もしなかった。その静かさに、彼らは、自分たちが二人だけの世界に浸っていて、他の仲間から取り残されてしまったことにはじめて気がついた。

木漏れ日が、ベンチに坐っているジュリの細い肩先に散っていた。

ギベールは、こまかく震えるその影を、不思議なものでも見るように見つめていた。それから、ジュリの栗色の眼をあらためて覗き込んだ。

彼女は、なにを考えているのか、まるで一人でいるかのように、ゆったりとした様子でベンチに坐って、遠くの木立を見るともなく眺めていた。実際ジュリがこんなに寛いだ時間を過ごしたのは、ほんとうに久しぶりのことだった。

その三日後、彼女はコンドルセに手紙で、ギベールと知り合ったことをこう伝えていた。「ギベールさんとお近づきになりました。すっかり気に入りました。あの方の魂は、おっしゃることすべてに手に取るように表われています。あの方には力強さと気高さがありますわ。ほかのどんな人とも似たところのない方なのです。」

やはり日ごろ社交界で出会う男たちとはまったく異質な人間だったことが、ジュリのこころを捉えていたのである。

それからしばらくたったある晩のこと、ジュリは知人から例のギベールの本を借りると、夜を徹して、それをむさぼるように読んだ。彼のことがもっと知りたくなったのだ。その感想を同じコンドルセに伝えるにあたって、まずモラのことがこう語られている。

「モラさんはあいかわらず快方に向かっていて、もうほとんどいつもとかわらない暮らしを送っています。あなたにくれぐれもよろしくとおっしゃっています。」

そう言って、ジュリはモラの病状を案じていたコンドルセに、彼が元気になったことを伝えてから、ギベールの本に触れてこう書いている。

「ギベールさんのご本の序論を、ぜひあなたに読んでいただきたいと思っています。あなたが大喜びなさることは間違いありませんわ。そこには力強さ、気高さ、そして自由がみなぎっています。……サン＝シャマンさん〔ジュリのサロンの常連の一人〕がギベールさんの本をあなたに貸してくださるでしょう。私は家でギベールさんとお会いしましたが、あいかわらずあの人はとても私の気に入っています。」

ギベールは、ムーラン＝ジョリでジュリと出会って以来、彼女のサロンに出入りするようになっていた。そして、よそにいるときとはまるで別人かと思うほど、強いて自分を目立たせることも、才気を揮うこともなく、ごく自然にこのサロンのなごやかな雰囲気に溶け込んでいた。彼もまた、人のこころを摑まずにはいないジュリの不思議な魅力に捕まっていたのである。

のちにギベールが、ジュリについて語った文章のなかにこんな一節がある。「彼女は、まったく知らないうちに私の信頼を引き寄せていた。彼女くらい情熱的な愛の言葉を見事に理解していた人はいなかった！　こちらがこころのなかにどんな感情を抱いていたとしても、それを彼女に伝えたいという気持を起こさせずにはおかない人だった。だから彼女のそばにいると、いつでももっと幸せな気持ちになるか、少なくともつらい気持ちが薄れるかしたものだった。」

一方、ジュリのほうはギベールに好意を感じていても、愛情を抱いたわけではなかった。彼と出会ったころの自分を振り返って、彼女はこう語っていた。「私は誰かと新しい関係を結びたいという気持ちからはほど遠いところにいました。私の命も、私の魂も、すっかり満たされていましたから、あたらしく関心を惹かれるような人がほしいとは思っていなかったのです。」

しかし、そのジュリのこころを愛情でいっぱいに満たしてくれる恋人のモラがいよいよパリを離れる日が近づいてくると、彼女は別れのつらさに堪えられなくなった。

モラと別れるのはもうこれで四度目になる。モラはかならず戻って来ると言ってくれるけれど、ほんとうにこれが彼を見送る最後になって、あとは二人でいっしょに暮らせるようになるのかしら。いまは健康を取り戻してくれたけれど、肺におそろしい病気を抱えていて、それがむこうで再発でもしたら、モラはもう戻って来られないかもしれないのだ。

ジュリはどうしていいかわからない不安に身もだえした。彼がパリに戻って来ないうちは、この不安はこの先まだどれだけつづくかわからない。それを考えただけで彼女は気が遠くなるような思いがした。その上最近は、例の激しい咳に悩まされて、夜も満足に眠れないことがあった。

モラと別れる日が目前に迫ったとき、ジュリはついに阿片に手を出してしまった。愛する人と別れる切なさと、胸が裂けそうな咳の苦しさから、いっときでも逃れようと思ったのだ。

彼女はコンドルセにその苦しさを訴えた。

「私は阿片を飲みました。ところが阿片は生きている私の感覚を半分奪っただけで、結局私は、私が切に望んでいるたった一つの喜びさえも手に入れることができないのです。その喜びというのは、もし私が死んだら感じるはずの幸福とほとんどかわらない幸福な状態のことなのです。」

ジュリは、心と肉体の二重の苦しみに責め立てられたあげく、阿片を飲んで生きている感覚をなくそうとしたのだ。しかし、どうやってみても生きながらにすべての感覚をなくすことなどできるはずはなかった。

こうして前に話したとおり、ジュリは身も心も最悪の状態で、モラがパリを離れる日をむかえることになった。そしてバニエールの湯治場にむけて出発する恋人を、もう二度と逢えない人を送り出すような悲痛な思いで見送ったのであった。

3

ジュリは、モラが去ったあと、気持ちが萎えてしまい、急に人が変わったように見えた。

——私は、病気で、さみしくて、呆然としています。モラさんは行ってしまいました。私のこころのなかに大きなうつろな穴がぽっかりとあいています。

そう彼女は正直に、ありのままの自分をコンドルセに告白した。

この時期、コンドルセはパリを留守にしていた。ジュリが何通もの手紙を彼に書く機会を持つことになったのはそのためだったが、それが幸いして、われわれはこの危機的な時期のジュリの心境についてかなりのことを知ることができた。以下に何通かの手紙を引いて、別離に苦しむ彼女のこころの動きとモラの病状を追ってみることにしよう。

コンドルセはやがて三十になろうとしていたが、しばらく前からサロンの常連であるシュアールの妹のマダム・ド・ムーランという女にこころを奪われて、片想いの恋に苦しんでいた。そのためにせっかく早熟な才能に恵まれながら、このところ数学や科学アカデミーの仕事にもさっぱり手が付かず、思いのままにならない恋の行方に悩んでいた。ジュリはそれを知って、これまでにもたびたび彼を励まして、何とか恋の苦しみから彼を抜け出させようと努めていたのである。

そんなコンドルセが、ようやくその恋を思い切ろうとするのを知ったジュリは、彼を勇気づけるためにさっそく手紙を書き送った。それは、モラがパリを去って二週間あまりがたったときのことで、彼女自身、モラの病気や別離の悲しみゆえにすっかり気落ちしているときであった。

「そう、その調子です、その立派な気持ちと、見上げた心がけを持ちつづけてください。もしあなたがこころの安らぎと静かさを取り戻すことができるなら、それが幸福を摑むことだと思ってください。残念ながらそのほかに幸福なんてあるでしょうか。自分の存在を他人にまかせることで幸福になることができるものでしょうか。たとえその人が神様だったとしても、それではあんまり自分を犠牲にしすぎるというものですわ。こころの優しいコンドルセさん、あなたには、あなたの命を捧げなければならないすぐれた才能があるのです、その計り知れない利点を使わない手はありません。あなたの感じやすい誠実な魂を、やがて友情が満たしてくれるでしょう。ですから、ほんとうに心ばえの立派な人たちでも、その人たちを必ずと言っていいくらい犠牲にするような感情を目覚めさせ、燃え上がらせるような女の人からはさっさとお逃げなってください。」

こんなふうにコンドルセを説得するジュリの言葉を読んでいると、どの言葉も、あれだけモラとの恋に苦しんでいる自分にこそ向けるべきではなかったのかと言ってみたくなる。彼女の考えというのはこうである。いったい恋に幸福などあるだろうか。こころの安らぎと静かさこそが幸せというものであって、自分の存在を他人にゆだねるところに幸福なんかありはしない。その人が神であったとしても、それでは自分を犠牲にしすぎるのではないか。ジュリの理性はコンドルセに語りかけながら、胸のうちでそう自分に叫んでいたかもしれなかった。

しかし、彼女の激しく燃える恋には、すでにその分別を受け入れる余地は残されていなかった。彼女自身そんな自分のこころのうちを充分すぎるほど承知していた。なぜならコンドルセにそう諭したあとで、自分自身のからだの状態と、「不幸な絆」ゆえの苦しさをこんなふうに語っていたからである。

「私の健康はあいかわらず救いようがありません。もうよくなるとは思っていません。だから、これは一度も口に出して言ったことはありませんけれど、常日頃私が感じている不幸の一つに、それを数えてもいいと思っています。あなたが色々と心配してくださっていることに私は感激しています、ほんとうに感激しています。おかげでくよくよ考えずに、こころの張りを失わずにいられるだろうと思います。なぜなら、正直にいって生きて行くためにはどれだけこころの張りが必要かということをつくづく感じているからです。死ぬためには、それがもっともっと必要になるかもしれません。人には不幸な絆というものがあるものです。けれど、それは大切な絆なのです。ですから苦しみに身を捧げなければならないのです。でも結局、すべてには終わりというものがありますわ。そう思うと、それがせめてもの慰めになります。ひょっとしたら、私は自分で思っているよりも、ずっとその近くに来ているのかもしれません。」

たとえ自分たち二人を結ぶ絆が不幸なものであっても、それはなにより大切な愛の絆なのだ。だから愛ゆえの苦しみならば、それに進んで身を捧げなければならない。ジュリのなかに燃えている愛の情念は、自分こそその愛のいけにえになるべきことを彼女に命じていたのであった。

一方のモラは、バニエールに着いて療養をはじめたが、結果は思わしくなかった。旅行の疲れが祟ったのか、また激しい喀血に見舞われた。彼は、その当時の医者の、いまでは考えられないような処置にしたがってなんども瀉血を施されて血を失った結果、からだがすっかり衰えてしまった。しかもそんな危険な状態で、彼はバニエールを発って故郷のマドリッドへ戻るために、まずスペインの国境に近いフランスのバイヨンヌへ向うことになった。

その知らせがジュリのもとに届いたのは九月下旬のことであった。

彼女は、無謀なモラの行動を知って狼狽した。激しい不安に顔つきまでが変わってしまった。そんな不安な気持ちを、彼女はコンドルセにこう伝えた。

「モラさんは命がどうなってもおかしくないような状態で、バニエールを発ってバイヨンヌへ向かったのです。医者が付き添っていますが、でも命を救うことはできても、再発から彼を守ることは無理かもしれません。あんなに衰弱した状態では、もし発作が再発でもしたら、もう彼はそれに堪え切れないでしょう。九回も瀉血を受けたのです。すっかり弱っていて、旅立つときには自分がどんな危険にさらされているのか、それさえ判断が付かなかったのです。」

ジュリがこの手紙を書いた夜、友人のシュアールがジュリのサロンを訪ねてきた。こんな状態にあっても、彼女はアカデミー・フランセーズの幹事であるダランベールのために、アカデミーの別室でもあるサロンに客たちを迎えていたのである。

シュアールはジュリの顔を見て、その変わりように驚いた。そして帰宅すると、妻に言った、

——あの人はもう長くは生きられないかもしれない。憔悴して、見る影もないのだ。

ジュリは、モラの容態を気づかうあまりこころが乱れ、おまけに激しい咳に責められて友人を驚かせるほどやつれていたのである。

十月初め、モラはバイヨンヌからマドリッドの手前のサラゴサまでたどり着いた。モラの消息は、そこまではジュリのもとに届いていた。が、そのあと音信はぱったり途絶えてしまった。心配になった彼女はコンドルセにこう書いている。

「あしたで二週間になるのですが、私も、ほかのどなたも、モラさんからもご家族からも何の便りも受け取っていません。あの人たちはバイヨンヌに宛てた郵便を、サラゴサで受け取っていないのかもしれません。モラさんの一行はこの〔十月の〕一日からサラゴサにいるはずなのですが。きっとあしたにな

れば、あの人の容態を伝える知らせが届くと思います。あれだけの量の血を失ったために、彼は精神的には存在の半分を奪われてしまったのです。彼が罹っているような種類の病気というのは、友だちを思うこころにほとんど休む暇を与えないものです。あの人のことを考えると、私はぞっとします。要するにそれは不安のひと言です。しばらく前から、それがいつも私に付いてまわる感情になりました。たしかに苦しみや苦痛というものは、不幸な情念をさけたいと思う気持ちを募らせるものかもしれませんし、また実際募らせることもあるでしょう。でもそれは愛情の絆をひきしめて、愛情をいっそう激しく、いっそう深くするものなのです。」

その言葉の通り、ジュリの愛情は、こころの不安や肉体の苦しみのなかにあっても深まるばかりであった。しかし一方で、彼女の華奢なからだはいっそう病に侵されて行くのであった。

モラは、バイヨンヌで彼を待ち受けていた妹のビリャ＝エルモーサ夫人に付き添われて、故郷のマドリッドにたどり着いた。そして、ようやく衰えきったからだを自宅の寝室に横たえることになった。

モラの母は以前からモラと同じ病に侵されていて、すでに余命が尽きようとしていた。彼はその母にくりかえしジュリとの結婚を承知してくれるように懇願した。だが彼女は病床のなかで、かたくなにそれを拒否しつづけた。妹は妹で、ジュリを「悪賢いフランス女」といって激しく嫌っていて、母以上に兄の結婚に反対だった。その上、彼が隙を見て、万が一にも脱走しないように厳しい監視をつけ、兄を寝室のなかに閉じ込めて、ほとんど監禁するのとかわらない状態に置いたのである。

同じ十月、ジュリは、やがてパリに戻って来るというコンドルセに、悪化してゆく自分の体調を報告した。

「こころの優しいコンドルセさん、あなたはもうすぐその友情の楽しさを私たちに味わわせて、私たちみんなを満足させてくれるのですね。ほんとうに私は、その友情が与えてくれる慰めと楽しさが必要なのです。なぜって、こんなにからだの具合が悪かったことは一度もなかったからです。いま私が置かれているこんなに苦痛な状態は、私を心配させるのではなくて、私を打ちのめし、生きる気力を挫くのです。三カ月前からいちばん厳しい食餌療法をずっと続けてきたのに、それがかえってすべての痛みを募らせてしまったみたいです。胸に圧迫感と熱があって話をすることもできないのです。一週間前からまったく声が出ません。以上が詳しいご報告ですが、これで私がどれだけあなたの優しさと友情を頼りにしているか、はっきりおわかりになると思います。」

こう言ったあと、ジュリは、死への願望を隠すことなく告白したのである。

「さようなら、もうなにがなんだかわからなくなりました。私が心にかけているのはお友達のことだけで、ほかのことはいっさいどうなってもいいのです。あの人たちは生きる慰めを私に与えてくれるのですが、でも、私のほうは死ぬための力を失って、いつなんどきみなさんにご迷惑をおかけすることになるか知れません。死ぬなんて言いましたけれど、幸福という点で、死ぬことがいちばん差し迫った私の欲求だからですわ。……」

モラさんからお便りがありました。回復期に入っているとのことです。でも、手紙が届くのに二十日もかかっています。その上、彼がたった四行書くのにもたいへんな努力が要るのです。それに発作がなんども繰り返し起こっています。要するに、この友情は、私の魂にとってまさしく毒そのものなのです。でも、それを避ける手立てはなかったのです。すべてがその人にとって不幸であるようなそんな人たちがいるものですわ。いったいそれをどうしたらいいというのでしょうか。自分が犯した過ちを堪え忍ぶことですわ、水夫たちが嵐のあとで港を待ち望むように、死を待つことですわ。」

こんなふうにジュリが死への願望を語るようになったのは、たしかに自分のからだがもう限界に来ているからであった。しかし、なんといっても切実に死を願うようになったのは、彼女が、モラはもはやこの死病を乗り切ることはむずかしいと予感したときからであった。最愛の恋人がこの世からいなくなれば、あとに生き残ったところで何の甲斐があるだろうか。モラといっしょに死ねれば、それがいちばんいいのだけれど。しかしまた、彼が生きているうちは勝手に死ぬことなどできるはずはなかった。生きていることがどれほど苦しくても、彼のために生きていなければならないのだ。

彼女は死の願望と生きる義務とに挟まれて、もがき苦しんだ。「私はいやでも生きていなければならないのです。もう死ぬことは私の自由にはなりません。そんなことをすれば、私のために生きたいと思っている人を苦しめることになるでしょうから。」

そのモラからの便りがふたたび途絶えた。ジュリがいくら手紙を書いても、返事が来なかった。郵便の事情で配達が遅れることはあっても、届かないということは考えにくいことだった。手紙がまったく書けないほど、モラの病状は悪化しているのだろうか。

彼女は不安になると同時に、ふと、自分を毛嫌いしていたモラの妹のことが頭をよぎった。ひょっとすると、彼女がモラと自分のあいだに立ちはだかって、なにか邪魔立てをしているのではあるまいか。

ジュリは一計を思いついた。ダランベールに頼んで、モラの義弟で、すでにスペインに帰国していたビリャ＝エルモーサに、モラの様子をじかに訊ねてもらうことにした。それはその年の十二月初めのことであった。

さっそく返事が返ってきた。モラはベニエールでの激しい発作から立ち直ったが、まだからだが衰弱しきっているので、野菜のほかに、鶏肉や子牛も食べていること、いつもは一人で食事を摂らざるを得ないが、昨日はじめて外出して私と夕食をともにしたこと、しかし、ほとんど外へは出ないことなどを事細かに報告したあと、ビリャ＝エルモーサは手紙をこう結んでいた。「要するに、モラ氏は回復しつつありますが、しかし、ゆっくりとした回復です。……彼は大兄と大兄のご友人たちに、彼の愛情と感謝をお伝えくださいとのことでした。また先週、レスピナス嬢に手紙を書いたこと、その前にも三回郵便をお送りしたことをあなたにお伝えくださいとのことでした。」

ジュリとダランベールはこの手紙を読んで、思わず顔を見合わせた。モラは手紙を書いていたのだ。しかしその手紙は一通も彼女のところに届いていなかった。やはりジュリが疑ったとおり、妹がモラの手紙を送るふりをして、処分したにちがいなかった。

ダランベールは、ビリャ＝エルモーサへの礼状のなかで、モラの手紙が届かなかったことを伝え、こう不審の念を漏らした。

「ご書状を拝読して一驚いたしましたのは、モラ侯爵殿がレスピナス嬢に何通ものお手紙をお書きくださったという点です。彼女は一通も手紙を受け取ってはおりません。たしかにこれはこちらの郵便の落ち度ではありますまい……彼女は、自分がモラ氏に書いた手紙もまた同じ目に遭ったと思っておりますが、たしかに一理あることです。それゆえまことに勝手ながら、なにとぞ同封の手紙をモラ侯爵殿にお渡しくださいますようお願い申し上げる次第です。」

同封されたジュリの手紙は、おそらくビリャ＝エルモーサを通じてモラのもとに届けられたであろう。しかし、以来二人のこころを結んでいた手紙というたった一つの手段は、モラの妹の邪険な手で断ち切られてしまった。あるときジュリは「ビリャ＝エルモーサ夫人が、私の残りの人生を台無しにするような予感がするのです」と言ったことがあった。まさかと思ったが、その予感が現実になったことに、彼女は強い衝撃を受けた。その衝撃のためにそうでなくても堪えがたいジュリの状況はさらに追い討ちをかけられることになった。

そんな絶望的な状況から彼女を救い出すことは、たとえ彼女がどんなにコンドルセの友情を頼りに思っていても若いコンドルセの手にはあまることだった。もう一人、ジュリのそばには忠実なダランベールがいた。しかし彼の臆病な愛情は、どんなにそれが誠実なものであっても彼女を支えるだけの力強さに欠けていた。

一人ぼっちのジュリを絶望の淵から救うことになったのは、幸か不幸か、去年、ムーラン＝ジョリでめぐりあったあのギベール大佐だったのである。

4

ジュリ・ド・レスピナスの名を後世に不朽ならしめた書簡集の手紙はすべてこのジャック＝アントワーヌ＝イポリット・ド・ギベール伯爵に宛てられたものである。その手紙によって、その後に彼女が生きることになった波瀾をきわめた情念のドラマを以下にたどってみることにしたい。

手紙は一七七三年から彼女が死ぬ年まで書きつづけられて、その数はわずか三年のあいだに百八十通に達していた。しかもその多くは、思い乱れるこころをみずから精密に記述した、きわめて密度の濃い長文の手紙である。そこに示された精神の集中力は、あの病身のどこにそれだけの力があったのかと驚くほど高いものがあって、ジュリの激しい情念が彼女の精神に乗り移って書き取らせたとでも説明するしかないものである。同時にそれは、付き合いの初めから彼女が相手のギベールにそれだけ篤い信頼を寄せていたことの証しだったとも言えるであろう。

まずそれを裏付けるものとして、ギベールに宛てた一通目の手紙から次の一節を引こう。彼女はそのなかでモラとの愛の苦しみを率直にこう打ち明けていた。

「ほんとうにいつだって私は、あの方が遠ざかって行くのを見送ったり、楽しみを先へ先へとのばされたり、つらい思いに打ちのめされ痛めつけられたりするばかりなのです！　できることなら、どんなに私がこころを休めたいと思っているか、それがあなたにわかっていただけたらと思います。一年前から、私は針の筵に寝かされているのも同じなのです。その私の苦しみをしばしのあいだでも忘れさせてくださったのは、おそらくあなたお一人と言ってもいいでしょう。」

こう書いた彼女の眼に、このときのギベールは苦しみを忘れさせてくれる「優しさ」と「力強さ」を兼ねそなえた人物として映っていた。ジュリはおなじ手紙で、それについてこんなふうに書いているからである。

「そうですわ、あなたはとても優しい方ですわ。今朝のお手紙をたったいま読み返したところですが、お手紙には、ゲスナーの優しさと、ジャン＝ジャック〔・ルソー〕の力強さとが一つに溶け合ったものがあります。まったくあなたという方は、どうして人のこころを喜ばせ、人のこころを打つようなことをすべて取り集めてお書きになるのでしょう。それよりなにより、私なんかには味わう値打ちのない、もったいないような喜びを、どうして私に与えてくださるのでしょうか。いいえ、私はあなたの友情を少しも欲しいとは思っていません。たしかにこころは慰められるかもしれませんけれど、それではこころが高ぶってしまいますもの。私が欲しいのは休息することであり、しばらくはあなたのことも忘れていたいのです。」

　この最後の数行には、ギベールにたいするジュリの微妙な心理の揺れがのぞいている。

　ジュリはギベールの友情を欲しくないと言っているが、それは果たしてジュリの本心なのだろうか。彼女が必要としているのはこころの休息であって、その高ぶりではないというのが彼女のいう理由なのだが、しかし、そう言っていること自体、彼との付き合いにはこころを高ぶらせるものがあったことを暴露してはいないだろうか。彼の友情を求めないと言っているのは、その高ぶりを警戒する気持ちが言わせたもので、彼の友情が欲しくないということではないだろう。なぜなら、このあとで引用するように、この同じ手紙の最後で、今度は逆にその友情をはっきりと彼に求めているからである。

　しかし、それを矛盾だと言ってジュリを責めるとすれば、それは人のこころの機微を知らないものの言うことにすぎない。それが友情や愛情の世界でこころが見せる正体だからである。わたしたちのこころは、刻一刻、微妙に移り変わるものであって、こころのなかのどの動きも、どんな矛盾さえも、そのときの真実である。彼女は、そうした自分のこころの揺れ動きを、ありのままに、そして正確に描いたまでのことであって、そうして描かれた生きているこころを読むことができるのが、彼女の手紙がわたしたちを惹きつけて離さない最大の魅力なのである。

　ところで、ジュリを魅了したギベールの優しさは、彼女の印象によれば、当時「牧歌的恋愛詩」で一世を風靡したスイスの詩人ゲスナー風の素朴な優しさであった。ゲスナーというのは彼女が愛読した十八世紀後半の詩人であり、十九世紀になってネルヴァルの眼にもとまったロマン派を予告する繊細な感性をもった作家であった。

　しかし優しさがただ優しいというだけであれば、せっかくの美質もどこか頼りないものであるが、彼の優しさにはジャン＝ジャック・ルソーの力強さがあった。おそらくギベールの軍人らしいたくましさが力強い印象をジュリにあたえたのであろう。たしかにモラとの苦しい恋に悩むこころを慰めるのにこれ以上ふさわしい人物はいなかったにちがいなかった。

一方、野心家であり、社交界で女たちの人気を博しているギベールのほうはジュリをどう思っていたのだろうか。彼にこころの支えを求めるジュリを、いっときの気晴らしの相手と思っていたのか。それともそうではなかったのか。

最初の手紙から一週間して書かれたジュリの手紙のなかに、その答えを推測させる言葉がある。彼女はこの間にギベールという人間について考えて、一つの結論を出していた。

「もし私が若くて、きれいで、愛すべき女だとしたら、私にたいするあなたの態度は、間違いなく、女を操る手練手管にちがいないと思いますわ。でも、私は若くもなく、きれいでもなくて、まったくその反対の女ですから、あなたの態度は優しい、誠実なものと思っています。そういうわけであなたは、私の魂をどうにでもできる権利を永遠に手に入れることになったのです。そしてその魂を感謝や、尊敬や、情愛や、そのうえ人とのお付き合いに親しみと信頼をもたらすありとあらゆる感情でいっぱいにしてしまったのです。」

これがその答えである。ジュリはギベールを誠実な男と受け取ったのだ。そしてギベールの人物をそう見定めた上で、彼の友情を受け入れる決心を固めたのである。

「友情について、私はモンテーニュのように上手には話せませんけれど、でも、間違いなく私たちのほうが友情というものをずっとしみじみと感じるはずですわ。もしもモンテーニュが私たちに語ったことが自分のこころのうちにあったとしたら、あれだけのお友達を亡くしたあとで、それでもまだ自分が生きていることを承知したとお思いになりますか！〔モンテーニュとラ・ボエシとの友情のこと。『エセー』第一巻二十八章「友情について」を参照〕けれど、問題はそんなことではありません。問題はあなたであり、あの優雅さ、繊細さ、言葉を引くときの適切さなのです。あなたは私を救いに来てくださった。あなたは、私が私自身にたいして過ちを犯さないようにと望んでいらっしゃる。あなたの思い出が、私のこころを苦しめる咎めにならないように、私の自尊心を傷つけるかもしれない咎めにならないようにと望んでいらっしゃる。つまり、あなたが与えてくださる友情、あなたが優しく楽しそうに示してくださる友情を、私が静かな気持ちで味わえることをあなたは望んでいらっしゃる。いいですわ、お受けいたします。私はあなたの友情を私の喜びにいたします。きっとそれは私を慰めてくださることでしょう。もしもあなたとお付き合いできるのでしたら、きっとそれは私がいちばん望むような、いちばん私のこころに響くような楽しみになることでしょう。」

ギベールは、これまでに何度もジュリの話を聞くうちに、モラという恋人の存在がジュリにとってどれほど重いものかを知るようになった。だから彼は、自分たち二人の付き合いが彼女の「こころを苦しめる咎め」にならないように、またその付き合いを彼女が「静かな気持ちで味わう」ことができるようにこころを配っていたのである。

ジュリはそこにギベールの繊細な心づかいを感じ取った。そこにこころを惹かれて、彼の友情を受け入れる気持になったのであった。

しかし、この友情は初めから、ギベールの心づかいが暗に示していたように、ジュリにとって愛するモラを裏切る後ろめたさを秘めていた。そしてその後ろめたさがやがて彼女を愛の地獄に突き落とすことになるのである。

モラがパリを去ったあと、ギベールはたびたびジュリのサロンを訪ねて来るようになった。そのたびに二人のあいだで親しさが増していった。そしていままでは彼もサロンの常連の一人になっていた。ジュリは客たちが帰ったあとも遅くまで彼を引き止めて、二人で奥の閨房に移ると、客たちのいる前では話せなかった二人だけの話を水入らずで語り合うようになった。

しかし、二人の関係が親しくなったといっても、それでモラを想うジュリの愛情が薄れたわけではなかった。モラのほかに誰か別の人を愛したいと思う気持ちなど、もともとジュリにあるはずはなかった。モラを愛し、モラに愛されていることに自信があればこそ、彼女はほとんど天真爛漫にギベールとの付き合いに深入りすることができたのである。

そうなったことになにか間違いがあったとすれば、モラのひたむきな愛とそれを信じるジュリの自信とが彼女のこころを自由にして、その結果、無防備になった彼女のこころに隙を作ったことであろう。しかしそれを彼ら二人の罪だと言って責めることが果たしてできるものだろうか。

そんな自分のこころの動きを、彼女の犀利な精神は、驚くほど正確に見抜いていた。

「私の魂はだれかを愛することなど必要としていなかったのです。その魂は、優しくて、深い、想いを一つにした、たがいに応え合う感情で満たされていたからですわ。でもそれは苦しい感情でもありました。そして、そんな感情の動きが私をあなたに近づけてしまったのです。あなたはほんとうなら私の歓心を買おうとなさるだけにしておくべきだったのです。それなのにあなたは私のこころに触れてしまったのです。私を慰めることで私をあなたに惹き寄せてしまったのです。」

そのときからまたたくまに数カ月がすぎさった。

ジュリはギベールに惹かれる同じこころの動きを、今度は彼の態度を責め立てながらこんなふうに語っている。なぜなら、そのとき彼女は、ギベールの魅力に負けてしまった自分をいっそう激しく後悔するようになっていたからであった。

「どうしてあなたは、この私に、よくぞ愛してくれたなどと言えるのでしょうか。もしも美点とか美徳とかいうものがあるとすれば、それは、私が自分のこころに用心することができるようになったそのずっと前に、私をあなたに近づけたあの好意、あの魅力に負けないことこそがそれだったはずなのです。人がある感情や不幸によって守られているとき、あるいは完璧な人間から愛されているという測り知れない喜びで守られているとき、どうして臆病になったりするでしょうか、どうして先のことを思ったりするでしょうか。これが、あなた、私の魂を包んでいてくれたもの、私の魂を守っていてくれたものだったのです。でもそのときあなたは、後悔ゆえのこころの動揺と、熱くたぎるような愛の情念を、私の魂のなかに注ぎ込んでしまったのです。そうしておいてあなたは私に向かって、よくぞ愛してくれたとおっしゃるのですね！　ああ、なんということでしょう、それは犯罪というものです。」

ある男の愛の保証が女を安心させ、女の気持ちを自由にする。その自由になったこころの隙に、なにかの拍子で別の男への好意が芽生え、やがてそれが愛に変わってゆく。もしそのとき最初の男への愛が消えたのであれば、それは世間によくある心変わりの一つにすぎない。

しかし、女が二人の男を同時に愛するとなれば、それは世間にそうざらにある話ではなくなるだろう。ジュリの愛が特異だったのは、まさにその点にあった。そしてその特異さゆえに、彼女はからだが震えるほどの愛の喜びにおぼれるとともに、良心の苦しみに気が狂わんばかりに懊悩することになるだろう。それが、このあと彼女が味わうことになる愛の情念の「天国と地獄」の相になるであろう。

ジュリの友情がいつしか本物の恋にかわり、それが炎のように燃えあがる恋であることに、彼女はいやでも気づくことになるのだが、それはギベールが彼女をひとりあとに残してパリを離れたときのことであった。

その年、すなわち一七七三年の五月、ギベール大佐は、自分を頼りに思うジュリをパリに残したまま、ヨーロッパ諸国の歴訪のために旅立って行った。それは、軍人として更なる野望の実現をめざし、あわせて祖国フランスの未来を担う若い知識人として、あらたな知見を求める長途の旅であった。

Ⅶ　孤独の日々

1

モラが、病気の治療のために、ジュリをパリに残してフランスを離れてから九カ月が過ぎようとしていた。彼がいつまたパリに戻って来られるかはまったく予測が付かなかった。

そして、今またジュリは、旅立って行くギベールに置き去りにされようとしていた。モラには病気の治療というやむをえない理由があったけれど、ギベールの旅立ちは寝耳に水のことだったから、彼から突然、長い旅に出ると聞かされたとき、彼女は一瞬、不意を突かれる思いがした。なぜこの人まで私をひとりあとに残して、パリを離れなければならないのかしら。

——たしかに、無分別な行動なのです、

ギベールはジュリの不満そうな顔つきを覗き込んで、詫びるように自分からそう言った。

だが、彼の旅立ちは必ずしも無分別な行動ではなかったのである。

ギベールはまだ若くて、活動する力に溢れていた。一七六八年にフランスが都市国家のジェノヴァから購入してフランスの領土に併合したコルシカ島から彼が戻って来てから、すでに三年の年月が経っていた。パリの社交界が、なかでも女たちが彼を熱烈に歓迎したことはすでに話したとおりだが、そんなことで彼を行動へと駆り立てる意欲が抑えられるものではなかった。

また、この若い軍人には大いなる野望があった。彼は著書『戦術概論』の成功がもたらした華々しい評判と名声にいつまでも浸っているような男ではなかった。さらなる栄光のために、軍人としての見識と経験を深めるとともに、祖国の未来のためにヨーロッパ諸国を遍歴して、あたらしい知見の獲得を渇望していた。

それには今の平時を利用して、まだ記憶に新しい七年戦争で戦場となったかずかずの土地を自分の眼で確かめて、名将たちの作戦を実地に検証することがなによりも役に立つであろう。この戦争でもっとも注目を集めたロスバッハの戦いで、フランス軍に対して、絶望的だった形勢を土壇場で逆転してプロシア軍に奇跡的な勝利をもたらした、あのプロシアのフリードリヒ大王にも拝謁したい。なんといっても彼は当代きっての名戦術家なのだからその謦咳に接してみたい。それからヨーロッパ各国を歴訪し、できればスウェーデンやロシアにまで足を伸ばしてみたい。そうしたさまざまな思いがギベールの胸を去来した。

ジュリとしては、彼のことがどれほど恋しくても、すでにこころを決めているギベールを引き止めるわけにもいかず、去年モラを見送ったように、黙って彼を見送ることしかできなかった。

そして、そのときになってジュリは、ギベールという男の、それまで気づかなかった一面に気づかされた。男には、恋や愛情という感情生活だけでは満たしきれない部分がある。それを女として認めてあげなくてはならない。彼女は気丈にも、旅立ってゆく恋人に、それが彼を勇気づけるはなむけの言葉となるように、彼の雄々しい性格への讃辞を手紙にたくして書き送ったのである。

「あなたの性格は偉大になることをあなたに命じています。あなたの才能はあなたを有名になるように運命づけています。ですからその運命に身をゆだねてください。あなたという方は、愛情や感情が求めるあの甘美な、内的な生活にはまったく向いていないということを、とくとお考えになってください。たった一人の女のために生きることにはただ喜びがあるだけで、栄光などというものはまったくないのです。一つの心しか支配することができないとき、その人が世論を支配することはありえないのです。歴史に残るために作られた名前というものがあるものです。あなたのお名前は人びとの感嘆の念を巻き起こすことになるでしょう。こんな考えに耽っていると、あなたに吹き込まれた思慕の思いが少し鎮まってゆくように思えます。」

旅立ってゆく恋人に見せたジュリの心づかいがいかにも健気なだけに、こころに秘めたさびしさを察せずにはいられない文面である。たしかにギベールのような才能に富む野心家を愛してしまったことは彼女の不幸だったかもしれない。しかし、だからといって、いまさらこの恋を諦めることなどジュリにできるはずはなかった。

そのギベールはいま、どんなに美しくても所詮は狭い歓楽の都であるパリを離れ、恋人や友人たちとも別れて、広い未知の世界へはるかな思いを馳せて旅立って行こうとしている。だから、何カ月かのあいだは、ギベールは手の届かない遠い人になり、ジュリの存在も彼のこころのなかで薄れてしまうかもしれない。そうなることを彼女はいち早く察知して、ギベールにこう書いている。

「あなたがいなくなって、私は落ち着きを取り戻しました。でも同時にさびしさがいっそう募ってくるのを感じています。……あなたがこれをお読みになるころ、あなたはいったい、どんなに遠く離れたところにいらっしゃるのでしょう！　あなたのお体は三百里も離れたところにおいでになるのでしょうね。でも、あなたの思いがどれだけの道のりをたどったかを考えてみてください。どんなにたくさんのものを見、どんなにたくさんの新しい考えや考察をお持ちになったことでしょう！　もう私にはあなたの影法師にお話ししているようにしか思えません。私が知っていたあなたはすべて消えてなくなりました。パリで過ごした最後の数日間に、あなたを生き生きと活気づけ、高ぶらせていた愛情の痕跡は、あなたの記憶のなかにほとんど見つからないのではないでしょうか。でも、それでいいのですわ。」

ジュリはそれでいいのですと言っているけれど、遠ざかる恋人の影法師をどこまでも慕って行くかのように、ギベールが行く先々の滞在地にあてて、炎のように激しい愛の言葉を送りつづけるのである。かつて万葉の女流歌人が、旅立ってゆく恋人にむけて、

君が行く道のながてを繰りたたね焼きほろぼさむ天の火もがも

と歌ったように、ジュリもまた、天の火ならぬ情念の炎で、ギベールの行く手を焼き尽くせるものなら焼き尽くしたかったであろう。

ギベールの旅立ちは、ジュリにさびしいこころの孤独を強いることになったが、また同時にその孤独のなかで彼を激しく慕わずにいられないわが身をいやでも自覚させることになった。そしてそれがきっかけとなって、不在の恋人に手紙を書くうちに、彼女はモラとギベールという二人の恋人への愛に挟まれてもがき苦しむ自分の内面と向かいあい、それを克明に見つめることになった。それが幸運にも手紙の言葉となって残されたおかげで、後世のわたしたちは、華やかなサロン生活のかげで、人知れず恋に

生き、恋に命をささげたジュリ・ド・レスピナスという稀有な女の秘められた波瀾の半生を知ることになったのである。

2

ギベールは旅立ちの日を、一七七三年の五月十八日火曜日と決めていた。最初の目的地は、ドイツ（当時のプロシア）と国境を接する町ストラスブールである。ジュリにもそう伝えてあった。

そこで彼女は、彼が旅立つ三日前の十五日に、まだパリにいるギベールに手紙を送った。それが彼女の『書簡集』に収められている一通目の手紙である。

「あなたは火曜日にお発ちになるのですね。あなたのご出発が私にどんな印象を与えることになるのかわかりませんし、勝手にお手紙を差し上げていいものかどうか、また私にそのつもりがあるかどうかもわかりませんので、せめてもう一度だけこうしてあなたにお話をして、ストラスブールからのお便りを確かにいただけるようにしたいのです。お元気でお着きになられたかどうかお知らせください。」

彼女は一通目をこんな具合に、穏やかな調子で書き始めていた。

ところが、これはまったく偶然の符合だったのであるが、彼女がギベールへ手紙を書き始めたちょうどそのとき、スペインからモラの手紙が舞い込んだ。実際それは、不穏な雲行きが彼女の恋の行く手に待ちかまえているのを思わせる不気味な偶然であった。

彼女は激しく動揺した。モラの手紙は、いつもならジュリにとって生きる力を与えてくれる唯一の希望であり、測り知れない喜びの源であった。このときもそうでなかったわけではないが、それ以上にモラを裏切っている罪の意識に彼女は胸が傷んだ。ギベールを愛する自分に良心の痛みを感じて動揺せずにはいられなかった。まるでモラの手紙はジュリの不実を見抜き、それをとがめるために、いま、この瞬間を狙って舞い込んできたかのようにジュリは思った。

しかし、もちろんそんなことはなかった。モラの手紙はいつものとおり、ジュリの気持ちを信じて疑わない愛情に溢れたものだった。それがかえって、ギベールに手紙を書こうとしている彼女のこころをいっそう掻き乱した。

こうして二つの恋に挟まれたジュリの葛藤は、逐一その手紙に綴られることになった。

彼女は一通目の手紙で乱れる自分のこころを誠実に、包み隠さずギベールに打ち明けることにした。

「私はあなたにたいしても、自分にたいしても、誠実でありたいと思っています。実際こうして気持ちが乱れていると、自分が思い違いをしているのではないかと心配になってきます。もしかしたら私は、自分の過ち以上に後悔しているのかもしれません。たぶん私が不安を感じることが、愛する人をいちばん傷つけることなのかもしれません。つい今しがた一通のお手紙を受け取ったところです。それは私の気持ちをすっかり信頼しきったお手紙でした。その人は私のことや、私が考えていることや、私の魂について語っているのですが、その話しぶりといったら、私たちが生き生きと、力強く感じていることを表現するときにもつあの深い認識と確信をこめた話しぶりなのです。」

モラは、ジュリの気持ちを片時も疑わずに、愛情に溢れた手紙を送ってきたのだ。いったいどんな言葉が書かれていたのだろうか。手紙が失われてそれを知ることができないのは返すがえすも残念なことなのだが、ここに引いたジュリの言葉から、それがジュリを愛する真情にみちた手紙であったことは充分想像することができる。

彼女はそういう優しいモラへの想いと、そのモラを裏切っている悔恨にいたたまれない気持ちだった。それでいながらムーラン＝ジョリで出逢って以来、自分のこころを奪ったギベールへの思慕を捨てきれずにいて、思わず激しい感情のうねりに呑み込まれて行った。そして旅立って行こうとしているギベールにこう書かずにはいられなかった。

「ああ、いったいあなたという人は、どんな魔法を使って、どんな運命のめぐり合わせによって、私の気分を晴らしにやって来られたのでしょうか。どうして私は〔去年の〕九月に死んでしまわなかったのでしょう！　あのときだったら、悔いもなく、わが身を責めることもなく死んで行けたのです。ほんとうにあの人のためなら、いまだってまだ私は死んで行けます、そう感じるのです。あの人のために私が犠牲にしなかったような興味の対象など一つもなかった。でも二カ月前には、あの人のために犠牲にすべきものなど私にはまったくなかったのです。私はいま以上にあの人を愛していたのではありません。いまよりもっとよく愛していたのです。」

「いま以上に」ではなく、「いまよりもっとよく」あの人を愛していたという簡潔な言い方に、モラにたいする彼女の愛し方の微妙な変化が表現されている。彼女はギベールに惹かれてゆく「わが身を責め」、以前にはモラを「もっとよく愛していた」ことをつよく意識したのである。

　彼女はそんな自分の過ちを認め、それを招くことになった非情な「運命」を呪わずにはいられなかった。そして去年の六月、あのムーラン＝ジョリで、自分とギベールがはじめて出逢うことになったあの運命の日のことを、ジュリは思い切って持ち出すのである。

　手紙は、早くも一通目から悲劇的な感情の高まりを見せる。

「きっとあの方なら私を許してくださるでしょう！　私は堪えられないほど苦しみ抜いたのですから！

この身も、この魂も、長びく苦しみにへとへとに疲れきっていたのです！　あの方からお便りを受け取ると、ときには頭が錯乱して、どうしていいかわからなくなることがありました。そのときなのです、私があなたにお逢いしたのは。そう、そのときなのです、あなたが私の魂を生き返らせてくださったのは。あなたはその魂のなかに楽しさを染みとおらせてくださいました。その楽しさをあなたのおかげと思うことと、楽しさを感じることと、いったいどちらが私にとっていっそう甘美なことだったのかわかりませんけれど、でも、あなたのあの話しぶりは友情から出たのでしょうか、それとも信頼のお気持ちからなのでしょうか。何がいったい私のこころをこうまで惹きつけるのでしょうか。どうか私という人間を私自身にわからせてください。どうか自分で自分がわかるように手を貸してください。私は気が動転しています。いったい何が私をここまで苦しめるのでしょうか。それはあなたでしょうか、それともあなたのご出発でしょうか。もう精も根も尽きて、これ以上は無理ですわ。いま、この瞬間に、私は何もかもお任せしてもいいと思うくらいあなたを信頼しています。おそらくもう何も申し上げないつもりです。さようなら。あしたお目にかかりますが、今日あなたに書いたことを思うと、きっと私は当惑して、穴があったら入りたくなりますわ。あなたが私のお友達だったら、どんなによかったかとつくづく思います。さもなければ、あなたとは出逢わなければよかったのです！

それって、ほんとうですか、私のお友達になってくださるのですか。一度でいいのです、たった一度だけ、そのことをお考えになってください。一度でも多すぎるでしょうか。」

ジュリは二つの恋の板挟みになって、自分で自分がわからなくなっている。しかし、そんな混乱のなかにあっても、こころの底から湧きあがるこれらの言葉の数々は、ムーラン＝ジョリでの語らいがどれほど彼女を楽しませ、悩むこころを生き返らせてくれたかをなまなましく示している。またそれだけにわれわれは、やがてギベールへの思慕がジュリのこころを狂わせる激しい恋に変わってゆくことを不安な戦きをもって予感するのである。

実際ギベールは、どんな運命のめぐり合わせによるのか、彼女がモラの病気や彼との恋の行方に思い悩んでいたまさにそのときに現われて、彼女を苦しみから救い出したのだったが、そのときのうれしさがいまになってもまだジュリのこころに残っていた。

彼女はその楽しかった一日を思い出すと、甘美なものに包まれて、思わず自分を失いそうになる。愛するモラに後ろめたさを感じながら、ギベールに惹かれてゆく自分をどうすることもできなくなる。まるで初めて恋を知った若い娘のように胸が弾んでくる。若い娘とちがうのは、彼女のこころの底に罪の意識が重く潜んでいることである。しかし、それさえも忘れて、ジュリはギベールとの愛にのめりこんでゆく。

3

ギベールは五月十八日の火曜日に発つことになっていたが、それを一日延ばすことにした。ジュリもそれを知っていたようである。しかし、実際に彼が出発したのは、それよりもう一日遅い五月二十日木曜日のことであった。

ところが、このわずかなずれが嫉妬の小さな火種をジュリのこころに残すことになった。後にその火種は、もっと大きな嫉妬の苦しみに繫がってゆくので、ジュリが旅立ちのずれに気づき、それを不審に思った顚末について、ここで少しだけ触れておく。

彼女はギベールが発ったあと、彼に書き送った二通目の手紙に、旅立ちが遅れたことに触れてこういうことを書いている。

「あなたが木曜日の五時半になってようやくお発ちになったことを、私は存じています。あなたが出発なさった直後に、私はあなたの家の戸口におりました。水曜日の朝、人をやって、あなたがその日、何時に出発なさったのかを訊ねさせておいたのです。ところが、ほんとうに驚きましたが、あなたはまだパリにいらっしゃるということを知りました。その上木曜日にお発ちになるかどうかもわからないというではありませんか。そこで私は、もしやあなたはご病気なのではあるまいかと思って、自分で出かけて行ったのです。あなたは私をひどい女だと思われるかもしれませんが、どうやら私はあなたがご病気であってほしいと思っていたのです。ところが、それとは矛盾するのでそのあたりのことは説明をしませんけれど、私はあなたがお発ちになったことを知って、ほっと胸を撫で下ろしたものでした。」

いったいギベールは延ばした一日をどう過ごしていたのだろうか。それがどうしてもジュリには気がかりでならなかった。

翌日、彼女は早くも三通目の手紙を書いて、旅の途上にいるギベールにあれこれ質問を書き連ねていた。

折りしも、あの『百科全書』の刊行によってヨーロッパ中に名を知られた文学者のディドロは、ロシアの女帝エカテリーナ二世から招聘を受けていて、彼女の計らいで長旅にたえるイギリス製の豪華な馬車が彼のもとに届けられた。

ディドロは翌六月にロシアへ向けて旅立つことになっていた。ジュリはそれについてこう書いている。

「あなたにいろいろお訊ねしたいことがあるのですが、お答えくだされぱうれしいのです。あなたはディドロのあの手紙をお読みになりましたか。六月六日に出発すると言っていますが、そうなればあなたはロシアであの方とお会いになれますわ。」

そう告げてから、ジュリはさりげなく、

——なぜあなたは水曜日にお発ちにならなかったのですか。あの二十四時間をどなたかに恵んであげたのですか、それともご自分に与えたのでしょうか、

と訊ねた。

ギベールがこれにどう答えたか、それとも黙殺したかはわかっていない。だが、ジュリは女の勘で、ギベールは延期した最後の一日を、彼がムーラン゠ジョリで彼女に語ったあの愛人のモンソージュ夫人と過ごしていたのではないかと疑っていたのである。それはほとんど彼女の確信だったであろう。彼が病気でなく、とにかく木曜日に出発してくれたことを知って「ほっと胸を撫で下ろした」と言っているのは、旅に出てしまえば、もう彼が夫人と逢瀬を重ねることはないと思ったためではなかっただろうか。が、いずれにせよ、終わっていると思っていた二人の仲が自分の知らないところでまだ続いているらしいことに、ジュリは密かに嫉妬した。ただし、このときは嫉妬の苦しみを胸のうちに押さえ込んで、おもてにあらわすことはしなかった。そして、ただギベールにこう書いたのである。

「少しはお手紙を書いてください。たくさん書くか、それともまったくお書きにならないでください。でもそのどれもが同じように私を満足させるなんて思わないでください。いいえ、なぜって、この私にも無関心よりずっとたくさんうぬぼれというものがありますから。でも私には力というか、ある能力があって、おかげでどんなことだって私にできないことはありません。それは苦しむことのできる力、愚痴を言わずにひたすら苦しむことのできる力のことですわ。」

ジュリにとって愛する力とは、苦しみに堪える力と同じものであった。そして、嘆かずに苦しむ力がかぎりないものであったことが、彼女の愛をあれほど崇高なものにすると同時に痛ましくも悲劇的にすることを、読者はやがてご覧になるであろう。

もうひとつ付け加えると、この手紙の一節で彼女が私にも「うぬぼれ」があると言っているのは、ギベールに愛されているという思い、たぶんモンソージュ夫人よりも愛されていると思う自信のことであろう。しかし、いくら自信があっても、嫉妬は自分ではどうにもならないこころの動きであって、まるで体内に寄生するたちの悪い生きもののように、ジュリを内側から食い荒らすことになるのである。

事実、それから一週間後の手紙のなかで、彼女はモンソージュ夫人や誰かほかの女もまた旅先のギベールに手紙を書き送っているのではないかと疑って、彼にきっぱりと、

――私はあなたをこころから愛しています、

と、自分の愛をみずから宣言せずにはいられなくなった。そして自分がただひたすら愛することしか知らない女であることを彼に訴えたのである。

「できれば言っていただきたいのですが、ストラスブールに届くのは私の手紙だけなのでしょうか。私がどんなにこころの広い女か、きっとわかっていただけます。私の手紙が、あなたがそちらで受け取りたいと思っておられたお手紙に変わってくれないものかと願っていました。私たち女の順位を決めようではありませんか。そして私にも私の場所を与えてください。……あなたがどんなふうに私の順位をお付けになるのかわかりませんけれど、でも、できることなら私たちが二人とも満足できるように計らってください。言い抜けするのはいけませんわ。どうかたくさんお恵みを与えてください。決してそれに付け入るような真似はいたしませんから。

ああ、私がどんなにこころから愛することを知っているか、きっとあなたはおわかりになりますわ！　私はただひたすら愛するだけです、愛することしか知らない女なのです。高が知れた力でも、そのすべてをたったひとりの愛する人に集めれば、その力は馬鹿にならないということをあなただってご存じのとおりです。ところで、私にはたった一つの想いしかありません。その想いが私の魂と私の命のすべてを満たしているのです。」

ジュリが「愛することしか知らない」と言っているその愛とはいったいどんな種類の愛なのか。そのことを、栄光や名誉を追い求めるギベールにわかってもらうために、いまの一節につづけてジュリはこう書いていた。

「私は、あなたが初恋の相手になるような繊細なこころをもった女の人がいたら、その人をお気の毒に思いますわ。きっとその人の一生は心配と後悔のなかで燃え尽きてしまいます。でも、虚栄心の強い女、誇り高い女には拍手喝采をしてさしあげましょう。彼女は自分の趣味を鼻にかけ、ひけらかして、一生を過ごすことになるでしょう。それはそれでとてもすばらしく、とても高貴なことですわ。でも、なんて寒々としていることかしら。

死神と地獄が私の前に現われたら、ラミール様、
私はあなたのために喜んで奈落の底へ下って行きます。

といわせる情熱から、それはなんて遠く離れていることでしょう。」

死も、地獄さえもいとわないこの一途に燃えあがる情熱が、ジュリがその身を捧げようとしている愛

の姿であった。

4

出発から十日あまりが過ぎたころ、ストラスブールからギベールの手紙が届いた。ジュリはそれを読んで、久しぶりに「動揺も、後悔も感じずに穏やかな気持ちに身を任せて」、こころがなごむのを感じた。そして「あなたがご不在になって、ひとしおさびしさが募ります。でも、もう私はあなたが抱かせる感情に逆らわなくてもいいのですわ。自分のこころのうちがはっきりと見えましたから」と書いて、ギベールの手紙に感謝した。

ところが、ジュリのもとには、ギベールの手紙より一日早く、スペインからモラの手紙が舞い込んでいた。

ジュリはそれを開く前から、モラの容態について最悪の事態を予想して、胸が締めつけられるような不安を味わっていたのであった。彼女はギベールから来た手紙に力を得て、彼にすがりつく思いでその不安を打ち明けて、必死に助けを求めた。

「金曜日に特別便で手紙を受け取ったとき、私は死ぬかと思いました。いちばん不吉な知らせが届いたことを疑っていなかったのです。気持ちが動揺して手紙をひらく力まで失っていました。私はそのまま十五分以上もじっと身動きもしないでいました。私の魂が感覚という感覚を凍りつかせてしまったのです。そしてついに読みました。そこにあったのは私が恐れていたことのほんの一部分だけで、これで愛する人の余命のために心配することはなくなりました。でも不幸のなかでもいちばん大きな不幸を免れても、私は、ああ、この私は、この先まだまだ苦しみつづけなければなりません！　生きることの重荷に押し潰されそうなのです！　いつまでもつづくこんな苦しみは人間の力を越えています。私にはもうたった一つの気力しかありません。たった一つの欲望しかないことを何度も感じています。私がどんなにあなたを愛さなければならないか、どんなにあなたという方の存在を大切に思わなければならないか、どうかおわかりになってください！　あんなに激しい、あんなに深い苦しみを、あなたはしばらくのあいだ忘れさせる力を揮ってくださったのです。お手紙をお待ちしています、お手紙がほしいのです。どうか私の言うことを信じてください、お友達をもつ資格があるのは不幸な人間だけだということを。」

ギベールにすがる気持ちが、抑えようのない恋しさに変わってゆくのが手に取るようにわかる。そして恋しいと思う相手が目の前にいないだけに、ジュリの感情は内攻して、ますます激しくなってゆくのである。

こうして愛するモラの命の危うさに怯えながら、一方でギベールを愛し、その彼に苦しみにたえて生きつづける力を求めること、この二つがその後のジュリの感情生活を支配するすべてになってゆくだろう。

それゆえ、万が一、モラの命が危機に瀕するようなことになったら、あるいはまたギベールの手紙が少しでも途絶えるようなことになったら、ジュリの精神がどうなるかは眼に見えている。彼女はいつ崩れるかもしれないそうした危うい状況の上に辛うじて精神のバランスをとって生きていた。

またそれゆえにそんな状況のなかでギベールに宛てて書かれるジュリの手紙は、単に恋しい想いを綴った恋文というだけの甘いものではまったくなかった。それは魂の奥底から発せられる命の叫びに変わってゆく。そうでなくて、どうしてこんな真に迫った言葉が書けるだろうか。

「きっとあなたは私が気でも狂ったのかと思われるかもしれません。でも私は、あした死ぬと思っている人のように率直に、こころを開いてお話しているのです。ですから死んでゆく人に見せるあの寛大なお気持ちと関心をもって、どうか私の言うことをお聞きになってください。」

こころの支えと思うギベールが不在になったいま、彼からの手紙だけがただひとつ彼女の望みであり、救いであったが、しかし待ち焦がれる手紙は、彼女が望むほど頻繁には届かなかった。

一方のギベールはストラスブールでライン川を渡って、対岸のプロシアに入った。その対岸にあるケールという小さな町を通り、そこからプロシア東部のドレスデンへと向かった。彼がパリを出発して、まだ二週間しか経っていなかった。しかしジュリにはすでに長い時が過ぎたように思われた。

「喜びを与えてくれるものはなんて稀なのでしょう、そしてそれが届くのはなんて遅いことでしょう！〔彼がジュリに手紙を書いた五月の〕二十四日から、もう測り知れない時が経ったような気がします。ドレスデンからのお手紙を、この先、まだどれほど待たなければならないのかわかりませんが、でも、せめてできるかぎりお手紙を書くお気持ちになってはくださいませんか」

と懇願してから、ジュリは、手紙を待ち焦がれるいまの心境を次のように伝えたのである。そこには、モラとの不幸な愛に苦しみながら、ギベールの愛に救いを求めるジュリのせっぱ詰まった状況が痛々しいばかりに表現されている。

「もしあなたが優しくしてくださらなければ、私をどんなに悲しませることになるか知れませんわ！なぜって、あなたが誠実なだけでは私には充分でないからです。私には心がけの立派なお友達がいます、それ以上の方だっています。それなのに私はあなたという方にこころを奪われているのです。でも率直に言って、あなたをお友達と思うなんてとんでもないことなのでしょうか。それよりいっそ滑稽なことなのでしょうか。そっけないお答えでなく、真実をこめてお答えになってください。旅の空であなたのこころが高ぶっていても、あなたのこころは私のほど病んではいませんわ。私のこころは痙攣の状態から気落ちした状態へたえず移り変わっていて、何ひとつ判断が付かないのです。いつだって思い違いをして、毒を、こころを鎮めるお薬と取り違えてしまうのです。そんな私にまともな行動が取れるとお思いになりますか。どうかこの私を導いてください、私を強くしてください。あなたのおっしゃることを信じます、ですから私の支えになってください。深い思慮となって私を救ってください。思慮をめぐらす力はもう私にはありません。なにも見通すことができず、なにも見分けが付かないのです。私の不幸をお考えになってください。私が安らぎを覚えるのは死を思うときだけなのです。死がただひとつ私の希望であるような日だってあります。でもまた、それとは正反対のこころの動きを感じることもあります。ときには生きることに縛りつけられているのを感じるのです。愛する人〔モラを指す〕を悲しませるかと思うと、あなたに慰めてもらいたいと望んでも、それがあの人のこころの安らぎを犠牲にするのであれば、そんな気持ちまで消えてしまいます。こんな支離滅裂な状態が限界まで来ると、私の精神は錯乱し、こころは生きていることの重みに押し潰されてしまいます。私はどうしたらいいのでしょうか。いったいこの私はどうなってしまうのでしょうか。」

ジュリの精神は、ほとんど崩壊寸前まで来ていた。

そんな彼女がギベールに救いを求める手紙を書いたのは六月六日のことであった。その後も彼女は、郵便馬車が着く日には、胸が震えるような思いで彼の返事が届くのを待っていた。

しかし、それから半月たっても、いっこうに手紙は届かなかった。

しびれを切らしたジュリはペンをとると、いきなり、

――いったいあなたは死んでしまったのですか。五月二十四日から、たったひと言のお便りもありません！　これがあなたの落ち度でないとはとても信じられないことです、
と、強い言葉で書き始めて、ギベールの冷たさをなじった。

じつはその前日、ジュリはモラから心をさいなむような手紙を受け取って、一晩中泣き明かしていたのである。そのあげく、あまりのつらさについに阿片に手を出してしまった。そして少し気持ちがおさまったところで、いま引いた言葉を開口一番ギベールにぶつけたのである。そうしてから彼の慰めを求めて、こう手紙を書き出したのである。

「昨日、〔モラからの〕お便りを受け取ったのですが、こころが苦しみで打ちのめされてしまいました。私は涙のなかで夜を過ごしました。頭も体もすっかり疲れきって、ようやく苦しみでないこころの動きを持てるようになったとき、あなたのことを思いました。そして、もしあなたがこちらにいらっしゃれば、私が苦しんでいることをあなたにお伝えしただろうと思います。きっとあなたは来てくださるのを拒んだりはなさらなかったと思います。私は間違っているのでしょうか。私のこころが苦しんでいるとき、あなたのこころに慰めを求めることは間違っているのでしょうか。……こんな私の言葉は、気晴らしにうつつを抜かし、虚栄心に酔い痴れるほとんどすべての人が聞く耳を持たないのです。こんな言葉はあなたのお耳に入るでしょうか。あなたのように知識欲や栄光への愛に夢中になっている人たちにもこの言葉はほとんど通じないのです。あなたはこころの優しさは凡人の分け前であると思い込んでいらっしゃる。だから私は、慰めになるというよりむしろ人を悲嘆に暮れさせるこんなこころの動きに、あなたがまったくこころを閉ざしてしまうのではないかと、それが心配で死にそうなのです。

あなたにお手紙を書いてから二週間になります。昨日は、あなたからお便りを受け取らないかぎり、もうこちらからはお手紙を書くまいと思っていました。苦しみにこころが萎えてしまい、私は苦しみに負けてしまったのです。それで朝の五時に、阿片を二錠飲みました。おかげで眠りよりはましな平静を取り戻しました。胸を引き裂くような苦しみは減り、落ち込んでいた気分も弱まっています。荒れ狂っていたこころをなんとか鎮めています。こうしていまはあなたにお話もでき、つらさを訴えることもできます。昨日は言葉が出なかったのです。愛する人の命が心配でしたとは、とても口に出して言えることではなかったのです。こころを凍らせるようなそんな言葉を発するよりも、いっそ死ぬほうが私にはたやすいことだったでしょう。あなたは恋をなさったことがあるのですから、こんな不安な気持ちがどんな結果をもたらすか、どうかお考えになってください。

私は〔郵便馬車が着く〕水曜日までは、ぞっとするような生殺しの状態に置かれていることでしょう。でもそれまでは私はなにがなんでも生きていなくてはならないのです！　愛されているときに死ぬことなんてできるものではありません。そうはいっても、生きるというのは空恐ろしいことです。死が私のこころのもっとも差し迫った欲求なのに、この身が命に縛りつけられているのを感じています。どうか私を哀れと思ってください。見せてくださった優しさに甘えることをお許しください。」

ジュリがこの手紙を書いた翌日、まるで彼女の思いが通じたかのように、ベルリンからギベールの手紙が届いた。彼女がどんなに喜んだかは言うまでもない。そして「お手紙をいただいてほっとしました」と書くと、さっそく昨日につづいて、また長い手紙を書き始めた。

しかしジュリは、その手紙の内容から推してギベールの手紙に満足していたわけではなかったようである。彼女は二人の関係のあるべき姿についてこんな注文をつけていたからだ。「これが本当なのではないでしょうか、私たちの友情は大きくて、強い、そして完全なものでなければなりません。私たちの関係は優しくて、固い、そして親密なものでなければならないのです。そうでなければ関係なんてまったくどうでもいいようなものですわ。」

この厳しい注文から見ても、彼女がギベールの手紙に不満だったことは充分想像がつく。彼はモンソージュ夫人を愛しているので自分をないがしろにしているのだろうか。彼女にはそんな気もするのである。そのうえ旅先の彼に手紙を送っているらしいほかの女たちとのあいだに「順位」をつけてほしいと頼んだ彼女の願いにも、彼はまったく返事をよこさなかった。ジュリは、そんなことが男としてできるものではないと察してはいても、それでも「私にどんな順位をつけてくださるのか、おっしゃりたくないのですね。順位が高すぎても低すぎても、それが心配になって、あなたは二の足を踏んでいるのですか」と書いて、ギベールの優柔不断をなじった。

しかし、ギベールにたいするいちばんの不満は、女の繊細なこころの動きに応えようとしない彼の男としての生き方にあった。ただ、どんなにジュリがそれを不満に思ったところで、そこには生き方をめぐってほとんど乗り越えられない男と女の隔たりがあった。前にも触れたとおり、彼女はすでに彼の野心家としての性格に気づいていたはずである。しかし、それでも彼女はギベールの態度を非難して、次のように書かずにはいられなかった。

「あなたの旅行のことはお話ししません。あなたご自身の気持ちが決まっていない以上、私から申し上げることはなにもないからです。もし私がこの先も生きていられて、あなたはロシアへはおいでにならないと信じられるのでしたら、ベルリンに留まっていただきたいと切に願わずにはいられません。でも私は、あなたはいつでも困難な事を成し遂げたいという欲望をお持ちなのだと思っていますから、あなたにその気がある以上、それが成就するように世界一周でもなんでもなされればいいのです。そうなったあとで、いったい私は未来を当てにしていっときでもこころを休めることができるでしょうか。あなたはお帰りになると同時に、もうその足でモントーバン〔ギベールの故郷〕へお発ちになるでしょう。そしてそのあとには、またほかの計画があれこれ出てくることでしょう。なぜってあなたが休息を認めるのは、千里の道のりを行く計画をお立てになるときだけなのですから。

誓って申しますが、一年前、ムーラン＝ジョリで過ごしたあの一日こそは、私の人生の不幸だったと思っています。私にはどなたかと新しい関係を結ぶ必要などまったくなかったのです。私の命も、私の魂も充分満たされていましたから、新しくこころを惹かれるような人が欲しいとも思っていなかったのです。一方あなたのほうはどうでしょう、あなたが誠実で繊細なこころをもった女に抱かせるすべての思いをこうしてお見せしているのに、あなたは知らん顔をなさっていたのです。でもそんなことって情けないことですわ。」

ジュリは、女からの愛の証しに素知らぬ顔をするギベールのつれなさに我慢がならなかった。

三日後、彼女はふたたびペンをとった。前の手紙にあんなふうに書いてしまったけれど、こころにたぎるギベールへの恋しさに負けて、胸にたまった想いのすべてを言わずにはいられなくなった。

「一週間に三回！　多すぎますわ、これではほんとうに多すぎますわ。でもこれはあなたを深く愛するあまり、あなたにご心配をおかけしたのではないかと思っているからです。あなただって、私がまだ生きているかどうか、少しは知りたてうずうずなさっても罰《ばち》は当たりませんわ。……たとえ少しのあいだでも、私の苦しみを止めてくださる力を持っていた人はたぶんあなたおひとりだったのです。そして、そのいっときの喜びが私をあなたに永遠に結び付けてしまったのです。でも、この前の私の手紙はあなたのお気に召さなかったのではないでしょうか。ひどいことを言ったのではないでしょうか。もしそうであれば、申し訳なくてこころが痛みます。でも私はシャトレ夫人〔ヴォルテールの愛人で高名な数学者。奔放な気性で知られた女性〕と同じで、後悔というものをほとんど知らない女なのです。どうかあなたも、私があなたに率直にお話したのと同じように率直にお答えになってください。私に一目も二目もおいてくださって、真実を半分しか言わないような真似だけはなさらないでください。」

そう念を押してから、ジュリは、二人がたがいになにをいちばん大切にしているか、それについて自分とギベールの考えの違い、要するに男と女の本質的な違いをきっぱりと指摘するのだった。

「これは世間の人が言っていることですが、自分でも説明が付かない感情以上に強くて根拠のあるものは一つもないのだそうです。もしそれがほんとうなら、私はあなたの友情をあてにしなければなりませんわ。でもあなたは私がそんなものにこだわってほしくないのですね。それはどうしてなのでしょうか。私が満足しないからでしょうか。でも、なにか新しい幸せを摑んだとき、それをあらゆる面から吟味し、観察することは、いちばん自然なこころの動きだとはお思いになりませんか。たぶんそうすることが、深い契りを結んだことが与えてくれるいちばん生き生きとした喜びではないでしょうか。それなのにあなたという人は、繊細な感性が感じるあらゆる細部も、あらゆる楽しみもご存じないのです。あなたの受け持ちは、すべて高尚なもの、高貴なもの、偉大なものなのです。コルネイユ〔十七世紀フランスの悲劇作家〕のヒーローたちはあなたの注意を釘付けにするのに、ゲスナー〔一五五－一五六ページに既出〕の可憐な羊飼いにはほとんど見向きもなさろうとしなかった。あなたは讃美することがお好きなのです。私のほうにはたった一つの欲求、たった一つの意志しかありません。それは愛することです。でも、そんなことを言っても始まりませんわ。私たちは同じ言葉を話すことはないでしょうから。」

おたがいにこれだけ目指すものが違っていれば、二人の気持ちが一つに溶け合うことは困難なことで、モラと違って、ギベールがジュリの繊細なこころを満たすことはとうてい望みうることではなかった。ところが彼女は、自分の愛の証しに正面から応えようとしないギベールを恨みに思いながらも、「自分でも説明の付かない感情」に引きずられて、ますます情念の深みに嵌って行った。

＊

彼女のこころのいちばん奥底にあるのは、いうまでもなくモラにたいする愛であった。またその愛ゆえの苦しみであった。ジュリも、ギベールも、それを知った上で契りを結んだのに、彼女は二人の男を愛することに罪悪を感じていた。その上自分の罪を認めておきながら、一方では自分をモラから奪ったギベールを、その罪へひきこんだ誘惑者として責め立てたのである。

「あの人の健康はほんとうに心配な状態にあるのです！　でも養生の間違いを犯すはずはありませんわ。あの人は命を愛しています、なぜって、愛すること、愛されることがなにより好きだからです。ただそれだけで命に執着しているのです。彼がどんなに愛すべき人か、あなたに知っていただけたらどんなにうれしいかしれません。……そんな人から、人間のなかでいちばん魅力のある、いちばん完璧なそんな人から、一瞬でも私の気持ちを引き離したなんて、いったいあなたはなんという人なのでしょう。」

ジュリは、偶然の出会いからギベールを愛するようになり、こうして彼に手紙を書かせるように仕向けた運命さえも憎悪した。

「あなたに宛ててあの最初のお手紙を私に強引に書かせた運命を、私は憎みます、憎悪します。いま、こう言っている瞬間にも、たぶんその運命は、あのときと同じ力で私を引きずって行こうとしています。」

彼女はそういう運命の仕業を憎悪しながらも、その運命に引きずられて愛憎の修羅場を生きずにいられない自分をどうすることもできなかった。まるで罠にはまってもがくひ弱な動物も同じであった。そして、二人の男を愛してしまった女の性《さが》が自分を追い込んだ状況に恐れをなした。それは、文字どおり死にたくても死ねない生き地獄さながらの状況だった。

「なんという恐ろしい状況なのでしょう、楽しみも、慰めも、友情も、つまりはなにもかもが毒に変わる状況というのは！　ほんとうにどうしたらいいのでしょうか。どこに安らぎを見出せばいいのでしょうか、どうかおっしゃってください。こんなにもこころに食い入る、こんなにも入り乱れた印象に逆らうだけの力を、いったいどこで摑んだらいいのでしょうか。ああ、人は死ぬ前にいったい何度死ぬのでしょう！　すべてが私を苦しめ、すべてが私を傷つけるのです。あの人〔モラを指す〕は、私を押し潰す命の重荷からこの身を解放する自由を取り上げるのです！　不幸の極みにあっても、あの人は私に生きていてほしいと願っています。あの人に味わわされる絶望と愛情とに、私はかわるがわる胸が引き裂かれる思いを味わわされています！　愛すること、愛されること、これは喜びではないのでしょうか！　私はあらゆる苦しみに堪えています。それなのに、まだ私は愛する人の安らぎを乱し、彼を不幸にする自分を責めなくてはならない！　こころは苦しみで疲れ果て、からだは蝕まれています。それでも私は生きています。生きていなければならないのです。なぜですか、なぜあなたまでそれをお望みになるのですか。私の命なんか、あなたにはどうだっていいのではありませんか。私の命にどれだけの値打ちをお付けになろうというのですか。いったいあなたにとって、この私は何なのですか。」

ジュリは狂乱寸前に追い込まれていた。

5

その頃、ギベールは、ベルリンでプロシア国王フリードリヒ大王に拝謁する栄誉に浴していた。それは六月中旬のある日のことであった。ギベールはきっかり午前十一時に宮殿に伺候した。緊張のあまり、体中が硬直していた。

フリードリヒ大王といえば、先の七年戦争で山場になったロスバッハの戦いで、絶望的な劣勢を挽回してフランス軍を撃破した、軍略に長けた武将だったが、一方では文芸を愛し、みずから詩文を綴ることをひそかな楽しみにしていたのである。もう十年以上も前のことになるけれど、国王は当時ヨーロッパ中に文名を轟かせていたヴォルテールをベルリンに招聘して、宮廷の侍従に任命したことがあった。そのころ啓蒙活動の領袖と目されていたヴォルテールは、みずからの革新的な思想を、啓蒙君主を自称する国王の領土で国政に活かす絶好の機会と考えて、彼の招きに応じることにした。ところが、侍従とは名ばかりで、国王のつづった下手な詩を添削するのが仕事だったのである。

そんなわけで、この日、国王は、ギベールに歳と軍歴を聞いてから、まっさきにギベールの作品を褒めた。評判の高い例の『戦術概論』もその一つだったが、ギベールが書いた『ブルボン元帥』という悲劇を、国王はことさらに取り上げて褒めたのである。

ギベールはしかし、国王の威光に眼がくらんで、はじめはその顔さえまともに見ることができなかった。彼はそのときの印象を『ドイツ旅行日誌』のなかにこう綴っている。

「なにか魔法の靄のようなものが、国王その人を取巻いているように思われた。思うに、それは聖人を包む後光、偉大な人物のまわりに漂う栄光の輝きとよばれるものではないだろうか。」

それから国王は、ギベールが加わったコルシカ島での戦いや、フランスの政治状況や、友人であり、ヴォルテールに次いで啓蒙思想のもう一人の担い手でもあるダランベールの近況などを訊ねた。面会に許された時間は四十五分間だったが、国王の威厳ある風貌と謦咳に接して、彼は大いに満足して宮殿を去ったのである。

ジュリは、ギベールからの手紙で、彼が国王に拝謁した話を知ると、さっそく彼に次のような手紙を書き送った。

「あなたがプロシア国王にご満足だったことを知って、うれしく思っています。国王を取巻いていたあの魔法の靄についておっしゃっていたこと、あれはとても魅力的で、たいへん崇高な上に、非常に的確なので、私は黙っているわけにはいきませんでした。そこで私はこの話を聞く値打ちのある人たちみんなに読んで聞かせたのです。ジョフラン夫人なんかはその写しが欲しいとおっしゃるので、お送りしておきました。」

このギベールの国王拝謁のエピソードには、ちょっとした後日談がある。

社交界というところは、表向きは優雅で華やかに見えても、その裏側では意地の悪さ、陰口、虚栄、妬みといった人間の醜さが渦巻いている世界でもあった。そうした社交界にジュリも生きていたが、彼女の誠実で潔癖な性格がそれにどんな反応を見せたか、後日談はそれをもの語っているので紹介しておきたい。それによってこの女の生き方が、恋とは別の側面から見えてくるからである。

まだ年の若いギベールが国王に拝謁を許された噂はすぐにパリの社交界に流れた。フリードリヒ大王といえば、いまも言ったとおり、七年戦争で勝利を収めた当時のヨーロッパでもっとも強力な君主の一人であって、それだけの人物に一介の若者が拝謁できたことが人びとを驚かし、讃嘆の念をひきおこしたからである。

　またそれ以上に社交界で話題になったのは、ギベールが国王の威光に圧倒されて、「魔法の靄」が国王を包んでいると表現した文章だった。この話題は、いま引用したジュリの手紙からもわかるように、もとはといえば、彼女のもとに届いたギベールの手紙にあった内容が彼女の口から外に漏れたためであった。

　それにしてもその程度のことがなんで社交界でそんなに話題になるのか、いまのわたしたちには首を傾げたくなるような話であるが、話術に才気をふるって並み居るものたちを楽しませること、言い換えれば、会話であれ、文章であれ、言葉による表現に長けていることが社交人たる者の第一の資格であり、自負でもあったことを思い起こせば、そういうこともあながちあり得ないことではなかったのである。

　さて、その後日談というのは、あのデファン夫人が国王の威光に関するギベールの例の表現に難癖を付けたことに始まったのである。

　デファン夫人といえば、鋭すぎる頭脳から出る意地の悪い警句や、辛辣な皮肉でひとを震え上がらせた女だったが、その夫人が今回だけは勇み足を犯してしまった。

　ジュリにはもうその頃には夫人にたいする遺恨などはほとんど残っていなかった。しかし、一度くらいはその鼻を明かしてやってもいいくらいには思っていたかもしれなかった。そのジュリが夫人の勇み足の一部始終をギベールへの手紙で語っているので、その手紙をつぎに引いてみよう。

「どうしてもお知らせしたくなったのですが、それはプロシア国王についての例の文章のことなのです。あれは魅力的な文章だったので、私は繰り返し人に話しても差し支えないと思ったのです。そして話はありのままに受け取られて、口から口へどこまでも伝えられ、とうとうデファン夫人のもとにまで届きました。すると夫人は、なんて下手くそな文章かと思って、なかの言葉を入れ替え、難癖を付けた上で、あの方の意見では、これは矛盾だらけの文章だというのでした。……

それから数日たって、デファン夫人はナポリ大使にこの文章について同じ調子で話を蒸し返したのです。すると大使はもう我慢ができなくなって、夫人に向かって、

――批判したいと思うときは、せめて誠実に問題の文章を引用しなければいけません、

と、おっしゃったのです。そして大使のお考えでは、文章の言葉を元通りに入れ直しても、まだあなたの批判は厳しい上に、不公平な行いだと思う、とそう言われたのです。

この一幕は、リュクサンブール夫人とボーヴォー夫人〔いずれも十八世紀のパリ社交界を代表する名流夫人〕の目の前で行われたのですが、このお二人は、デファン夫人とは意見が反対だったので、大使に、文章の写しを手に入れることができるかどうかとお訊ねになったのです。大使は大丈夫、手に入ると約束すると、私のところにお見えになって、この愚かしい言い争いをそっくり話してくれたというわけです。正直に申しますが、私はデファン夫人をぐうの音も出なくさせるのが楽しくて、つい大使の懇願に負けてしまったのです。あの三行の文章を写して差し上げると、大使は喜び勇んで帰って行かれました。これでデファン夫人は狼狽してしまったのです。少なくとも夫人はこれでもうみんなが素晴らしいと思っているものをあえてけなすことはしなくなりました。

そのときまでは、あなたがあれを誰に書き送ったのか、それを知ることは問題にならなかったのですが、デファン夫人はふとそれを訊ねてみる気になりました。大使がそれを断ると、余計に彼女は好奇心を募らせたのです。

そこで大使は、それは私〔ジュリを指す〕に宛てて書かれたものだと答えてから、夫人に向かって、
――あなたが機知と優雅さに溢れたものにけちを付けたのは、間違いなくそんな予感がしたからなのでしょう、
と、そう付け加えられたのです。長いお話をしました。その当時、あなたにこのお話をすることもできたのですが、こんな話は、四百里も離れたところへお送りしてもみじめに思えるだけなので止めておきました。申し添えておきますが、大使が返してくださったあの写しは焼き捨てました。なんという愚かなことが社交界の人びとのこころを一杯にしていることでしょう！　なんという空しさでしょう！　それがこの一件ではっきりしましたわ。不幸というものはなにかしらの役に立つものですが、堕落した暇人たちのこころを騒がせる詰まらない情熱なんかも、不幸ひとつですべて直ってしまうものです。もしもあの人たちが人を愛することができるようになれば、こころの優しい人になれますのに。」

　これがその後日談の内容である。デファン夫人がことさらギベールの文章をけなしたのは、それがジュリに宛てたギベールの手紙の一節であることを夫人が「予感」したためだったのである。夫人のなかではジュリにたいする昔の屈辱がまだくすぶっていて、ギベールの文章にけちを付けたのはその意趣返しのつもりだったのであろう。少なくともジュリはナポリ大使とともにそう睨んでいたのである。

　このジュリの手紙で、後日談のほかにもう一つ見逃せないのは、彼女が社交界の空しさを身にしみて知るに及んで、次第に社交界の人びとを嫌うようになり、彼らから距離を置くようになったその態度である。ジュリは最後にこう書いている。

「これだけ申し上げたあとなら、私が口の軽い女だとお叱りを受けなければならないかどうかおわかりになりますわね。あなたがそうだとおっしゃるなら、そう思うことにしますけれど。でも、社交界の者

たちは、私たち二人が手紙を書くのは才気を揮いたいからだと思っているのだろうなどと、まさかあなたまでそんなことはおっしゃらないでください。愚かな人びとや意地の悪い人たちがどう思おうと、私たちにはどうだっていいではありませんか。あの人たちが強いのは、単にみんなが彼らを恐れているからに過ぎません。私はあの人たちが嫌いなのです、あの人たちを避けています。でも、もう恐れてなんかいませんわ。数年前から私は物事を判断する力のある人たちを何よりも高く買っています。ですから私が世間の評判を軽蔑していることはあえて申し上げないことにします。そんなものに歯向かいたいとも思っていません。」

これが、ジュリが「愚かな上に、見栄っ張りで、軽薄な」社交界の人間にたいして抱くようになった態度である。明らかにそれは彼女の潔癖な生き方が取らせたものだったが、その生き方についてはこんな正直な告白がある。

「私には社交界の人びとの言葉が理解できないのです。あの人たちは遊び呆け、そしてあくびをする。お友達を持ってはいますが、その人たちを誰ひとり愛していない。それが私には哀れに思えるのです。あの人たちの命を麻痺させる快楽よりも、私はこの私の命を燃えつくす愛ゆえの苦悩のほうが好きなのです。でも、こんな生き方をしていたら可愛い女にはなれませんわ。いいですとも、なれなければなれなくてもどうということはありません。たしかに私は可愛い女ではありません。でも愛されていますわ。そのほうが気に入られてちやほやされるよりどんなにましかしれません。」

ジュリの愛一筋の生き方からすれば、社交界の女たちの愛は、人より自分のほうが好かれていると思う虚栄心の満足であって、愛とは名ばかりの恋愛の遊戯にすぎなかった。そんな軽薄なものに彼女は見向きもしなかった。

これはこの本の初めに書いたことであるが、ジュリは母に死なれて孤児同然になった少女時代から、人間の冷たさや残酷さをいやというほど味わわされてきた。前にも引いたが、彼女の手紙にこんな言葉があった。

――人間というものはなんて残酷なのでしょう。それに比べたら、まだしも虎のほうが優しいものです。

それほどのつらさ、みじめさを経験した彼女にとって、人のこころの優しさに触れ、またそうした優しさをもった人を愛することは何にも換えがたい幸せだった。だからこそ愛を遊戯のように楽しむことは、ジュリには到底考えられないことだった。たしかに「不幸というものはなにかしらの役に立つもの」なのだ。彼女を育てたのはその不幸であって、それをはっきりと自覚したことがジュリの賢さを生み、ひいては彼女の強さを生むことにもなった。

あるとき、ふとジュリは昔のことをふりかえって、不幸というものについてギベールにこんな感慨を漏らしたことがあった。

「私の生活のすべての瞬間を息づかせ、それを満たしてくれる幾つかの対象を除いて、いっさいの自然は私には死んでいるのも同じなのです。私が生きているのは何のためでもなくなりました。世の中の出来事も、楽しみも、気晴らしも、虚栄も、世間の評判も、すべてがもう私には用がありません。あれはとても短いあいだでしたけれど、そんなものに浸っていた頃のことを懐かしく思うことがあります。短いあいだといったのは、私は若い時分からずっと苦しみを嘗めてきたからです。でも、その苦しみにも取り得があって、それはたくさんの愚かな行いを遠ざけてくれることです。私はあの人間の偉大な師である不幸によって育てられたのです。」

不幸という名の師によって育てられたジュリという女は、いま、こころのなかでは社交界に背を向けて、ひたすら愛することだけにすべてを懸けて生きて行こうとしていた。

6

さてギベールは旅を続けて、つぎにベルリンからオーストリアに入ると、ウィーンのシェーブルン宮殿で女帝マリア＝テレジアに拝謁した。しかし彼は失望した。女帝にはあたりを払う威風というものがまったく感じられなかった。下される質問も陳腐なものばかりで、会話はいっこうに冴えず、面白くもなかった。

それにひきかえ彼を興奮させたのは、当時ヨーロッパで評判の高かった作曲家グルックとの面会だった。ギベールが大の音楽好きということもあっただろうが、やはりグルックの確かな才能が彼の感性を打ったのである。折からグルックは、翌年パリのオペラ座で初演される予定のオペラ『オーリードのイフィジェニー』の作曲に取り組んでいる最中だった。

彼はクラヴサンを弾きながら、ギベールを前にして、みずから叙唱の部分を朗唱して聴かせてくれた。その音楽にギベールはこころを打たれた。

「新しい、まったく新しい種類の音楽だった。簡単なレチタティーヴォの見事な朗唱。かつて音楽でこれほど深い印象を与えてくれたものはただの一曲もなかった。グルックがたった一人で演奏してくれたのである。ひどいどら声で、フランス語を台無しにしながら、下手くそなクラヴサンを弾いてやってくれたのだ！　そのすべてを彼の天才が救っていた。彼の天才がその眼、その身振りに命を吹き込み、私を興奮させたのである。粗野な私、耳で魂を感動させられたことがほとんどなかったこの私を、である。」

彼はそのときの感動をこう綴っていた。

つぎにギベールはウィーンから、七年戦争の際に同盟国だったハンガリーに入った。その地で将軍や元帥に拝謁したり、先の戦争で戦場になった土地を視察してまわったりして、精力的な活動を見せた。

そうしたギベールの活動ぶりが、彼が友人たちに送った手紙を通してパリの社交界に伝わると、不在にもかかわらず、ふたたび彼は時の人となって人びとの話題にあがった。女たちのあいだでは、とりわけ彼の女性関係をめぐって噂が再燃することになった。

そのころジュリはもうあまり外出をしなくなっていた。しかし自分の知らないギベールの情報が聞けるかもしれないと密かに期待して、久しぶりに社交界に顔を出すことにした。

それは、初夏の夜の涼しさが素肌に心地よい六月のある晩のことであった。ジュリはギベールと親しいブフレール伯爵夫人のサロンを訪れたのである。

そして案の定、しばらくすると集まった人たちのあいだで、ギベールや彼の書いた戯曲が話題にのぼり、やがて話は彼の情事に及ぶことになった。その夜の模様を伝えたジュリの手紙によると、情事をめぐる話はこんな具合に始まったのである。

――あの方は恋をしているのだと思いますわ。だから、穴のあくほど＊＊＊夫人を見つめていたのです。

ある若い女がそう話を切り出すと、一人の男がそれをさえぎって、こう言った。

――いや、あれはもう終わったのです。いっとき＊＊＊夫人に恋していましたが、もう彼は醒めていますよ。あれはいつまでも一人の女のために幸せでいたり、不幸せでいたりするような男ではないのです。彼は気持ちがよく動くので、長いこと同じ人に惚れ込むというわけにはいかないのです。

それを聞いていたブフレール夫人は噂の愛人についてこう言うのだった。

――あの人がいま誰に恋をしているのか、私も存じませんけれど、もうあの夫人ではありませんわ。出発なさるとき、ギベールさんからいただいたお手紙から判断すると、それはもうたいへんなご執心ぶりだったのです。あの人は遠くへ行くのですから、こころは引き裂かれる思いだったのです。それなのに、なぜロシアなんかに行くのでしょうね。きっとこころを癒すためなのでしょうね。それに愛する人の気持ちを鎮めるためでもあるのだろうと思いますわ。

ジュリはひと言も口を出さずに、人々が話すのをそばで黙って聞いていた。口の出せる話題ではなかった。

すると、質問の矢がいきなり彼女に飛んできた。

――あなたはあの方がお好きですか。よくご存じなのですか。

ジュリはこのとっさの質問に内心、まったく狼狽してしまった。まともに答えられるわけがなかった。問題の「あの方」というのは好きで好きでたまらないあの人のことなのだから。だがジュリはこれまでギベールとの関係についてはひた隠しに隠してきた。彼だってそれを漏らすはずはなかった。だからいままでも二人の仲は誰も知らないはずなのだ。

彼女は内心の動揺を押し殺して、相手の問いを逆手にとって質問をかわそうと思った。

――ええ、大好きですわ。あの方と少し知り合いになると、好きになるしかありませんもの！

――じゃあ、あの人の愛人関係をご存じなのでしょうね。情熱のお相手はどなたですの。

ジュリは、今度は心臓が止まるかと思った。その相手というのは、ほかでもない自分のことではないか。彼女は返事に窮して、表情がこわばるのが自分でもわかった。それとも、彼にはほかに女がいて、お相手というのはその別の女のことなのだろうか。

ジュリは頭の中が、一瞬、混乱した。

しかし、とにかくここでこころの動揺を悟られては、社交界の女たちからあとで何を言われるか知れたものではなかった。とにかく冷静にならなければいけない、と彼女は思った。

——いいえ、ほんとうのところ、その点は何も知りませんの。知っていることといえば、あの方がベルリンにいることや、お元気なこと、それから国王が申し分なくあの方をお迎えになられたこと、やがて国王の軍隊を視察なさることや、シレジアへいらっしゃることくらいです。私が知っていること、興味を惹かれるのはこんなところですわ。

ジュリは一息にこれだけのことをしゃべった。彼女の動揺に気づいたものは一人もいなかった。そしてその場にいたものは、結局ギベールの愛人が誰なのかを突き止めることができずに、話はオペラ座の出し物や、ルイ十五世の王妃マリ・レチンスカの噂話に流れていった。

彼女は、そっとその場を離れた。

しかし、心の中は穏やかでなかった。そしてこの晩の出来事を手紙でギベールに伝えながら、彼女は、彼の愛人問題について、焼き餅と疑心暗鬼とからこう書かずにはいられなかった。

「あなたの友情をどんなにうれしく思ったか、それをもう一度言わせてください。あなたはすべてにお答えになってくれる。おしゃべりもしてくださる。千里も離れたところにいるのにまだ近くにいてくださる。でも、どうしてなのでしょう、どうしてあの人〔モンソージュ夫人〕は、あなたがお望みになるように、熱烈にあなたを愛さないのでしょう、あなたはそんなふうに愛されて当然ですのに。いったいあの人はご自分のこころと命を何にお使いになるのでしょうか。そうですわ、あの人には好みも繊細なこころもないのです、そうに決まってます。ほんとうなら、たとえ虚栄心からであっても、あなたを愛すべきです。でも、こんな口出しは無用ですわね。あなたはご満足なのですし、またもしそうでなければ、せいぜいあの人のつれない仕打ちをお楽しみになることですわ。どうしてそんなあなたに私が同情なんかしてあげられるでしょうか。それよりもあのもう一人の気の毒な女の人！　その人のほうが私は気になりますわ。その人にお手紙をお書きになったのですか。彼女の苦しみはいつもそんなに深いのでしょうか。」

モンソージュ夫人のことはともかく、サロンで噂に上ったもう一人の女のことがジュリには気がかりでならなかった。それが誰なのか、まったく見当も付かなかった。ひょっとしたら、噂の女というのは自分のことではあるまいか。そんなふうに思ってもみたのだが、ジュリにはそう言い切れるだけの自信が持てなかった。

しかしジュリは、あえてほかの女たちと張り合うつもりはなかった。張り合ったところで何になるだろう。そんなことよりギベールを愛する気持ちを大切に思うことのほうがはるかに大事なことだった。

「お願いですから、私をあまり甘やかさないでください。まっさきに私に手紙を書こうなどとは思わないでください。そんなことをしたら、あなたはお気づきにならないかもしれませんが、書いてしまおうという気持ちだけで書くことになるからですわ。もうあの女の人に何も書くことがなくなったとき、私のほうを向いてください。それが順序というものです。……不幸な人間は、自分を慰めてくれる人をこころから愛するものなのです！　好きな人を愛するということはなんて甘美なことなのでしょう！」

やがてジュリは、ギベールに愛することの幸せをこう告げる一方で、死病に侵されたモラを愛することが苦しみであるならば、その苦しみまでも「命の糧」として求めるようになって行った。

「そうなのです、大きな魅力をもった苦しみ、魂にしみじみとした喜びをもたらすそんな種類の苦しみがあるものです。だから世間で楽しみと呼ばれているようなものよりその苦しみのほうを、私は進んで選びたい気持になります。そんな幸福を、あるいは毒を、私は週に二回も味わっています。私にはそういう類いの生きる糧が、私が吸っている空気よりずっとずっと必要なのです。」

こうして二人の男に捧げた愛とそれゆえの苦しみは、ジュリにとって欠かすことのできない生きる糧になったのであった。

7

やがて八月が来て、季節は本格的な夏に入った。ギベールがパリを発ってすでに二カ月以上が過ぎていた。

ジュリのギベールを愛する気持ちのなかに、微妙な変化が現われたのはその頃のことであった。彼女は愛するモラを喪うかもしれない不安のなかで、こころの支えになってくれたギベールをますます愛するようになっていたが、それは当然モラに対する良心の呵責を伴わずにはおかない苦しい愛情だった。

ところが、ここに来てジュリは、ギベールを愛することに良心の呵責を感じるのは間違っているのではないかと考えるようになった。たしかにそれは愛するモラを裏切ることになるだろう。しかし、そうかと言っていったいほかにどう生きればいいのだろうか。もしもギベールへの愛を思い切ることになれば、それはほとんどジュリの命を断ち切ることを意味するだろう。勝手な言いわけかもしれないが、生きるためには自分を責めたりせずにギベールを愛するしかないではないか。気持ちの上での変化と言ったのはそのことだった。

ジュリは、それまでギベールへの愛を罪だと思っていた自分を振り返って、そういう自分を打ち消そうとするいまの気持ちをギベールにこう告げたのである。

「それがどんな運命によるのか、どんな幸運によるのかわかりませんけれど、私は新しい愛情を持つことができました。自分のなかを探ってみても、そうなった原因を見つけることも説明することも、私にはできそうもありません。でも原因が何であっても、その結果は生きることにしみじみとした喜びを与えてくれるのです。私の不幸があなたの関心を惹くことができたというのが私にはとても信じられないことなのですが、そのおかげで私には、あなたという方のこころの優しさ、繊細さが手に取るようにわかるのです。あなたへの愛に身をゆだねたとき、私は良心の痛みを感じたのですが、いまはそういう自分を責めています。不幸というものは人を自分自身に厳しくするものですわ。だから私はあなたが優しくしてくださるのを私の罪だとばかり思っていました。幻想を抱いているのはいまなのでしょうか、それともあの頃だったのでしょうか。」

たしかにこう手紙に書きながら、一方でジュリはまだ罪の意識をめぐって思いあぐねている。ギベールを愛することはモラを裏切ることである。むろん彼女はその痛みを身に沁みて味わっている。しかしその一方で彼女にとって愛することは、いまは文字どおり生きることを意味していた。愛することのこの絶対的な力の前で、ジュリは、たとえそれが裏切りであってもギベールを愛さずにいることなど到底できることではなかった。もしそんな彼女の愛し方を知るものがいたら、身勝手なうえに、みだらな女だと言って、二人の男を愛する彼女の不節操を咎めたにちがいない。

しかし、彼女は好きこのんで二人の男を愛したのではなかった。モラとの不幸な恋に身が細る思いで苦しんでいたとき、偶然、彼女の苦しみを救うことになったギベールと出会ったあと、彼にこころを惹かれ、やがてそれが激しい恋慕に変わって二人の男を同時に愛してしまった。彼女自身が言っているように、それがいかなる運命の仕業なのか自分でもわからなかった。情念はいったん彼女を捕らえると、もはやそれに身を焼かれるしかない業火となった。フェードルや恋に殉じたほかの女たちがそうだったように、彼女は愛の情念《パッシオン》にとり憑かれて生贄にされたのである。その悶えるありさまは、

おのれの生贄に
全身でとり憑いたヴィーナス

（ラシーヌ『フェードル』）

の狂態さながらであった。彼女は体じゅうが愛欲のうずきに責め立てられた。もはやどんなに罪の意識に苦しめられても、情念の餌食にされた彼女は、わが身を滅ぼさぬかぎり、ギベールへの欲望をふりはらうことはできないだろう。それはジュリという女の持って生れた業《ごう》であった。そうなれば自分にふりかかったこの情念の宿命を、その苦しみとともに受け入れて生きてゆくしかないだろう。

その頃ジュリが書いた手紙に、愛の情念の不幸がほかのどんな不幸にもましていかに痛ましいものであるか、それについて語ったこんな一節があった。わたしはそれを読んだとき、その言葉の悲痛なまでの真実の響きに胸を突かれた。

「私は人間たちの不正や意地の悪さに苦しみ抜いてきました。おかげで絶望の底に追いやられてしまったのです。でも、これは正直に言わなければなりませんが、どんな不幸であっても、深い、痛ましい情念の不幸に比べられるような不幸はただの一つだってありはしません。愛の情念の不幸は、それまでの

十年間の拷問のような苦しみを吹き飛ばしてしまったのです。私は人を愛するようになってから初めて生きているような気がします。そのときまで私を苦しめてきたすべて、私を不幸にしたすべては消え失せてしまったのです。

ところが、冷静で分別のある人たちの目から見ると、いまはもう私が感じていない昔の不幸だけが私の不幸のように見えるのですわ。その人たちは愛の情念をまがいものの不幸と呼んでいます。お気の毒に、それはその人たちが誰ひとり人を愛していないからです。虚栄心と野心のためだけに生きているからです。そしてこの私はといえば、私はもう愛するためだけに生きています。」

ジュリにとって、愛することは、端的に言って苦しみの甘受であった。愛は本来的に苦しみを伴っているからである。恋愛の心理を徹底して分析した二十世紀の小説家プルーストにとって、愛とは激しい嫉妬の感情だったが、ジュリにとって、愛は、モラの不治の病ゆえにほとんどその発端から苦しみであった。極端な言い方をすれば、彼の病気は彼女の愛をその本来のすがたに変える一因にすぎなかった。その上そこにモラを裏切る悔恨の苦しみが加わることによって、ジュリの情念はもはや逃げ場も救いもない、その意味で悲劇的な苦悩と化した。もちろんジュリにも愛の喜びに身を震わせることはたびたびあったが、彼女の情念が特異だったのは愛欲の喜びが悔恨の苦しみをあおり、その苦しみが喜びをさらに燃え上らせるといったほとんど倒錯的な感情の経験だったことである。

「なぜあなたは、私のこころを引き裂くかと思えば、それとまったく同時に私を慰めてくれるのでしょうか。なぜ喜びと苦しみ、慰めと毒とが混ざりあったあの不吉な混ぜものを私にあたえるのでしょうか。おかげで愛の情念と不幸の苦しみに高ぶる魂はあまりにも激しくかき乱され、病気と不眠で憔悴したからだはぼろぼろになるまで破壊されてしまうのです。」

この不吉な混ぜもの――喜びと苦しみが一つに混ざりあってもはや区別の付かなくなった感情のるつぼこそは、彼女の愛のすがたであった。

またこれはジュリ自身が何度も言っていたことであるが、彼女の情念は、自分では避けられない運命の色合いを帯びていて、その点でラシーヌが描いたフェードルの悲劇的な愛に似ていた。フェードルは、神々の抗えぬ力に呪縛されて、義理の子とはいえ息子となった若者を愛するという近親相姦的な禁断の愛にとり憑かれてしまった。ジュリは愛してはならない二人目の男を愛してしまった。運命は、彼女たちに本来なら許されざる不可能な愛をあたえたのである。その不可能に阻まれて、愛は二人の女のなかで純粋な情念そのものと化して、愛は苦しみであるという愛が見せる永遠の相の一つにまで昇華したのであった。

それにしても、いま引用した一節でこころに残るのは、ジュリが人を愛するようになってから初めて生きているような気がすると言っていることである。彼女が人を愛することで生きているという実感を持ちえたことが、彼女にとってどれほど幸せなことだったかをわたしは想像してみずにはいられない。たとえそれがどれだけの苦しみを代償にしたものであったとしても、である。愛することは生きることですと、ジュリならきっぱりと言い切ることができるだろう。彼女はそこに生きている意味を見出した。そしてそれが身を切るような苦しみであっても、いや罪悪であっても、愛することが自分に定められた運命なのだとはっきり見極めて、彼女はその運命を生きはじめたのである。

愛するためだけに生きるようになったジュリ。しかし、愛にかけたその命は深く病に蝕まれてゆくのである。

それはギベールの旅が長引いて、パリが真夏を迎える頃のことであった。

二、三年前から、ジュリが激しい咳と高熱に悩まされていたことはすでに話したとおりであるが、病気はモラとおなじ肺病、いまでいう肺結核だった。医者に診てもらい、薬もきちんと服用するのだが、目立った効果はあらわれなかった。彼女が服用したのはカイソウという薬草の根を酢と蜂蜜にまぜた生薬だったが、これには強い副作用があって、果たしてジュリは胃腸までも壊してしまった。

彼女はめったに自分の体調について語ることはなかったが、あるときそれがあまりに苦しかったのだろうか、それでも努めて明るい口調でギベールに自分の体調についてこう伝えたことがあった。

「私の健康状態は救いようがありません。死にそうなほど咳が出ます。血を吐くにもずいぶん頑張らなければならないのです。ときどき話すことができずに暮らすこともあります。声がほとんど出ないのです。不便ですが、でもそれはあらゆる不便なことのなかで、いちばん私のこころの状態に適しています。私は沈黙や、物思いや、家に閉じこもることが好きなのです。まったく、ほとんどまったくと言っていくらい眠っていませんけれど、少しも退屈を感じません。まさかそんな私を幸せものだと思ったりはなさらないでしょうね。それに加えて、もしも私が自分の境遇を社交界のどんな人のそれとも交換なんかしないと言ったら、あなたはきっと私が天国にいるとでもお思いになるかもしれませんが、それは大きな間違いですわ。天国へ行くためには死んでいなければなりませんもの。そうなりたいのは山々ですけれど。」

この病は、やがてジュリの命取りになるというのに、こんなユーモアまじりの報告をするのは少しでも旅先にいる恋人に心配をかけまいとするジュリのさりげない心遣いなのであろう。

しかし、ときには病状があまりに悪化してくると、ジュリは死という不吉な予感に襲われることがあった。

「この数日というもの毎日ずっと熱がありました。最後にお手紙を書いたときには悪寒に震えながら書き終えました。一年前から、手紙によっては〔モラの手紙を指す〕私のこころに熱を出させるのですが、でもその熱はこの私の弱ったからだを侵すようになりました。からだが壊れてしまったような感じがします。そして、来る日も来る日もあまりにつらい思いばかりしているので、この苦しみが終わるときは、私は死ぬのだという虫の知らせのようなものを感じるのです。」

だからジュリは、そんな自分の体調を思うと、ギベールがもうこれ以上遠くへは行かずに、一日も早く帰国することを願わずにはいられなくなった。

「戻って来てください。そうしてくだされば、せめて私は死ぬ前に、私の魂にとってしみじみと優しい慰めを味わえるのだという確信が持てるのです。」

その思いが通じたのか、ダランベールのもとにギベールから帰国することを伝える手紙が届いたのである。

あの人がとうとう戻って来る！　ロシアのサンクト・ペテルブルクに寄らずに、スウェーデンへも行かずに、たぶん九月末にはパリへ戻って来る。それはジュリにとって跳び上がって喜びたいほどうれしい知らせだった。

でも、なぜ急に、あれほど行きたがっていた北の国々へ行くのを諦めたのだろうか。恋する女の嫉妬が何かを嗅ぎつけたようだった。

「でも、どうしてあなたは北国へ行くのを諦めたのでしょうか。旅の時間を縮めるためだけというのが私にはどうしても信じられないのです。いったい、どなたのためにスウェーデンを犠牲になさろうというのでしょうか。誰かが無理やりそうさせたのでしたら、あなたはさぞかしご満足でしょうね。その方のこころの動きであなたはもう報われたのですわ。とにかくあなたのお帰りが早まったのであれば、そうさせた人なり事情なりを、私は大切に思いますわ。」

ジュリの勘が当たっていたかどうか、それはわからない。しかし、実際パリでギベールの帰国を待ちわびているものはたしかにジュリ一人ではなかった。むろんそれを知らない彼女ではなかった。そして、その筆頭に来るのが愛人のモンソージュ夫人であることを彼女は疑っていなかった。

「いったいあなたには、私なんかより再会するのがうれしくてたまらない人が何人いるのでしょうか。そのリストをこれから差し上げましょう。まずモンソージュ夫人、シュヴァリエ・ダゲソー、ブロリ伯爵、ボーヴォー大公、ロシャンボーさん、などなど。それからボーヴォー夫人、ブフレール夫人、ロシャンボー夫人、マルタンヴィル夫人などがいて、つぎがシュヴァリエ・ド・シャテリュ、そしてようやく最後にこの私です。まあ、なんという違いでしょう。私が挙げる名前は一人しかいないのに、そちらは十人もいらっしゃる。でもこころというものは正しさに従って動くものではありませんわ。人のこころというものは横暴で、絶対的なのです。あなたのことは大目に見て差し上げますわ。でもお帰りになってください。……時間が経ってゆくのが眼に見えるようで、うれしさはとても言葉になりません。」

その頃ギベールは、皇帝ヨーゼフ二世に拝謁するためにポーランドに滞在していた。そしていったんウィーンに戻って、そこから九月末にはパリへ戻る予定にしていたのである。

ところが、ギベールはいっこうに戻って来る気配がなかった。

その上、一カ月以上も音信がなかった。じつは、ウィーンへ戻る直前、彼はポーランド南西部のシレジア地方の町ブレスロで高熱を発して、病床に就いていたのである。そしてようやく小康を得て旅ができるようになると、ふたたびウィーンへ戻ってきたのであった。

それを知らせるギベールの手紙がようやくジュリのもとに届いたのは、秋風が立ちはじめた九月末のことであった。長い手紙であった。彼女は待ちかねた手紙を貪るように読んだ。

手紙の日付は九月二十日で、発信地はウィーンである。

「人は少しでも体の調子が狂うと、情けないものです！　心と精神に誇りを持つことにしましょう。ブレスロからここまでの行程を、読むことも、書くことも、考えることもできずに、まるで小包になったのも同然のありさまで戻ってきました。ときどきパリやあなたのことを思ってみましたが、そこははるか遠くにあって、たどり着くのに絶望するようなところでした。当地にやって来てからようやくあなたがずっと近づいてきました。ここであなたの手紙を五通見つけました。五通です。しっかりと数え、しっかりと読みました。

あなたは、私が当てにしていた手紙があなたの手紙だけではないことを私に認めさせたいと思っているのですね。残念ながらそのとおりで、ほかの手紙を当てにしていたのです。そして三通届いていました。いったいあなたはあの〔モンソージュ夫人の〕感情についてどう思っているのでしょうか。あなたの感情よりもっと激しくて然るべきなのに、いつもあなたの感情のかげに留まっているあの感情についてどう思っているのでしょうか。いや、おっしゃらないでいただきたい。あなたにはっきり言われると、私は苦しむことになるでしょうから。……あの人にむかって私やあなたと同じようになってくれることを、この私が無理強いできるものでしょうか。もし私の思い通りになるものなら、あの人の能力をあなたのと交換しないとでも思っているのですか。私はあなたの友情をあるがままに愛しています。その激しさが私を幸福にしてくれるのです。またその激しさがあなたの幸福を損なうことがないようにと願ってもいるのです。……

それからシレジアに滞在中、なぜあなたにほとんど手紙を書かなかったかといえば、それは実際私がつねに身も心も忙殺されていたからで、夜、疲れて戻って来ても、まだその日見たことを理解したり、考えを纏めたりしなければならなかったからです。力を使い果たしてしまったのです。明日こそは手紙を書こうといつも思っていたのですが、そのうち数日が過ぎてしまう。そして結局誰にも書かずじまいになってしまったというわけです。あなたに手紙を書かないときは、私は世間のすべての人にとって死んでいるのも同じなのだと迷わずにそう思ってください。

それにあなたは自分より優先されるあの人たちについてずいぶんおかしな計算をするものですね！M夫人とあなた、誓って申しますが、私の思いが向かう最初の人というのはあなた方お二人なのです。そのうちの誰に最初に手紙を書くかは、なんとも言いようがありません。たとえば今日はあなたです。その次に来るのは父親で、次はシュヴァリエ・ダゲソーです。ごらんなさい、私は公平ではないのです、シュヴァリエはあなたのあとに来ています。彼は子供の頃からの友人であり、生涯の友だというのに。……」

ジュリはこれを読んで、遠い異国でひとり病床に臥せっていた恋人のことが気になって、居ても立ってもいられない気持ちになった。そして長いこと便りをくれなかったギベールへの恨みに加えて、彼の病気を気づかうあまり、ついきつい調子で返事を書いてしまった。

「一カ月以上あなたからのお便りを待ったあとで、やっとあなたはご病気だったことをお知らせくださいました。熱は前の日に下がったので、何も心配することはないとおっしゃれば、それでもう私の気持ちを安心させられるとでもお思いなのですね。ほんとうにあなたという方は、そんな言葉くらいで人のこころが鎮まると思っていらっしゃるのですか。それでよくわかりましたわ、あなたは私を、口ではおたがいに友達だと言いながら、こころのなかでは何も感じていない社交界の人びとと同じように扱っているのです。あの人たちがこころを騒がせて夢中になっているのは、自分自身の関心とあの愚かな虚栄心だけなのです。でも、そんな人たちをとやかく言う気なんかありません。私がつらく思うのはあなたがご病気だということ、私が心配しているということです。この一カ月というもの、どんなにあなたのことが気がかりだったかおわかりでしょうか！

　でも、そんなことが言いたいのではありません。言いたいのはあなたのお体の調子とご帰国のことです。友情の名にかけて、どうか無分別な真似だけはなさらないでください。よく眠って、お体を休めてください。もっと早くこちらに着こうと思って、結局着けなくなるような危ないことはなさらないでください。せめてブレスロを離れる前にお便りを送ってくださる心づかいくらいはお持ちになったのでしょうね。……私が間違っていたらいいのですけれど、お手紙の書きぶりでは、あなたはとても弱々しく、とても青ざめていて、とても衰弱しているように見えるのです。そんな状態なので、あなたが私に手紙を書く気をなくしてしまうのが心配でなりません。それがほんとうなら、あなたはひどい方ですわ。でも今日はあなたを責めたりはしませんから、私に感謝なさってください。でも、ほんとうならあなたをたっぷり責め立てても罰《ばち》は当たらないのです。あなたが今度のご旅行に満足なさっているのを私はとてもうれしく思っています。……さようなら、一カ月したら、あなたにまたお会いできるのですね。あまり先のことなので、まだうれしさが湧いてきませんけれど。」

しかしギベールは、ウィーンに戻ってからも体調は思わしくなかった。熱も下がっていなかった。それがなんとか旅ができるまでに回復したのはようやく十月に入ってからのことであった。彼はそれを見きわめた上でついに出発を決意した。

それは十月九日のことであった。

その日ギベールは、出発する直前に、帰国することをジュリに告げるために最後の手紙を書いた。

「今度こそは出発します。はっきりそう言えるのも四日前から熱がないからです。馬車には馬が繋がれていて、私はいまにも乗るばかりになっているからです。どうしてもそちらに着けないのではないのか、いまはそんな気持ちがします。病気と厄介事の一カ月があったおかげで、あんなとばっちりを受けたこの国を去って〔ギベールはオーストリアで彼の名前 Guilbert を Guilbert という別人の名前と混同されたために、ある政治的陰謀に加担した秘密諜報員の嫌疑をかけられたが、ジュリらの奔走で疑いを晴らしたという事件があった〕、友達がいる国へ戻りたくて焦る気持ちがどんなに募っているかは想像のほかです。……これではまるで子供も同じです。

しかし、ひどい強行軍はしないつもりです。夜も走りません。この件であなたが忠告してくださったことを大切にするつもりです。それが間違いなく私との再会を願っている人の忠告だと思うとうれしくなります。今度は私から申しましょう、いまから私が着くまではからだを大事にして、こころを鎮めるように努めてください。再会したときにあなたが病気でなく、体調も悪くないようにして、私の喜びを損なうことがないようにしてください。喜びは大きく、激しいものになるでしょう。それを感じなくさせるような喜びなどはほかに一つだって見当たりません。

あの人より先にあなたにお会いしましょう。おそらくまずはパリに着かなければならないからです。たとえあの人がパリへ戻る途中の場所に住んでいても、あなたの苦しみ、あなたの体調、あなたのこころがいつでも私を必要としていると思えば、まっすぐにあなたのところへ向かいましょう。……ようやく私は近づいています。今からそちらへ行きます。十一日後か、十二日後にはあなたにお会いするでしょう。ということは日にちの計算がきちんとできるということです。前に何度かあなたに出発を告げたとき、片足をベッドに突っ込んで計算していたのです。希望をこめて計算していたのです。……では、さようなら、これから出発します！」

今度こそ間違いなくギベールは帰って来てくれる！　しかも「あの人」より先に私に逢いに来てくれるのだ！　ジュリは跳び上がりたいほどうれしかった。

こうして彼女の恋は、長かった孤独の試練を経て、果てしなく燃え上がることになるだろう。彼女は旅先から戻ろうとしているギベールに、愛に生きる自分の激しい生き方をこう伝えたのであった。これは前に部分的に引いたことがあるが、もう一度引く価値があるだろう。

「私はほんとうに激しく生きているので、ときどき、ふと気がつくと、もう気が狂いそうになるくらい恋をしていて、しまいには不幸になることがあるのです。……もし私が冷静で、分別のある、冷たい女だったら、そんなことは起こらなかったはずですわ。そして扇子を弄ぶすべての女たちといっしょになって、影の薄い生活を送っていることでしょう……これは何度も言うことですが、私は社交界の人たちが幸福とか楽しみとか呼んでいるいっさいのものよりもいっそ自分の不幸のほうを選びます。もしかするとそのために私は死ぬことになるかもしれません。でも生きずに終わってしまうより、そのほうがどんなにましかしれませんから。」

愛することに命をかけた彼女にふさわしい言葉である。

そしてギベールが帰国すると、二人はついにある晩、人目につかないオペラ座の桟敷席の奥に身を隠すようにして、運命的な逢引きに酔い痴れることになるだろう。なぜ運命的かといえば、その恋の美酒は、彼女はそのとき気づくはずもなかったが、取り返しのつかない偶然の一致のためにほとんど魂の死をジュリに味わわせる毒酒となるからであった。

VIII 残された二つの指輪

1

ギベールが五カ月以上にわたる長旅を終えて、ようやくパリに戻って来たのは、街なかの木々が黄色や赤茶色に色づきはじめた十月末のことであった。

その日、ジュリは、一日じゅう家に籠もったまま、辻馬車が近づいて来る音に耳を澄ませていた。ときおり彼女が住むサン＝ドミニック街を何台かの馬車が通って行くのが聞こえた。しかし彼女の家の前に停まる馬車は一台もなかった。

午前がとうに過ぎ、午後も果てようとしていた。あの人が来てくれないはずはない。帰国したばかりで荷物の片付けにでも手間取っているにちがいない。ギベールは旅先から「たとえあの人がパリへ戻る道の途中に住んでいても、あなたの苦しみ、あなたの体調、あなたのこころがいつでも私を必要にしていると思えば、まっすぐにあなたのところへ向かいましょう」と手紙で言ってくれたのだ。彼女はそのギベールの約束をかたく信じて、こころのなかでなんどもこの言葉をくりかえした。

それでも待ち遠しさが高じて来ると、ジュリはときどきサロンの窓辺に行って、眼が届くかぎり遠くまで通りを眺めた。しかし昼間でも人通りの少ないサン＝ドミニック街は空しく静まり返っていた。部屋の中が暗くなって来た。ジュリが、不安と期待に高鳴る胸を抑えながら、何度目かに窓辺から戻って、やるせなく肘掛け椅子に坐ったときだった。ドアを叩く音がした。彼女は弾かれたように立ち上がった。

待ちに待ったギベールが、いきなり彼女の前に現われた。

この年、秋から冬へと季節が移り変わるなかで、ジュリはギベールとの愛欲に溺れていった。それは、彼女の愛の生涯のなかでも特別な季節であった。なぜなら、ギベールによせる想いは、モラとの関係が純粋な愛であったのに対して、罪の意識と悔恨にかき乱された、それだけにいっそう狂おしく燃える愛だったからである。

実際、ギベールが戻って来てからの一年あまりの年月は、もっとも官能的な愛の陶酔に悔恨ゆえの苦悩が重なりあった、これまでジュリでさえ経験したことのない悲劇的な愛の季節になるのである。

ギベールが帰国して間もないある晩、二人はパリで一、二を争うブフレール伯爵夫人のサロンに顔を出した。

——ギベールさん、外国のご旅行はいかがでしたか、

と、外国に興味のある夫人は目を輝かせて、ギベールにたずねた。

このブフレール夫人というのはブルボン・コンデ大公家の血を引くコンティ公の公然たる愛人だったが、哲学や文学に強い関心をもっていて、ルソーや哲学者のヒューム、グリムやダランベールのような文人や学者たちと親交があり、ジュリとも親しい仲だった。また当時の女としては異例のことだったが、

三か国の外国語をあやつる上に、異国を旅行するのが趣味だった。ロンドンに滞在してすっかりイギリス贔屓になって帰国すると、はじめて外国人にサロンの扉をひらいたことでも有名な女だった。神童と言われたモーツァルトがまだ十歳でパリに演奏旅行に来たとき、彼をサロンに招いて演奏させたのもコンティ公と夫人であった。

そんな夫人だったから、ギベールから旅のみやげ話を聞くのを楽しみにしていたのである。

ここに引くのは、その夜、ブフレール夫人の夜会から帰宅したジュリが、ギベールとあしたの段取りを付けようと思って、彼に送った手紙の一節である。愛する人のこころに寄り添う女の喜びが素直にあらわれた文章である。

「愛する人がいっしょでないときは、私はひとりでいるほうが好きなのです。……あした、あなたの旅行記の続きを持って来てください。あれはほんとうに楽しいですわ。お逢いするのは朝のほうがよろしいでしょうか、それとも夜でしょうか。私が、朝が好きなのはそのほうが早くお逢いできるからですが、夜が好きなのは、そのほうがもっと長くお逢いできるからです。どちらにしても、あなたがよろしいとおっしゃるほうを選びますわ。おやすみなさい、昨夜はまんじりともしませんでした。」

こんなふうにジュリは、翌日の逢瀬をこころ待ちにしながら、満たされた気持ちでしずかに眠りに就くのであった。

しかし、この時期のギベールはジュリ一人が独占できる相手ではなかった。帰国すると、パリ中のサロンというサロンが、先を争うように彼を招いた。そして彼が、帰国前から社交界で話題になったあのフリードリヒ大王に拝謁したときの模様や、諸国での見聞を披露すると、居合わせたものたちは眼を輝かせて、それに聞き入った。その話の内容もさることながら、日に焼けた男らしい風貌と、例のよく通る低い声が女たちの心をとらえて、彼女たちを魅了したことはあらためて言うまでもないだろう。そういう女たちの感歎や、喝采や、嬌声に包まれるのが、社交好きのギベールはけっして嫌いではないのである。

その上彼の噂は宮廷にまで届いていたから、ギベールは、ポンパドゥール夫人の後釜としてルイ十五世の寵姫になって今をときめくデュ・バリー夫人のご機嫌伺いに、わざわざヴェルサイユ宮殿にまで足を運んだりもしたのである。

要するに、彼はふたたび時の人となり、どこにいても席の温まる折がなくて、ジュリとの逢瀬にたっぷり時間を割くわけにはいかなかった。それに彼の性格は休みなく「気晴らしや、仕事や、活動」に飛び回っていなければ気がすまないのである。それが分らないジュリではなかったけれど、しかしギベールに逢えないとなると、彼女のこころはそれだけ燃え上がって、逢えずにいるつらさを訴えずにはいられなかった。そればかりか、ジュリは忙しそうに飛び回るギベールに彼女が考える「本当の愛し方」がどういうものか、それを分らせずには気持ちがおさまらなかった。

「私があなたにむかって、

——お逢いできないのですね、と言うと、

——それは私のせいじゃありませんよ、

と、きっとあなたはおっしゃるでしょうね！　でも、もしあなたが、私があなたにお逢いしたいと思っている気持ちの千分の一でもお持ちになっていたら、あなたはきっと来てくださいますわ。そうしてくだされば私はうれしいのですけれど。いいえ、それは私の思い違いで、私は苦しむことになるのです。でも天国の楽しさをうらやむことはいたしません。あなた、私はあなたを愛しています、本当の愛し方で愛しています。本当の愛し方というのは、度が過ぎるくらい、狂おしいほど、熱狂的に、そして絶望的に愛することです。

この数日というもの、あなたは私のこころをずっと苦しめ通しだったのです。それが今朝あなたにお逢いできて、私はすべてを忘れてしまいました。そしてこんな気がしました、あなたを一心に愛し、あなたのために生き、そして死ぬつもりになっていても、それでもまだ充分あなたのためにしていないような気がしたのです。あなたはそれ以上の値打ちがある方なのです。もし私があなたをただ愛することしか知らないとしたら、そんなのはじっさい物の数にも入らないのです。なぜって、非の打ち所がないくらい優しい人を死に物狂いに愛すること以上に甘美で、自然なことがあるでしょうか。でもあなた、私は愛することよりもっと良いことができますわ。私は苦しむことを知っています。あなたの幸福のためなら自分の楽しみを諦めることだって私にはできるのです。

あら、誰か来たようです。あなたを愛していることをこうしてはっきりお見せする私の満ち足りた気持ちを邪魔しに来たのですわ。」

前にジュリの愛を自虐的と言ったことがあったが、それはむしろ愛する人の幸せを思うあまり、自分の喜びさえも捨てようとする自己犠牲と言うべきだったかもしれない。実際彼女には殉教者のように愛の苦しみに堪える力があった。「熱狂的に、そして絶望的に愛する」ジュリの感情の激しさは、彼女をそこまで追い込まずにはすまないのだ。だから愛することは同時に苦しむことになった。ジュリは、それが自分の愛し方であることをギベールに重ねて訴えた。

「私には殉教者の力があります。どんな種類の不幸だって恐れはしません。苦しみながら、苦しみにもだえながら、それでもまだ命をいとおしみ、私を苦しめる人を熱愛し、祝福することができるのです。」

ギベール自身、前から彼女の愛の激しさには気付いていた。そしてその激しさがはらむ危うさを予感して、危惧さえしていた。旅先からジュリに送った手紙に、「私はあなたの友情をあるがままに愛しています。その激しさが私を幸福にしてくれるのです。またその激しさがあなたの幸福を損なうことがないようにと願ってもいるのです」とあったのを読者は覚えておられるだろうか。モンソージュ夫人はもとより、ほかのどんな女にもないジュリの激しさがギベールをとりこにした。しかしまた、それが彼女を不幸にし、身の破滅に追い込みはしないだろうか。あの禁じられた情念に溺れたすえに自害して果てるフェードルや、愛欲の遍歴のすえに異国の荒野で息絶えるマノンのように。ギベールは、ジュリの手紙を読んでそんな一抹の不安がこころをかすめるのを感じていたのである。

だが、ギベールの不安もジュリの情念の激しさには通じなかった。彼女はいまや自分の炎のような欲望が「赤道直下の焼け付くような気候」の炎熱にも負けないことを自分でも承知していた。そしてギベールに赤裸々にこう告白したのである。「そんな私のこころは逆らいようのない力に引きずられて、抑えることも鎮めることもできそうもありません。あなたを欲しがり、あなたを恐れ、あなたを愛して、狂い乱れています。そんな私のこころは永遠にあなたのものですわ。」

一途に燃え上がったジュリの情炎は、ついにギベールの不安を吹き飛ばして、彼女との愛欲の深みに彼を引きずり込んで行った。

2

パリに、冬が来た。

それは社交の季節であると同時に、音楽や演劇の季節でもあった。そして夜、シャンデリアがきらめく下で観客でにぎわう各種の劇場が、名流夫人の家々のサロンとともに社交の場にかわるのである。

この年のシーズン中、ジュリは、そのころはサン＝トノレ街にあったオペラ座の広い桟敷席を借りきっていた。

その桟敷席は、うしろで専用の小さなサロンに繋がっていて、そこに坐り心地のいいソファーが置かれてあった。ジュリはそのサロンを「お部屋《シャンブル》」と呼んでいたが、なるほどそこは落ち着いた閨房のような寛げる空間になっていて、幕間になるとそこに移って、人目を気にせずにゆっくり休憩を取ることができた。そういう桟敷席に坐って、ジュリはルソーの『村の占い師』や当時評判になったグルックのオペラを楽しんだものだった。

オペラがなによりも好きな彼女は、オペラが上演される日は「私の引退の日」だと言って人には会わなかった。そして楽器から流れ出る旋律や歌手の歌声にこころを集中するために、連れを作らずに、一人でオペラ座へ出かけて行くのである。上演がおわると、また一人で家に戻って来て、部屋のドアを閉ざして感動の余韻に浸るのがジュリの習慣になっていた。

ところが、その夜はそうではなかった。ジュリは桟敷席にギベールを招いていた。それが後々までも彼女を激しい後悔で苦しめる運命の一夜になろうとは、彼女は思ってもいなかった。

その一夜というのは、のちに彼女がその日を「あなたを愛するか、それとも死ぬかという私の運命が宣告された日」と言った夜のことで、ギベールがパリに戻ってきた年の翌年、つまり一七七四年のことであった。ジュリはそれが二月十日の夜だったことを生涯忘れはしないだろう。

二人は、その頃も、彼らの関係を世間には秘密にしていたから、どこかのサロンで落ち合うときも、表向きは知り合い同士の顔を作らなければならなかった。ジュリの家で逢うときはなおさらのことで、家ではダランベールやコンドルセやシュアールやチュルゴ、そのほか何人もの親しい常連の友達がつねにジュリのまわりを取り囲んでいた。だから二人が、眼で示し合わせてこっそりジュリの寝室に逃げ込んで、たがいに相手の唇を貪るように求め合うのもほんの一瞬のことで、燃え上がった欲望はむなしく押し殺されるしかなかった。

その夜、二人は桟敷席に肩を寄せるように坐って、音楽に聞き入った。優しいメロディーが感じやすいジュリのこころに染みとおり、歌声が高音部に上りつめるたびに、背筋に戦慄が走った。彼女は息が苦しくなるほど切なくなった。胸元で、細い指が無意識にレースのハンカチを強くにぎりしめていた。

幕間になると、彼らは人目の届かないサロンに移って、ソファーに腰を下ろした。彼女はまだ音楽の余韻に酔ったまま、ギベールの腕に身を任せた。彼の手の優しい愛撫が真っ白なジュリの肩にふれた。すると別の切なさが胸に突き上げてきて、思わずジュリは彼のたくましい体を抱きすくめた。いまはこうして人の目を気にせずにいつまでも唇を求め合い、抱き合っていてもいいのだ……。

幕間が終わっても、この日まで満たされずにいた欲望が堰を切ったようにあふれ出した。二人は愛する喜びを、たがいの体で確かめ合った。音楽が遠く、空しく響くなかで、官能の震えがジュリの背中を貫いていった。

その夜からジュリは、気持ちが落ち着いて、身もこころも満たされた幸せな日々を送るようになった。そのころ書かれたと思われるギベールへの手紙が何通か残っている。例えば、こんな手紙がある。

「ボンジュール、お休みになれましたか。ご気分はいかがですか。お逢いできるでしょうか。どうか私からなにも取り上げたりはなさらないでくださいね。時間というものはとても短いものですし、あなたにお逢いするのに使う時間を、私はなにより大切にしていますから！　もう頭のなかにも、血のなかにも阿片なんか残っていません。それよりもっと危険なものが流れています。もしも愛する人が同じこころの衝動に動かされて燃えてくださるなら、神様を祝福させ、命をいとおしく思わせずにはおかないもの、それが私のなかを流れています。それなのにこちらが愛しているその人はまさしく繊細なこころを苦しめて絶望させるためにできています。お逢いしたいですわ。……あなただって無我夢中になって私を愛してくださってもいいではありませんか。でも、なにも無理強いはいたしません。なにもかも許して差し上げますわ。そんなことで私が機嫌をそこねることはまったくありませんもの。気分は申し分ありません、なぜってあなたを申し分なく愛していますから。」

ジュリはいま、恋しい人をこころでも、からだでも、思う存分に愛せる幸せに浸っている。それが言葉の端々から伝わってくる。実際、彼女の数多い恋文のなかでも、こんなにも優しい感情にみたされたものもそう多くはないのである。

しかし、ギベールという男は、女のジュリとはちがって、彼女ひとりを無我夢中に愛して、それにすべてを懸けられる男ではなかった。彼女もそれを承知していて、「なにもかも許して」いるのである。しかし逢えないとなればまったく話は別で、彼女は恋人との逢瀬をひたすら哀願せずにはいられなかった。ギベールから来た手紙を読むたとえようのないうれしさも、逢わずにいるこころの飢えをとうてい満たしてはくれないからだ。彼女はペンをとった。

「昨夜、真夜中に戻ったとき、あなたのお手紙を見つけました。まさかこんな幸運が待っているとは思ってもいませんでした。でも私を悲しませるのは、あなたにお逢いせずに流れてゆく日数《ひかず》のことです。あなたに月日というものがどういうものか、あなたにお逢いする興味と楽しさを奪われた暮らしがどういうものか、せめてそれを知っていただけたらと思います！　気晴らしや、お仕事や、活動があれば、あなたにはそれで充分なのです。でも私のほうは、私の幸福はあなたです、あなただけなのです。もしもそのあなたに四六時中お逢いして、あなたを愛することができなくなれば、生きていたくなんかありません。どうかお便りをください。そしてあした、クリヨン伯爵のお宅に、晩餐においでになってください。伯爵は日曜日を土曜日に換えてほしいとおっしゃるので、分りましたと申しておきました。でも、お願いですからどうかおいでになってください。」

そうかと思うと、いつもはあれだけ長い手紙を書くジュリが、わずか一行あまりの手紙を書くことがあった。それは恋文の小傑作と言ってみたい手紙なのだが、それには日付が入れていなかった。その代わりにジュリは、

一七七四年、私の命のあらゆる瞬間に、

と書き入れた。彼女は、月日を特定しないこの思い切った表記によって、自分のこころがつねに置かれているありさまを表わそうとしたのであろう。そのこころのありさまとは、本文であるところの、「あなた、私は苦しんでいます、あなたを愛しています、あなたをお待ちしています」

という一行ほどの言葉に言い尽くされていた。要するにそれは、愛する人に逢えずにいる苦しみと、その人を愛すること、そして逢瀬を待ちわびる一日千秋の想いとで満たされた恋する女のこころのことであった。

二月十日の、あの陶酔の夜から数週間というもの、実際ジュリはギベールに逢っているときも、ひとり逢瀬を待ちながら胸をときめかせているときも、恋しい人を愛する喜びに静かに満たされていた。ひとがほんとうに幸福なときはそのことに気づかずにいるものであるが、あれほど荒れ狂ったジュリのこ

ころも、いまはそれが幸せであることも忘れたように、波の高い海が夕凪のあいだ静まるのに似て、おだやかな安らぎのなかにあった。

＊

そんなジュリの幸せを一度に突き崩す知らせがスペインから届いたのは三月初めのことであった。モラの病状が急変したのである。発作はかつてなく激しいもので、彼は大量の血を吐いて、そのまま意識を失った。残された体力が以前のように病気に打ち勝ってこの危機を乗り切るのか、それとも病に屈してしまうのか、まったく予断を許さない状況だった。

いったいモラはいつ倒れたのか。ジュリは、それを知ったとき、あまりの偶然の一致に驚愕し、呪いに打たれたように全身の血が凍りついた。それは、奇しくも彼女がオペラ座のあの小さなサロンでギベールの腕に抱かれ、官能の陶酔にわれを忘れて溺れていた二月十日のことだったのである。

ギベールは、モラが倒れたことをダランベールから知らされると、ジュリの苦しみを察してすぐにも飛んで行こうかと思ったが、彼女が余計に取り乱すのを恐れて、かわりに手紙を送ることにした。しかしそのときの彼女はとても自分で返事が書けるような精神状態ではなかった。

それから数日たった三月七日、その日は月曜日だったが、ジュリはやっとの思いでペンをにぎった。

「自分ではお返事を書けなかったのです。私を愛していてくださるなら、私からの返事がなくてさぞご心配になったことでしょうね。おかけせずにすんだかもしれないのに、ご心配をおかけして申しわけありません。

私は断末魔の苦しみにも似た苦悶のなかにいました。そんなふうに苦しむ前に、涙の発作に襲われて四時間も泣き通していたのです。一度だって、ただの一度だって、こころがこれほどの絶望を感じたことはありません。頭がどうかなりそうな恐ろしい不安にさいなまれています。水曜日〔郵便馬車が着く曜日〕を待っていても、あの人を失うかもしれないのです。もしそうなったら死ぬことでさえも充分な救いの手段ではないように思います。つくづくそう感じるのです。死ぬのに勇気など必要ありませんが、でも生きるということはぞっとするほど恐ろしいことです。もしかしたら私が愛している人は、私を愛してくれた人は、もう私の声が聞こえなくなり、もう私を救いに来てはくれなくなる、そんなことを思うのはとても私の力で堪えられることではありません。きっとあの人は死を眼の前に見て、恐怖を覚えたにちがいないのです。なぜって、そこには私への想いが重なっていたからですわ。あの人は、十日に、私への手紙に、

——私はこころのなかに、あなたを苦しめたいっさいのことを忘れさせるだけのものを持っています、と書いていました。あの不吉な出来事が彼を襲ったのはほかでもないその日のことだったのです!」

モラは、度重なる病気の再発でジュリを苦しめたことを償うだけの大きな愛をこころのなかに秘めていた。彼はその愛を病の床からジュリに告げずにはいられなかったのだ。

そのモラが、マドリッドで、発作のあと生死の境をさまよっていたとき、その同じ日、おそらく同じ時刻に、ジュリはパリのオペラ座で別の男の腕のなかで官能の喜びに溺れていた。その偶然の符合が、モラを裏切った償いようのない悔恨で彼女を打ちのめした。そして二月十日という日付とともに、罪深い愛欲の一夜を、恐ろしい力でジュリの記憶に刻み付けたのである。

やはりギベールを愛してはいけなかったのだ。あのムーラン=ジョリで過ごした午後のように、ギベールに、モラとの不幸な愛に苦しむこころを慰めてもらい、その苦しみをいっときでも忘れさせてくれ

れば、それだけでよかったのだ。それだけがそのときの望みだった。はじめは彼女もそのつもりでいたはずだった。ところが、それがいまはギベールの魅力にとらえられ、死ぬかもしれないモラを裏切り、愛欲の深みにはまって、堪えきれない責め苦に苦しむ羽目に立たされてしまったのであった。

3

ギベールとの愛に波風が立つようになったのも、その頃からのことであった。

前からその兆候は見えていたが、二人の愛を脅かしたのは、前に触れた彼らの生き方の大きな違いであった。もともとギベールはジュリ一人の愛だけで満足していられる男ではなかった。軍人としての戦術の研究や著述の仕事のほかに、社交界の賑わいや、自分を取り囲む女たちの嬌声や、自分の魅力と才能への讃美が必要な男であって、そういう浮ついたものが人前で彼を活気づけて、ますます雄弁にさせるのである。しかし、いったん彼のまわりにその賑わいや追従が消えてなくなると、彼は気が抜けて、人前で居眠りをしてしまうことさえあった。

それは、ジュリのサロンに例の常連たちが集まっていたある夜のことであった。なぜかその夜はいつもの盛り上がりに欠けていた。そのせいなのかどうか、ギベールはすっかり退屈した様子だった。折りしも、いとしの国王と呼ばれたルイ十五世が、彼の怠慢と無能さゆえに国の財政が逼迫してゆくなかで、その愛称とは裏腹に、ほとんど国民から惜しまれることもなく崩御した日のことであった。

翌日彼女は、昨夜の夜会の不首尾を半ば詫びるつもりで、ギベールに手紙を書いた。

「あなたはまだ私という人間をご存じないのです。私の自尊心を傷つけることはほとんど不可能ですわ。

それほどこのこころは寛大なのです。たしかに昨日の夜会は、作者と読者にそろってあくびをさせるようなあの味気ない小説にそっくりでした。でも、これはもっと記念すべき折のことでしたが、プロシア国王がおっしゃったように、

――この次は、もっとうまくやろう、

と申さなければなりません。時代を画する出来事というのは、人の気に入るか、反感を買うか、どちらかです。ところがどうでしょう、あなたはよもやお忘れではないでしょうけれど、ルイ十五世がお亡くなりになった日だというのに、夜の集いの席でぐっすり眠ってしまわれたのです。」

ジュリは、彼が退屈して眠ってしまった理由の大半は自分に責任があると思って、謝罪のつもりでこう書いたのだが、彼女の本心は、サロンでみんなと過ごすことよりも、ギベールと二人で静かに水入らずのときを過ごしたかったのであろう。しかし彼のほうは、たとえ相手が愛する女であっても、差し向かいでしんみりした時間を過ごすことを好む人間ではなかった。

そして同じ日の深夜、彼女は一人で出かけた夜会から戻って来ると、ギベールの性格について、前々から胸に溜まっていた不満をついぶつけることになった。それはジュリの手紙のなかでも、洞察の鋭さを示すもっとも興味深い手紙の一通である。

いまわたしは不満をぶつけると言ったが、それは必ずしも彼にたいする単なる非難といったものではない。ジュリの明敏な知性（したがって彼女が書く文章もきわめて明快である）が、ギベールの本質をずばり指摘して見せたものであって、彼女が見せる鋭い人間観察の一例と見ていいのである。その対象になる人間に彼女自身が含まれていることは言うまでもない。というよりも、この書簡集では、ほとんどつねに彼女自身が観察の対象になっていて、その自己省察の深さ、誠実さは、人間性の探求をめざす

フランス文学の本領に繋がるものだと言っても言い過ぎではないだろう。彼女がモンテーニュやプルタルコス、もっとジュリに近いところでいえば、『箴言集』で有名な十七世紀のラ・ロシュフーコーを愛読したこともそのことと無関係ではなかったであろう。

さてジュリは、はじめにギベールの浮ついた性格についてこういうことを書いている。

「これは断言してもいいのですが、今日のあなたは、きのうのこの時刻のように眠ってはいらっしゃらないはずです。それはごく簡単なことです。みんなはあなたを楽しませ、あなたの興味を惹き、あなたはあなたで人に持てたくて仕方がない。あなたという方は水入らずのお付き合いには向いていないのです。あなたは社交界に出入りしたいのです。社交界の活気やざわめきが必要なのです。それはあなたの虚栄心の欲求ではなくて、あなたの活力の欲求なのです。信頼と愛情、そしてあの無私のこころといっさいの自尊心の忘却、こうしたものはすべて優しい情熱的な魂が感じ取り、評価する美点ですが、あなたの魂は、そういう美点に出会うと力を弱められて鈍ってしまうのです。もう一度言いますけれど、あなたという方は人から愛される必要がないのです。私はほんとうにおかしな思い違いをしていたものです！　まあ、なんということでしょう、この私は、相手によっては人を見る眼がないと言ってあえてその人を非難したり、あなたはなにひとつ観察していない、人間というものを知らないと、自分から言ったりしているくせに。」

あるいはもっと痛烈にこう書いている。

「あなたにとって愛するということは、そのためにあなたのこころがときには動揺することがあっても、あなたの年頃にありがちな偶然の出来事に過ぎなくて、少しもあなたのこころから生れたものではないのです。それはあなたのこころがとりわけ高尚で、高貴で、偉大で、活動的だということですけれど、でもそのこころは優しくも、情熱的でもないということです。こんなに深いところまで見えてしまうことが私は自分でも残念で仕方がありません。私はいとしいと思う人を愛さずにはいられなくて、その人を愛することに無上の喜びを感じるのです！　ですから中途半端に愛することは私には無理な相談なのです。」

ジュリは、ギベールの性格についてこんなふうに手厳しい指摘をしておいてから、今度は当然のごとく正面から自分のこころと向かい合った。なぜ自分は、まわりの人間たちからちやほやされて、はしゃいでいるギベールのような軽薄な人間をここまで愛さなければいられないのか。知り合った最初の頃ならばともかく、ギベールという男の性格を見抜いてしまったいま、なぜここまで彼に溺れなければならないのか。

ジュリの眼は、自分の乱れるこころの底を覗き込む。

「どうして私はこれほどまでに惑わされ、裏切られたのでしょうか。どうして私の精神は私のこころを引き止めようとはしなかったのでしょうか。どうして私は、始終あなたがどういう人かを判断していながら、いつもいつも引きずられてばかりいるのでしょうか。あなたはご自分が私に及ぼす影響の半分もおわかりになっていない。私があなたにお会いするたびに、ご自分が何に打ち勝たなければならないか、あなたはご存じないのです。あなたのために私がどれだけ犠牲を払っているか気づきもしない。あなたのものになろうと思って、どれだけ私が自分を捨てているか、それもわかっていないのです。フェードルとともに、

――いくたび私はわが身に涙を禁じなければならなかったか、

（ラシーヌ『フェードル』）

と言いたいところです。あなたといると、私はいちばん大切なものをすべて諦めています。私の悔恨の

ことも、私の思い出のことも、いまはお話しませんが、それよりもっとつらいことは、あなたが私のこころに溢れさせる想いをほんの一端しか私がお見せしていないことです。あなたがこの魂のなかに掻き立てる情念を私は押し殺しているのです。そして、いつもこころのなかで、こうつぶやくのです、――あの人は私のこころに応えてはくれないだろう、私のことをわかってはくれないだろう、もう苦しくて死んでしまいそう、と。私がどんな責め苦に晒されているか、おわかりでしょうか。私はあなたにあたえるものを悔やみ、仕方なく押し殺さなければならないものを後悔しているのです。このからだをあなたに許しながら、自分を自分の好みに任せることを控えているのです。あなたに身をゆだねながら、まだ私は自分と戦ってもがき苦しんでいるのです。」

ジュリには、ギベールとの愛欲の葛藤に苦しむその渦中にいながら、自分のこころのありさまが恐ろしいほど鮮明に見えていた。右に引いた一節はそれを余すところなく示しているが、彼女はそれをラ・ロシュフコーが得意とした箴言のような短い文章で要約するのではない。情念と悔恨に一度に責め立てられて悶え苦しむこころのさまを、まるで愛欲の網に捕らえられてもがく繊細な小動物を眼下に見据えているかのように描くのである。

これはその一例にすぎないが、荒れ狂う自分の内面をこれだけ精緻に、これだけ赤裸々に、乱れを見せない透明な文体で描くことはとうてい凡手の筆の及ぶところではないだろう。フランス文学で恋愛の分析となれば、やがて『危険な関係』のラクロが現われ、スタンダールとバルザックが現われ、フロベールが現われ、最後にプルーストが来て、分析はこれ以上はない精密さに達するだろう。しかし彼女のような文体で恋に悶える女のこころをとらえた作家は後世ついに現われることはなかった。

ところでジュリは、ギベールとの恋愛関係でいちばん肝腎なことをまだ告白していなかった。なぜ彼女はギベールのような男に屈しなければならないのか。彼女が自分で言っているとおり、それはモラとの恋の苦しみを一瞬でも忘れたい一心からなのだ。そして、悲しいかな、ジュリをその苦しみから救い出せるのはギベール一人であって、そのわけは彼がすべてを忘れさせる官能の陶酔にジュリを引きずり込む手管を心得ていたからである。そんな男に屈することはないと理性ではわかっている。だが、いくら精神がそう忠告しても、一度快楽の味を味わわされたジュリの肉体は男の前でなすすべを知らなかった。

彼女ははっきりとは言いにくいその苦渋の思いを、恥ずかしさを捨ててこう告白した。

「私が言うことがおわかりになるでしょうか。私が何を感じているか、あなたが何を私に堪え忍ばせているか、せめて頭を使ってわかってくださるでしょうか。きっとあなたは私のほうに戻って来てくださいます、なぜってあなたは苦しんでいる者たちにこころを寄せて、その人たちを憐れむだけのあの思いやりをお持ちなのですから。でも、どうしていま、こんなふうに思い切って胸のうちを打ち明けることになったのかわかりませんけれど、それでも、もうあなたのこころのなかに慰めを見出すことはないということだけはわかっています。あなたのこころはからっぽで、優しさも、感情もないのです。そんなあなたに、私をもろもろの苦痛から救い出す方法は一つしかなくて、そのたった一つの手はこの私を陶酔させることなのです。そしてその手こそは、私の不幸のなかでもっとも大きな不幸なのです。」

陶酔させる enivrer というわずか一つの言葉に、ジュリは女としてあからさまには告白しにくい官能の快楽のすべてを託した。十九世紀やその後の通俗的な作家であれば、性愛について露骨な描写を好んでするであろう。ところが十八世紀にはフランスの性愛があれだけ奔放であったのに、それを描く精神は古典期に特有の節度が働いて、もっとも適切なこの一語だけを選ばせた。それゆえその一語は生きていて、読むものに確かな印象を与えるのである。

ジュリは、ギベールに惹かれてしまう自分の女としての弱みを告白してしまうと、社交に浮かれさわぐ彼の生き方の軽薄さをさらに手きびしく指摘した。

「もう一度さようなら、もう疲れました。今日私はたしか四十人の人たちにお会いしました。そのなかで会いたいと思ったのはたったおひとりでしたが、そのたったひとりの人の思いは一度だって私のほうに向けられはしませんでした。これは確かですわ。もしもあなたがお幸せなら、あなたの生き方を認めもしましょう。でも、いったいあれは何なのでしょう、あの曖昧さ、あの空しさ、あのから騒ぎ、あの絶え間ない右往左往、仕事に熱中するでもなく、感情に生き生きと活気づくでもないあの生き方、こころを貧しくさせるだけで、喜びも、興味も、名声も、名誉も生まれて来ないあの果てしない消耗！　あなたという人はあれほど自然があなたを寵愛したことに値しなかったのです。自然はあなたに惜しみなく与えたのに、あなたは浪費するばかりです。でも私はそんなあなたといたら身の破滅です。それはあなたを押し潰すことであって、あなたを豊かにすることではありません。私はあなたを退屈させ、あなたは私の手紙にうんざりなさっている。その点、あなたの勘の正しさ、鋭さは見上げたものですが、でも、あなたのよい趣味を評価するとしても、あなたがもうほとんど寛大さも、優しさもお持ちでないことが私は悲しくてたまりません。」

一方でジュリは、モラを想った。あんなに優しい恋人を裏切った罪の悔恨に苦しみながらも、自分を愛してくれるモラを想った。彼に会いたかった。あの人をこのままスペインに残しておいたら、助かる命も助からないかもしれない。なにがあろうとあの人の命だけは救わなければならない。その一念が、モラの病気の急変を知ってからというもの彼女のこころを離れることはなかった。

スペインの医者たちは、国の陋習にしたがって衰弱しきったモラのからだに瀉血をくりかえし、血を吸い取ることしか能がないのだ。そのせいで衰弱が激しくなると、強壮用の鉄剤やキンキナをやたらに飲ませる。これでは病人を殺すようなものではないか。

ジュリは大胆な企てを思いついた。モラを救うには、もはやスペインの医者とマドリッドの炎暑から彼を奪い取ることしか手はないだろう。パリに連れ戻して、こちらの医者の手にゆだねるのが最善の策ではないだろうか。しかし、ひとつ間違えば、それが悲劇を生むことにならないともかぎらない。危ない賭けだった。

ジュリは思い迷ったすえに、やはりそれが最善の策だと決断した。そしてそれをダランベールに打ち明けた。彼は一も二もなく賛成して、ただちにモラの親友で義弟のビリャ＝エルモーサに手紙を送って、「一刻も早くモラ殿を、からだに有害な空気から連れ出して、彼を毒殺したのも同然の医者たちの手から逃れることの必要」を説いた。そして、あわせてパリへ戻ることについてモラを説得してくれるように懇願した。

また同時にジュリは、その頃パリで評判の高かった医者のロリーに事情を打ち明けて協力を求めた。このロリーという医者は、パリ大学医学部の博士で、コンデ大公、ノアイユ公爵、リシュリウ公爵らの主治医であり、ときには国王の脈を取ったこともある名医であった。幸いなことに、以前モラがパリで喀血の発作を起こしたとき、一度彼を診察したことがあったので、ロリーはモラの病症を覚えていてくれた。

これで話は決まった。あとは彼の帰還を待つだけになった。

しかし、モラのほうは、そう簡単に話が進まなかった。

難題があった。父のフエンテス伯爵は、前の年の秋、息子のモラと同じ肺病で夫人を亡くしたところだった。モラをベッドから起き上がるのもむずかしい状態でフランスへ発たせたら、息子まで失う羽目になるかもしれない。そんな父にとってモラをパリに行かせることはとうてい許せる話ではなかった。

また万一、彼が無事パリまでたどり着けたとしても、名家の嫡男をレスピナスのような素性の女と結婚させることに、もともと伯爵は猛反対だったのである。

またそれ以上に問題なのはモラの衰弱しきったからだであって、それが馬車での長旅に堪えうるものかどうか、まったく予断を許さなかった。

そんな不利な状況が重なるなかで、彼に残されている道は二つしかなかった。このままスペインに留まって、愛するジュリを一目見ることもなく死んでゆくか。それとも父の反対をふりきって、死を賭してでも愛する女のために最後の力をふりしぼって病床から起き上がるか。それ以外に取る道は残されていなかった。

モラは、文字どおり命を懸けて、ジュリと再会するためにスペインを離れることを選んだ。そう決意すると、すぐさまそれを手紙で彼女に告げた。

ジュリはモラの意向を知ると、コンドルセに手紙でこう伝えていた。日付は五月八日である。

「モラさんは、こちらへ戻って来るために今月の四日から旅に出ているはずなのです。先月の二十五日には、まだそれがあの方の計画でした。でも風邪を引いてからだが弱っていました。その数日前に吐いた痰に血が混ざっていたのです。そういうわけなので、こんな状況で私が確かだと思えることはあの方の意志と望みだけです。それを邪魔することが山のようにたくさんあるらしいので、あの方のお顔を見るまではお戻りになることを信じるわけには行きません。ほんとうにお気の毒な方ですわ。その上私という女は自分の望みが叶えられるのを見ることにはほとんど慣れていませんから、いつだって不幸を警戒する気持ちになるのです。」

ジュリは、年下のコンドルセには、モラの病状に対する不安な気持ちを努めて抑えてこう語っていたのだが、こころのうちをなんでも話せるあのシュアールには、不吉な知らせが届くかもしれない恐怖をあからさまに告白した。そして、もし万が一のことが起きたら死ぬ覚悟でいることを伝えたのである。

「あしたの便りは、もしかしたら私をこの命から解放してくれるかもしれません。そんなことは考えるのもぞっとしますが、頭を離れないのです。モラさんの姿かたちは、もう私には死の姿でしか現われて来ないのです。」

かくしてジュリは恐怖に戦きながら、モラからの便りを待った。

*

出発の日、モラは、やっとの思いでベッドから起き上がった。そしておぼつかない足で床に立った。顔面はげっそりと肉が落ち、血の気を失って、蠟のように蒼白だった。眼だけが熱で異様に輝いていた。

「マドリッド、一七七四年五月三日。あなたにお会いするために、馬車に乗るところです」

と、モラは走り書きして、ジュリに送った。

その日、ついに彼は主治医のナバッロに付き添われ、従僕二名を連れてマドリッドを発った。一行をのせた馬車は、モラのからだを気づかって、ゆっくり進んで行った。

はじめの一週間は、道中なにごともなく過ぎた。が、その七日目になって、激しい喀血がモラを襲った。わずかに残っていた彼の体力は、それでほとんど奪われてしまった。それでも彼は旅を強行して、一歩でもジュリに近づくことを諦めようとしなかった。

医者はこれ以上旅をつづけることは許せないと言った。しかしモラは、尻込みする医者に旅の続行を命じた。それは文字どおり、モラの愛と彼の肉体にとりついた死との壮絶な戦いだった。

マドリッドを発って二十日目に、馬車はようやくフランス領内に入って、ボルドーまでたどり着いた。一行は町外れの旅籠に入った。

「ボルドーより、一七七四年五月二十三日。着きましたが、ほとんど死んでいるのも同じです。」

モラはわずかにそれだけ書くと、ジュリへ送った。もうこれ以上旅をつづけることは明らかに不可能だった。体力はとうに限界に来ていた。

モラは旅籠の一室で、三日間、死の苦悶と戦いつづけた。

ボルドーに着いて五日目の五月二十七日、モラは死期が近づいたことを悟った。

ジュリに最後に一目でも逢って、胸いっぱいにあふれる想いを伝えたかった。その一心でパリへ向かって旅立ったのに、その旅の途上で、とうとう力尽きるのだ。無念だった。どうしてもジュリに逢ってから死にたかった。しかし、モラの胸には、ジュリに愛された至福の思い出があった。そのジュリを、度重なる病気や別離を乗り越えて、最後まで愛しとおした喜びと誇りがあった。

その日モラは、残る力でジュリに最後となる言葉をしたためた。

「もう少しであなたに再会するところでした。死ななければなりません。なんという恐ろしい運命なのでしょう！　しかしあなたは私を愛してくれた。そのあなたのおかげで、いまも私は優しい感情を味わっています。あなたのために、私は死んで行きます……」

やっとの思いで永遠の別れの言葉を書き終えると、モラは張り詰めていたものが切れたように、意識が遠のいた。

教区の司祭が呼ばれて、彼に終油の秘蹟を行った。

モラは、静かに息を引き取った。

先月の十九日に三十歳の誕生日を迎えたばかりのあまりにも短い生涯だった。

翌日、遺骸は、近くにあるノートル＝ダム＝ド＝ピュイ＝ポランという教会に埋葬された。埋葬に先立って、従僕がモラの指から二つの指輪を抜き取った。一つの指輪には、ジュリの髪の毛の房が、いとおしげに小さく丸めて収められていた。もう一つは金の指輪で、そこには次のような銘文が彫られていた。

「すべては過ぎゆく、愛を除いては Tout passe, hormis l'amour」

モラは、そう固く信じた永遠の愛を、いまわの際までジュリにささげて、若い命を天に還した。

5

モラの訃報が、ジュリのもとに届いたのは、六月二日木曜日のことであった。

ジュリは、その衝撃に錯乱状態になった。もっとも恐れていた死の知らせが、彼女の理性を奪い去った。

——私があの人を殺してしまった！

と、叫んで、身をもむように悶えた。

——私の命が六月一日の水曜日に終わっていたら、どんなに幸せだったか知れなかった！

ジュリは、震える手で薬の錠剤の入った小箱をつかんだ。彼女は発作的に毒をあおって死のうとした。居合わせたギベールが飛びついて、ジュリの手から毒薬を奪い取った。

今度こそはほんとうに、ジュリはモラを失ってしまった。打ち消しようのない現実が、彼女を絶望の底に突き落とした。

自分の裏切りがモラを死に追いやったのだ。その悔恨の思いがぬぐいきれない罪悪感で彼女のこころをさいなんだ。

——なんというおぞましい考えでしょう！　私は、あの人の最後の日々をかき乱してしまったのです。彼はそんな私を咎めることになるのをおそれて、私のために命を危険に晒そうとしたのです。あの人が最後に見せてくれた行動は優しさと情熱のあらわれだったのです。

ところで、モラは、果たして彼女の裏切りに気づいていたのだろうか。たしかにギベールへの愛が深まるにつれて、モラへの手紙が次第に短くなり、前のように情熱的でなくなったことは想像しうるけれど、モラにあてた手紙が失われた以上それを確認することはできない。ただし一つ確かなことは彼女の口からギベールとの関係を告白したことは一度もなかったことである。いや一度だけ、彼女は正直にそれを告白しようと思ったことがあった。そんな「忌まわしい企て、あの人を捨てて愛するのをやめる決意」を固めたことがあった。しかし病気で弱っているモラのからだを思うと、とてもそれを告白するだけの勇気が彼女には出なかった。ひょっとすると、それでもモラは彼女の手紙から気になる変化を嗅ぎ取っていたかもしれなかったが、ジュリから事実を告げられることはついになかった。

――どれほど私は堕落してしまったのでしょう！　でもあの人はそれを知らなかった。私の不幸はなんとおそろしいものなのでしょう。あの人が生きていたら、その不幸をともに味わっていたはずです。そんな私のためにあの人は死んで行ったのです。

ジュリは罪びとを鞭打つように、ことさらわが身を責めさいなんだ。それは、罪の意識と悔恨をなおいっそう鋭くするための、ほとんど自虐的な行為だった。絶望のなかで苦しみながら生きつづけることが、自分にとってせめてもの贖罪になると思ったのだ。

彼女は死んだモラに哀訴した。

――ああ、あなた、もし死者が住む冥府とやらでも、私の声が聞こえるものなら、どうか私の苦しみを、私の悔やむ気持ちを憐れんでください。私は罪を犯しました。あなたのこころを傷つけました。でも、私の絶望は私の罪を償ってはくれなかったでしょうか。私はあなたを失いました。それでも私は生きています。そうです、生きています。それだけで充分罰せられたのではないでしょうか。

いくら彼女が哀訴しても、その声はむなしく響いて、冥府に届くことはありえなかった。モラが生きていて自分を罰してくれたならば、まだしも彼女は救われたであろう。またこうも考えた。

――もしもモラさんが生き返ってくれたら、きっと私のことをわかってくれて、私を愛してくれる。そうなればもう後悔も不幸も味わわずにすむでしょうに。

だが、そんな身勝手な願いがかなうはずもなかった。悔恨はうずきつづける傷のようにジュリのこころを苦しめつづけた。彼女は頭が錯乱し、悶え苦しむほかになすすべを知らなかった。

ギベールはそんなジュリの姿を見るに見かねて、優しく慰めた。

——どうしてあなたは、自分がモラの死の原因だと思い込んで、自分の苦しみを募らせたりするのですか。彼は二年前から胸に死病をかかえていて、スペインで二度も死の手から逃れたのです。スペインを発つとき、彼は死にかけていたのです。ボルドーの役人から聞いた話では、医者は、あの人はどこにいてもいずれは死んでいただろうと述べたというではないですか。……

泣きなさい、しかしあなたを愛したすべての人を失ったなどと思ってはいけません。人生を憎んだり、愛することを憎悪したりしてはなりません。人生はまだこの先もあなたに、慰めや、興味や、愛情を与えてくれるのですから。

しかしジュリは、絶望と悔恨のなかでひとり悶えつづけて、ギベールの慰めの言葉もこころの底までは届かなかった。

6

モラの死の悲報が届いてから、数日間、数週間、いや数カ月のあいだ、彼女は乱れに乱れる感情の嵐のなかに生きていた。それは抑えようのない感情と感情のせめぎ合いであった。

せめぎ合いと言ったのは具体的にはこういうことである。彼女はギベールの魅力に嵌ってしまった自分の弱さを呪い、自分を憎悪した。そして、これはいかにも理不尽なジュリの言いがかりのように思えるのだが、同時に自分を狂おしい愛欲に溺れさせたギベールを恨み、憎んだ。彼がいなければ、いまの身を裂くような悔恨を知らずにすんだはずだというのである。そしてしまいにはギベールを、モラを裏切った自分の犯罪の共犯者として、それどころか、モラに「死の宣言」を下した者として糾弾したのである。

「私に我慢できないのは、そしてつくづく自分でも自分を軽蔑すべき女だと思わせるものは、いまでも私があなたのほうへ引きずられてゆくあまりの弱さです。私はあなたを愛していると言いましたが、それを口にすることがうれしかったのです。何というあぶない毒なのでしょう！……あなたがいなければ、苦悩のなかで一番つらい苦悩、あの良心の呵責を私は味わわずにすんだのです。あなたがいなければ、きっと私は胸をひきさくような後悔に晒されずにすんだのです。……誰よりも愛される値打ちのあった、誰よりも立派なこころをもった人に、あなたは残酷な上にも残酷な苦しみを与えたのです。どれだけあなたは私を血迷わせたか、どれだけ私に貞節の限界を踏み越えさせたか。……これで仇を討たないということがあるものでしょうか！　ただ憎むだけで、ただ死ぬだけで終わっていいものでしょうか。あなたが私を死なさずにおくことができたのは、私に生きている恐ろしさをたっぷり味わわせるためだったのですか。私はモラさんのためならば死んで行けるのです。そういう私を、あなたはご自分のために生かしておいたのです。

私の罪は、それがあの人の死後に生き残らなかったことで償われました。でもあなたの罪はまだ終わっていなかった。私の不幸をその極みにまでもっていかなければならなかったのです。でも満足なさってください。それにはなにひとつ欠けているものはありませんから。この私は、こともあろうにひたすら私のために生きた人を不幸にしたのです。あの人は自分の命を危険に晒し、自分を愛していた家族や友人たちと身を切る思いで別れたのです。そして、これはあの人が言ったことですが、長引く不在で冷えてしまったこころをもう一度燃え上がらせ、つらい思いに落胆した魂を生き返らせようと、あの人はこちらに向かっていました。その企てがボルドーまで来て死ぬだけの力をあの人にあたえたのです。そういう人にこの私は死の宣告を下してしまったのです。いいえ、それを下したのはむしろあなたです。」

読んでいて恐ろしくなるような手紙である。恐ろしいと言ったのは、自分の裏切りが恋人を死に追いやったと思い込む女の悔恨の激しさと、自分に不貞を働かせた男への怒りの激しさのことである。しかしそれだけを言うのではない。激情のなかにあって、ジュリの頭は恐ろしいばかりに冴えている。彼女は、どんなにこころが危機的な状況にあっても、それを直視する精神の力を失うことなく、その鋭い閃光によってこころの内側を照らし出す。それがジュリという女の特性なのである。彼女の恋文が凄いのは、これは前にも言ったことだが、おのれのなかで荒れ狂う情念の嵐に翻弄されながら、そのありさまを彼女の精神がなまなましく捉えていることである。

ところが、その後にジュリのこころは予想もしない動きを見せた。

彼女は悔恨に苦しむなかで、あれほどギベールを憎み、モラの殺人者であるとまで非難しておきながら、そのギベールへの想いを断ち切ることができなかった。もし時が過ぎ去るうちにモラへの哀惜が薄れ、それだけギベールへの愛が深まるのだったら、それは二人の男と三角関係にあった女の多くがたどる道筋だといえるのだが、彼女のこころはその月並みな道筋をたどらなかった。モラへの哀惜がますます募るなかで、それとまったく同じ激しさでギベールへの情念が燃えあがった。その結果、一人は死者である男の聖なる思い出と、いま一人は生きている男への愛欲とがぶつかりあって、彼女のこころを攪乱するのである。

いったい、どうして一つのこころのなかで二つの愛が共存できるのだろうか。しかしそう問うたところで、理屈で満足な答えが出る問いではないだろう。ジュリは人を愛することにかけてはもっとも激しい気性の女だったが、だからといってことさら多情だったわけでも、背徳的だったわけでもなかった。のちにギベールが言ったとおり、これは人間の窺い知れないこころの迷宮としか言いようがないのである。その不可解なこころの迷宮が、ときに人間が見せる嘘いつわりのない姿であって、それがそのときのジュリのこころの現実であった。またそれが、彼女が死ぬまでたどらなければならない愛の宿命でもあったのである。

そういうこころのありさまを、ジュリはなにひとつ隠すことなく手紙でギベールにくりかえし告白している。それらの手紙は書簡中の白眉であるが、そのうちから少し長くなるけれど、次の一通を引いてみる。

「ああ、あなた！　あなたはほんの二言三言おっしゃるだけで、私のなかに新しい魂を生み出します。そしてその魂を生き生きとした興味と優にやさしい、深い感情でいっぱいにしてくださるので、過去を思い出す力も、未来を予想する力もなくしてしまうほどです。そうなのです、私はなにもかもあなたのなかで生きています。私が存在するのはあなたを愛しているからです。それは紛れもない真実なので、あなたにお会いする望みをなくすようなことになったら、死なずにいるなんてとてもできそうもありません。あなたにお会いした喜び、あなたにまたお会いしたい欲望と期待とが、苦しむ私を助けて支えてくれます。希望のかわりに、あなたに会えないでいるつらい心残りしか持てなくなったとき、いったい私はどうなってしまうのかしら！　あなたがいたから私は死ぬことができなかった。もしあなたがいなければ私は生きてはいられず、生きていたいとも思いません。一人ぼっちにされて、あなたの存在が、あるいはあなたの思いがもう私を支えてくれないとき、私がどんなに苦しむか、こころがどんなに悲痛な苦しみを味わうか、あなたにそれがわかっていただけたらどんなにうれしいことでしょう！

そんな苦しみを味わっているときですわ、モラさんの思い出がこころに染み入るような生々しい感情になるのは。そしてそれがあまりにも生々しい思い出なので、自分の命が、自分の感情が、ぞっとするほど厭わしくなるのです。憎んでも憎みきれないのは、私をこんなに罪深い女にしたあの錯乱、あの情念です。すべてを私に捧げてくれたあの繊細な魂のなかに、私が動揺と不安をまきちらしたのも、その錯乱、その情念のせいだったのです。

私がどんなにあなたを愛しているか、おわかりでしょうか。あなたは、私のこころをひきさく後悔と悔恨を忘れさせてくださいますが、でもその後悔と悔恨さえあれば、私の大嫌いなこの命から自分を解放することができたのですわ。あなたお一人と私の苦しみ、それだけが自然のなかで私に残っているすべてなのです。私にはもう興味も、人との絆も、お友達もなくて、あるのはたった一つの欲望だけです。あなたを愛し、あなたにお会いすること、あるいはこの命を断ち切ること、それが私のこころのたった一つの最後の望みなのです。あなたのこころはそんな私に応えてはくださらない。それはわかっています。愚痴を言うつもりなどさらさらありません。自分でも奇妙だと思いながら、でもあなたには説明の仕様がないことですが、私は失った人のすべてをあなたのなかに見出そうとは少しも思っていないのです。そんなことはもうたくさんですもの。

それにしても私ほど命のありがたみをしみじみ感じた人がいたでしょうか。一度でも自然を祝福し、自然をありがたく思ったら、それで充分ではないでしょうか。なんて多くの人間が自然に感謝もせずに地上を通り過ぎて行ったことでしょう！　ああ、私はどんなに愛されたことかしら！　あの人は活力にあふれた、炎のような魂をもった人、すべてを判断し、すべてを評価した人でした。そしてすべてに無関心になり、すべてに嫌気が差して、愛する欲望と喜びに身をまかせたのでした。あなた、私はこんなふうに愛されていたのです。

そして数年が過ぎて行きました。それは、強くて深い情熱と切っても切れない魅惑と苦しみに満たされた数年でした。そうです、そのときですわ、あなたが現われて、私のこころに毒を注ぎ、私の魂を動揺と悔恨でずたずたにしたのは。いったいあなたのために私が苦しまなかった何があるでしょうか！あなたは私からこころを奪おうとしていた。その上そのあなたが私のものではないということが私にはわかっていた。こんな状況がどれほど恐ろしいものか、あなたはおわかりになりますか。どうしてこれほどの苦しみのなかで生きていられるでしょうか。あなたにむかって、「私はあなたを愛しています、それもあふれるような真ごころと優しさをこめて愛していますから、そんな私の言葉を聞いてあなたのこころがつれなくなるなんてありえないことですわ」と言ってみることに、どうしてまだ私が喜びを感じたりするでしょうか。」

二人の男を愛してしまった乱れるこころの動きを、これほど赤裸に、これほど生々しく、またこれほど精細に描くというのは、実際生易しいことではないだろう。それができたということは、それだけジュリが表現の才能に恵まれるとともに、まれに見る感性をもった女だったということである。

たしかにジュリは感性の豊かな女だった。そしてそういう自分の感性をなによりも大切に思っていた。その意味で彼女は理性より感性が優位におかれるようになったこの時代の申し子のような女だった。喜びにひたるときも、苦しみにもだえるときも、それらの感情を人の何倍も強く感じる女であることは、彼女自身が誰よりもよく承知していたことであった。その上ジュリはそうした鋭い感じ方を自分に許した原因が「こころの敏捷さ《モビリテ》」にあることをはっきりと自覚していた。そしてその敏捷さを説明して、「百歳まで生きた人が経験したことを、わずか一日のうちに、もっと力強く経験させてくれる自然の秘密」であると言った。そうであれば、その稀有なこころの働きがいままで見てきた彼女の激しくも豊かな感情生活のみなもとだったのである。

そういう敏捷なこころの動きは、まことに多様な感覚を彼女に感じさせることになったが、そうした感覚は、いざ言葉で表そうとしてもそう簡単に言い表せるものではなかった。彼女はそれが歯がゆかった。そしてその歯がゆさを彼女はこんな興味深い言い方で語っていた。

「前にも申しましたけれど、あなたが目の前におられるときに私に感じさせる魅力をあなたにお伝えしたいと思ったことがありました。でも表現というものは人が激しく感じることを表わすにはなんて力の弱いものなのでしょう！　精神は言葉を探しますが、こころは新しい言語を創造する必要を感じています。そうなのです、たしかに私は感覚を表現するためにある言葉よりもっとたくさんの感覚を感じるのです。ほんとうにどうすれば私は、あなたがあたえてくださる幸せと苦しみを残らずお伝えすることができるのでしょうか。」

いまわたしは興味深い言い方といったが、そのことについてここで少しだけ余談を入れさせてもらおう。

わたしはジュリが表現すべき感覚にたいして言葉の不足を嘆くのを知ったとき、ふとあることを思い出した。読者には唐突に思えるかもしれないが、わたしが思い出したのは、プルーストの『失われた時を求めて』のなかで、主人公がある対象からうけとる微妙な「印象」に真の表現を与えるむずかしさに苦しみながら、その表現の模索と創造こそが作家の使命であることに気づく場面であった。これは、誠実な作家であれば、いつの時代であっても経験する困難なのかもしれないが、それはそれとして、レスピナスが十八世紀というこの時期に「新しい言語の創造」の必要性を痛感したことは、やはり注目していいことなのだ。というのも、その後フランスの作家たちはフランス語の語彙の増加と表現の開拓のために骨身を削るような努力を重ねることになるからであって、レスピナスの場合は、その流れのなかの小さいながら注目したい一例と思えたのである。

十八世紀のフランス語が後世のそれにくらべて語彙が格段に少ないことは事実であるが、それで当時の文学者や思想家が感情や思想の表現に不自由を感じていたとは思えない。それはモンテスキューでも、ヴォルテールでも、ルソーでも、ディドロでも、一流の作家の著作を読めば明らかなことで、問題とすべきことは対象にたいしてそれを表現する言葉が足りないと感じる書き手の意識の出現である。この時代にこうした意識を明確にもった作家がいたとは思えず、また実際にわたしは寡聞にしてそういう作家の存在を知らなかった。そんなときこの一節が眼に飛び込んできたのである。

ジュリの嘆きは感情や感覚の過剰にたいして言葉の乏しさを訴えたもので、誤解をおそれずにいえば、これは一種のロマン派的な魂の嘆きなのである。十九世紀初めに『ドイツ論』でフランスにロマン主義への道を開いたスタール夫人は、レスピナスの書簡集の熱狂的な読者だったが、あるとき馬車で旅行中に、ものすごい嵐に出遭った。ところが夫人は旅の道づれの者たちにジュリの火のような恋文のことを夢中になって話しつづけたために、だれも嵐に気づかなかったという逸話が残っている。時代に先立ってロマン派の多感な魂をもって生れたジュリの恋に、馬車のなかの者たちはこころを奪われてしまったのだが、そんなジュリが語彙の乏しい十八世紀に生れてしまったことの、これは嘆きなのである。

彼女の文体も語彙も完全に十八世紀のものであって、その文章を読んでいてなんの不足も不満も感じないどころか、それが平明にして達意の文章であることは驚くばかりであるが、そんな文章を書いたジユリがいみじくもその必要があると言った「新しい言語の創造」は、その後とりわけユゴーやバルザックたちが文学以外の分野からあらたな語彙を取り入れることによって進められたことはいまさら言う必要もないであろう。また語彙に加えて、文体と表現上の革新が、多くの作家たちの努力のあとで、プルーストが対象を正確に表現するためにフランス語の構文がもつ表現の可能性を考えられるかぎり引き出すことで達成されたことも文学史の常識になっていて、フランス語による表現の精度はそこで一つの頂点に達したのである。そうした近代フランス語の変遷を考えるとき、ジュリの嘆きは、その変遷の先端にあって、新しい言葉への欲求とその必要を訴えた小さなつぶやきだったように思えたのである。

＊

さてギベールは、ジュリの口からあふれでる言葉の奔流にいつも辛抱強く付き合ってはいたけれど、ときにはさすがのギベールもこれだけ激しい感情の吐露には音を上げることがあった。彼は、ジュリが男を愛するように一途にひとりの女を愛することのできる人間ではなかったし、彼女が望むように相手のこころの要求に充分応えるだけの繊細な気づかいもなかった。たしかに彼には社交界を遊び歩く軽薄な男という側面があったのである。

しかし、それでも彼がジュリを愛していることは間違いのない事実だった上に、ジュリのこころをとりこにした彼の魅力は、彼女にとって幸か不幸か、魔力も同然の力を秘めていた。だから彼女はギベールの愛に、もっとはっきりいえば、彼が味わわせる官能の快楽に、苦しみも悔恨も忘れさせる魔力のようなものを見出したのである。

「人が魔法を信じていた時代でしたら、あなたが私に感じさせるものすべてを説明するために、あなたは私に呪いをかけて私を私自身から奪い取る力を持っている、と、そう言えばそれだけで説明になったことでしょう。……そうなのです、つらい思いや苦しみの感情をいっさい忘れさせるほど魂を陶酔させるあの快楽を知り、それを味わうことをおぼえたのはあなたのおかげですわ。でも、それはあなたに感謝すべきことなのでしょうか。」

そう自問してみせたのは、ギベールが、いくらジュリを愛していると言っても、所詮は彼女だけの男ではなかったからだ。彼女と逢瀬を楽しんだあと、彼はやがてどこかのサロンへ消えて行く。するとギベールの魔法は効かなくなって、またもジュリの胸に忘れていたモラへの哀惜と悔恨が舞い戻ってくる。彼女はつづけてこう書いている。

「私のもとからあなたがいなくなると、その瞬間に魔法は解けてしまいます。そして自分のこころのなかにひとりで戻って来ると、私は哀惜と悔恨に打ちひしがれている自分がいるのに気がついて、失ったものの大きさにこころが引き裂かれるような思いをするのです。私は愛されていました、人の想像も遠く及ばないほど愛されていました。そんなモラさんの感情に比べたら、私が読んだ本はどれもこれも力が弱くて冷たいものでした。そういう感情があの人の命をすっかり満たしていたのです。私の命もそれでいっぱいになっていたかどうか、それはそちらのご想像にお任せいたしますわ！　この哀惜の気持ち一つでも、繊細なこころを苦しめて絶望させるのに充分なのです。」

要するに、ジュリにとってモラへの哀惜と、彼女の苦しみを癒してくれるギベールへの愛は、文字どおり彼女が生きてゆくのに欠かせないものだったのである。生きてゆくのに、と言ったのは誇張でも、修辞でもない。彼女のなかですべての感情はこの二人に結ばれていたからである。「いっさいの自然はもうなにひとつ私のためにできることを持っていません。あなたとモラさんがその対象でないような願いが、欲望が、哀惜が、想いが、ただのひとつでもまだ私に残っているでしょうか」という彼女の言葉がそのなによりの証拠といえるだろう。一つの時代を公正に評価するのは後世の仕事ではあるけれど、十八世紀の社交界という特殊な環境に生きたジュリの眼に、十八世紀は「下劣さと軽薄さのどちらかを選ぶしかない時代」と映っていた。そんな時代に彼女のような真摯な魂と激しい情熱をもった女が暮らしていて、それでもほんとうに生きていると思える生き方ができたのはこの二人への愛ゆえであった。

それに対して以前はあれほど誇りに思い、楽しみにしていた自宅での集いが、ジュリには次第に堪えられないものになってきた。パリでもっとも評判の高いサロンの一つを開いていた女の口から社交界を嫌悪する言葉が出るというのも意外な感じがするけれど、それは長いあいだの経験と人間観察が彼女にもたらした本音の感想だったのであろう。こころに秘めた真実の愛にくらべれば、社交界での付き合いは「煩わしさと束縛」以外のなにものでもなくなっていたのである。

「十年間私がしてきたような暮らしをまた始めるとなったら、おそろしくてぞっとしますわ！　私は悪徳が暗躍するのを目の当たりに見てきましたし、なんど社交界の人たちのみじめであさましい情熱の犠牲にされたかしれません。だから私に残ったものといえば、どうしようもない嫌悪感と恐怖なのです。それを思うと、あの人たちとぞっとするようなお付き合いをするより、まったくの孤独のほうがどれだけましかわかりません。でも、そうなったら私はいったいどこへ迷って行くのでしょうか。」

たしかに彼女は、長年暮らしてきた社交界を離れたら、どこへ迷って行けばいいのだろうか。

あの誠実一筋のやさしいダランベールの存在でさえいまは重荷になっていた。「もしダランベールさんに私といっしょに暮らさなくてもいいと決心させることができたら、私はサロンの扉を閉めることになるでしょう」と漏らしたほどであった。彼は自室で原稿の執筆をし、昼間はアカデミーの事務所に出かけるけれど、おなじ屋根の下で暮らしているだけに、なにかとジュリのことを気にかけてくれるのがひとりになりたいジュリにはかえって煩わしくなる。そう思うのは彼女の恩知らずなわがままだろうか。

ある夜、ジュリのサロンにいつもの客たちが集まっていたとき、彼女はそこを抜け出して部屋に入ると、ペンをとってギベールに重い胸のうちをうちあけた。

「私の毎日は単調なものです。でも、もうすぐ私はひとりになります。そろそろお友達がみんなお帰りになります。みんなが行ってしまうのが惜しいとも思わないなんて生れてはじめてです。こんなことを言って、あなたになんて恩知らずの女だと思われなければ申しますけれど、ダランベールさんが外へ出て行くのを見るのがうれしいような気がするのです。あの人がいると、こころが重苦しくなって、自分自身とうまく折り合いがつかないのです。もう私はあの人の友情と立派なこころがけにはふさわしくない人間のような感じがします。とにかくこんな私の気持ちをどうかお察しください。私にとって慰めになるはずのものが私の苦しい気持をよけい募らせるだけなのです。でもそれは私が慰めをほしいとは思っていないからです。私には、私の後悔、私の思い出のほうが、友情の心づかいや救いのすべてよりもずっと大切なのです。」

こんな切ない告白がジュリにとってどれだけつらいものだったかは想像するまでもないことで、彼女が友情の楽しさをこころから味わった女だっただけに、それは身に沁みる切なさだった。

それにひきかえ、いま引いた一節の最後にもあったように、モラの思い出は、いや彼にたいする後悔の気持ちでさえも、ジュリには友達の心づかいや救いよりもはるかに大切な聖なるものになっていた。だから死んだモラは、どれだけ月日がたっても彼女のこころのなかに生きていた。

「私の魂が喜びや悲しみに激しく高ぶったとき、私がいちばんはじめになにをしたいかおわかりですか。

モラさんにお手紙を書くことです。私はそうやってあの方に命を吹きいれて、よみがえらせるのです。私のこころをあの方のこころにあずけ、私の魂をあの方の魂のなかに注ぎ込むのです。私の血潮の熱さ、その流れる速さは死など物ともしません。なぜって私にはあの方の姿が見えるからです。あの方は私のために生きていて、呼吸をしていて、私の声をお聞きになるからです。私は頭がのぼせ上がり、取り乱してしまって、もうまぼろしを見る必要なんかなくなります。なぜってそれは本物そのものなのですから。」

これを読んでいて、わたしは一瞬、ジュリは気が狂ったのかと思った。が、むろんそんなことはなかった。彼女が言うとおり、モラは生きていたのである。

「そうですとも、モラさんは一時間のあいだ、私の肌に感じられ、目の前にいたのです。あなただって、そんな彼以上の存在を持ってはいません。なんて素晴らしい方だったことでしょう！　彼は私を許してくれた。私を愛していてくれた。今日の午後、私の魂は衝撃をうけました。たったいま私が味わったことはまだその衝撃のつづきだったのです。」

ジュリは死さえも越えてモラを愛しつづけるだろう。そんな彼女にとって愛とはどんなものだったのだろうか。

「誰もがお金で評価され、報われています。尊敬も、幸福も、友情も、美徳でさえも、黄金の重さで買われ、報いられ、判断されるのです。そんな中にあってたった一つだけ世間の噂も手が出せないもの、太陽のように汚れ一つ付かずに残っているものがあります。それは太陽の熱を持ち、魂を生き生きと息づかせ、魂を啓発し、魂を支え、魂をいっそう強くし、いっそう偉大にするものです。この自然の贈り物に名前を付ける必要があるでしょうか。」

ジュリが名前を付ける必要がないと言ったものにあえて名前をつければ、それが彼女にとっての愛であった。彼女は自然から愛という贈り物を誰よりも多く恵まれた女だった。たとえそれがどれほどの苦しみをともなうものであったとしても、彼女は、愛する力がこころのなかで枯れないかぎり、生きる勇気と喜びを失うことはないであろう。

Ⅸ　病める魂

1

　モラが五月に死んでから、早いもので二カ月が過ぎようとしていた。

　パリに夏が来て、晴れ渡った空には眩いばかりに陽光がみなぎり、青々と繁った木々の葉むらから、むせるような命の芳香が漂っていた。

　しかしジュリのこころは、いまも喪に服しているかのような深い悲しみに沈んでいた。その悲しみに、ただでさえ華奢なからだはいっそう痩せ細った。病んだ肺から来る微熱がからだに籠もり、肌がわずかに汗ばんでいた。彼女は激しい咳の発作が襲って来るたびに、からだが壊れるのではないかと思うくらい咳こみながら、苦しみに堪えた。モラの死の心痛にくわえて、不治の病が彼女に残された命を確実に蝕んでいたのである。

　ジュリが、その悲しみと苦しみのなかで、なんとか自分を持ちこたえて来られたのは、ギベールを愛することが彼女のこころを支えていたからであった。

――あなた、私はあなたを愛しています。……ほかのことはもういっさい私には関係がありません。この世界のなかであなたお一人だけが私のこころを捉えて、惹きよせることができるのです。これからは私の想いを、そして私の魂を満たすことができるのはあなただけなのです。

彼女はそう胸のうちを告白して、気持ちが挫けそうになるのをギベールの愛にすがってこらえているのである。

ところが、そのギベールが、何の前触れもなく、ある日、突然ジュリの前から姿を消してしまった。それは七月中旬のことであったが、彼はジュリになにひとつ告げることもなく、どこかへ旅立って行った。いったいギベールになにがあったのか。彼女にはまったく思いあたる節がなかった。なぜこの私に、いまさらそんな水くさい、他人行儀な態度をとるのかしら。そういうギベールのこころない振舞いが彼女にはなによりも不満だった。手紙をパリの自宅へ届ければ、あの人のいるところへ転送してくれるかもしれない。そう思うと、いますぐにも恋人の不審な行動を問い質さずにはいられなくなった。

「昨夜、あなたとお別れしたのは、あんなに長々と自分のことばかりお話してはあなたを疲れさせるのではないかと、それが心配だったからです。……でも、今日は私の言うことをお聞きになってください。お話しなければならないのはあなたのことですから。……前置きをするのはうんざりしますから、単刀直入に申しますけれど、あなたはこのご旅行を私に秘密になさりたかったのですね。もしちゃんとした動機がご旅行の目的であれば、なぜそれを私に告げるのを恐れるのでしょうか。また、もしもそのご旅行が私のこころを傷つけることになるのでしたら、どうしてそんなご旅行をなさるのでしょうか。私を愛することが私への義務でないならば、せめて濃やかな心づかいをお持ちになること、そして私を裏切るようなまねをしないことがご自身への義務というものですわ。……あなたは昨日お発ちになった。それなのに私はあなたがどこへ行ったのか知ることができなかった。いまでも私はあなたがどこにいらっしゃるのか存じません。あなたのことも、あなたの行動のことも、私はなにも知らされていない。そういう仕打ちが、どんなにありふれた友情であっても、友情のすることでしょうか。」

ジュリは、どうやらギベールが、自分には内緒で、例のモンソージュ夫人に会いに彼女が住むラ・ブルテーシュへ出かけたのだと思ったらしいが、それは嫉妬ゆえの彼女の邪推に過ぎなかった。しかし、いったんそうと思いこむと、彼にたいするこれまでの信頼までがいちどに揺らいで、彼女は嫉妬の苦しみから棘《とげ》のある言葉を書きつらねてしまった。

「どうぞお出かけになってください。そしてあなたはもうひとり別の女を愛しているのだとおっしゃってください。ぜひともそう言って欲しいものです。おかげで私はあまりにも深い、身を引き裂くような苦しみを味わわされて、もう死の安らぎのほかには安らぎを期待しておりません。……そうですわ、あなたがおっしゃるとおりです、もう私には愛する力がないのです、もう苦しむことしかできないのです。これまで私はあなたに望みを託して、あなたにこの身をゆだねきっていました。そしてあなたを愛する喜びが私の不幸を鎮めてくれるものとばかり思っていました。でも悲しいことに、いくら不幸から逃れても逃れきれるものではありませんわ。……いま、この瞬間に、あなたはなにをなさっているのでしょうか。せっかく時間が鎮めてくれたこころに、あなたは動揺をふきこみ、勝手に私を苦しませておいて知らん顔をなさるのですね。」

しかし一方のギベールは、いくらジュリに不満や非難を浴びせられても、この旅行についてはかたくなに口を閉ざしたまま、なにひとつ漏らそうとはしなかった。

じつはこのとき、彼は、ある若い娘との結婚の下話のために、娘とその両親が住むパリから南に一一〇キロほど離れたオルレアンに近いクールセル家の城館に出向いて、そこに滞在していたのである。むろんそれをジュリに打ち明けることは、少なくともこの時点でギベールにできることではなかった。まだ正式に話が決まったわけではなかったが、結婚話が持ち上がっていることを告白すれば、どんな修羅場が待ち受けているか知れたものではなかった。彼にはジュリの厳しい追及にひたすら沈黙をまもるほかに打つ手がなかったのである。

ギベールは、ジュリにたいして口に出せない苦渋の思いを抱きながら、将来の結婚を考えて娘と両親がいるクールセルにはじめて滞在しているというのに、そこまでジュリの追及の手が廻って来たことに辟易した。彼は苛立った。そしていつもの冷静さを失って、ほとんど衝動的に、

――もうあなたの愛は必要ない、

と、思わずこころにもない冷たい返事を走り書きすると、それを彼女に送りつけた。

ある朝、その手紙がジュリのもとに届けられた。

彼女は想像もしていなかった手紙の文面に、一瞬、わが目を疑った。これがほんとうにあの人の書いた言葉なのかしら。彼女は絶望よりも先に怒りがこみ上げてきた。よくもこの私に、こんな血も涙もない手紙が書けたものだ。それにこの手紙は普通の郵便で送られたものではなかった。いったいどうやってここに届けられたのか、ジュリには見当が付かなかった。おそらくギベールは自分の居場所を私に知られまいとして、わざわざこんな手の込んだまねをしたにちがいない。ジュリは彼の卑劣な魂胆をそう推測した。

これで彼女の激しい、潔癖な気性に火が付いてしまった。

その夜、ジュリは、サロンの客たちが帰ると、ひとり部屋にこもって、ギベールのこころない仕打ち

をなじる手紙を書いた。もうこれであの人とは「すべて終わり」になるだろう。そう思って彼女は、怒りの発作のなかで、あなたとの関係はもう終わりましたと告げてしまったのである。

しかし、こころはそうはいかなかった。怒りに身を震わせていても、ギベールへの思慕は、そう簡単に断ち切れるものではなかった。恋人を捨てる切なさがこみ上げて来て、彼女は乱れるこころを抑えることができなくなった。

ジュリはそうした想いの数々を、長い手紙に託して綿々と綴った。そして、なにをおいても真っ先にギベールの思いやりのかけらもない冷たさをなじらずにはいられなかった。

「今朝になって、ようやくあなたのお便りを受け取りました。でもこれがどこから、どうやって届けられたものなのか私にはわかりません。郵便で送られて来たのではないのです。私のことを、もしお望みなら、気が狂ったのだと思ってください。不当なことをいう女とでも、なんとでも、とにかくお好きなように思ってください。でも、だからといって、これだけはどうしてもあなたに言わないわけにはいきません。私は生れてこの方、あなたのこのお手紙が私に与えた印象以上に、人の気持ちを打ち砕くような、こんなに堪えがたい印象を受け取った覚えはありません。……お手紙にあったようなことを私にむかって言えるとんでもない権利を、むざむざどこかのどなたかに与えてしまったかと思うと、私は傷つけられ、打ちのめされた思いがして、頭がどうかなりそうでした。……あなたは血も涙もない方です。だから私のこころは嘆くことさえもできないのです。私のこころも、私の自尊心も、私を生かしているいっさいのもの、私に感じたり、考えたり、呼吸したりさせているいっさいのもの、要するに、私のなかのすべてが激昂し、傷つき、永遠に辱められたのです。あなたのおかげで私はたっぷり力を取り戻しました。それは不幸に堪えるための力ではなく（その不幸はこれまでにないほど大きくて堪えがたい気がしますけれど）、もうこれからはあなたに苦しめられることも、不幸にされることもあり得ないと確信するための力です。

よくもあなたはあんな言葉を書く気になれたものです。もしもあれが他人の眼に触れでもしたら、私は永遠に世間に顔向けができなくなり、身の破滅になるのです！　もしもあのお手紙にあったことが、あなたが私について考えていること、感じていることを表わすものならば、せめてこれだけはわかってください、この私は自分の行いを弁解したり、赦しを請うたりするほど見下げ果てた女ではないということ、それをしっかりと胸に刻んでおいてください。……

もうこれですべて終わりです。これからは私にたいして、あなたにおできになるように、あなたのお好きなようになさってください。私のほうは、これから先（私にこれから先というものがあればの話ですが）、あなたにたいして、ほんとうならいつでもそうあるべきだったような女になりましょう。そして、もしもあなたが私のこころに悔やむ気持ちを残さなければ、きっと私はあなたを忘れることができるだろうと思います。」

ジュリは怒りに任せて一気にここまで書いた。

しかし書いてしまうと、ギベールと別れるつらさがこみ上げてきた。彼女は、突然、別人になったような心細い口調で、恋人と別れる切なさを訴えた。

「でも、なぜ私はこうして苦しみを訴えるのでしょうか。ああ、どうしてなのでしょう。そのわけは、もう助からないと言われた病人であっても、まだお医者様が来てくれることをこころ待ちにするからですわ。その眼は身内の人たちを見上げて、そこに一筋の希望を探し求めるからです。苦しみが最後に見せる行動は、嘆きの訴えだからです。魂があげる最後の声は、叫びだからです。これが私の支離滅裂なこころ、私の狂気、私の弱さの申し開きです。……ああ、私はそのためになんという罰を受けたのでしょう！」

ジュリは、別れの切なさにからだが震えるような思いでペンをおいた。

それにしても彼女が恋人にむかってこんな血を吐くような別れの言葉を書いたことはこれまで一度もないことだった。それなのに思わずそんな言葉を書いてしまった。それはギベールの裏切りと心変わりのせいなのだ。彼はあのモンソージュ夫人を私より愛している。彼女は迷わずにそう思った。彼女のからだのなかで、すべてがいっせいに声をあげ、反抗し、抗議して、あの病に侵された華奢なからだに絶望的な力をあふれさせた。愛の激しさが、ジュリのなかで、怒りの激しさに取ってかわった。

しかし、ギベールを愛することができなくなれば、彼女は生きている意味を失ってただ苦しむしかなくなるだろう。そうなれば生きていてなんの甲斐があろうか。愛を失えば、彼女はさんざめく社交の場に出ても、こころのなかは虚ろで、生きながら死んでいるのも同然になるのではあるまいか。彼女は、このさきどうなってしまうのだろうか。……

それを思うにつけても、手紙の最後につづられた愛を失おうとしている女の悲しみが読むものの胸に迫って来る。あれだけの怒りのあとで、ジュリは「嘆きの訴え」を漏らさずにいられなかった。

ジュリは恋を失いかけていた。それは自分が言い出したことだった。たしかにそうにちがいないのだが、いざ別れるとなれば、助かる見込みのない病人がそれでも一縷の望みを抱いて医者の来診を待ちわびるように、こころのうちでもう一度恋人との逢瀬を思わずにはいられなかった。彼女はその眼を、どこにいるのか知れないギベールにむけて、傷ついたこころのうちを訴えた。彼に憐れみを請うためではない。素直に自分の弱さをみとめ、愛を失う悲しみを訴えたかったからだ。それが、あれほど怒りをあらわにした手紙の最後で、ジュリの魂があげた悲しみの「叫び」だった。

そしてジュリは、手紙を書き終えたとき、自分の命とも思っていた恋人との別れが自分の受けるべき「罰」であることを悟ったのであった。

＊

数日たって、ギベールがパリに戻って来た。そして、ジュリの前で、結婚の話は伏せたまま、なにも告げずにパリを離れた自分のこころない行動を率直に謝罪した。二人のあいだでそういう情景がなんどか繰り返された。しかし彼がパリを離れた本当の理由を知らない彼女はそのたびにこころを固く閉ざして、彼の言葉を聞き入れようとしなかった。そして最後に、もう二人きりではあなたには逢わないときっぱり言い渡したのである。

「少しは思いやりというものをお持ちになって、私を責め苛むことだけはおやめになってください。いまの私にはたった一つの意志、たった一つの欲求しかありません。それは、もうあなたがお一人のときにはお逢いしないということです。私はあなたの幸福のためになるようなことはなにひとつできませんし、あなたの慰めのためにしてあげることもなにひとつありません。ですから私をそっとしておいてください、そして面白半分に私の命を苦しめるようなことはもうおよしになってください。あなたを責めているのではありません。あなたは苦しんでいて、それはお気の毒だとは思いますが、私の苦しみについてはもうあなたにお話しするつもりはありません。いまもまだあなたのこころを動かせるものがこの私にあるとすれば、その名にかけて、名誉の名にかけて、美徳の名にかけて、私をそっとしておいてください、もう私を当てになさらないでください。もしも私が落ち着きを取り戻すことができれば、私は生きてゆけるでしょう。でも、もしもあなたがこれからも同じことを繰り返すなら、早晩あなたは私に絶望の力を与えてしまったことをご自分に責めなければならない羽目になりますわ。私がひとりでいる時刻に、あなたを家の戸口で追い返させるような辛くて途方に暮れる思いだけはさせないでください。これが最後のお願いですが、どうか後生ですから、私の家にお出でになるのは五時から九時のあいだだけになさってください。」

五時から九時のあいだと言ったのは、そのときならサロンには必ずだれかお客が来ているからである。ジュリは、もう二人きりではあなたに逢わないとギベールに釘を刺しておいてから、彼とモンソージュ夫人との密会がどんなに自分を苦しめたか、それを激しい言葉で責め立てた。彼女はまだギベールが結婚話のためにパリを離れたことを知らずにいたのである。

「もしもモンソージュ夫人が私のこころのうちを読むことができれば、これは断言してもいいことですが、私を憎んだりはしないはずです。せいぜい言えるとしても、私があの人に少しは後悔する気持をおこさせたということくらいでしょう。でもあの人とあなた、あなた方は二人揃ってこの私に地獄の責苦をなめさせたのです。悔いと、憎しみと、嫉妬と、悔恨と、自分への軽蔑と、またときにはあなたへの軽蔑、要するに、なんと言えばいいのでしょう、愛の情念のありとあらゆる不幸をなめさせたのです。それにひきかえ、誠実で感じやすいこころの幸福になりうることは一度だって味わわせてくれなかった。これがあなたのおかげで私が経験したことですわ。でも、あなたを許してさしあげます。もしも私がこれからも生きていることに執着するようでしたら、私はそんなに寛大にはなれないような気がします。そして私はあなたに容赦ない憎しみを抱きつづけることでしょう。

でも、そのうち私は命にも、あなたにも、もう執着することはなくなるでしょう。そして私の感性と、魂と、私に残された命のすべてを捧げて、この魂を満たしてくれたたった一人の人間を愛し、愛し抜きたいと思っています。その人のおかげで私は、この地上に現われたほとんどすべての人が感じることも想像することもできなかったほどの幸福と喜びを味わったのです。そういう人にたいして、あなたはこの私に罪を犯させたのです！　それを思うと、こころが煮えたぎってきます。でもそんなことは忘れることにします。私は気持ちを鎮めたいのです、そして、できるものなら死んでしまいたいのです。もう一度だけ申しますが、これがあなたにむかって私の魂があげる最後の叫びなのです。お願いですから、私をそっとしておいてください。さもないとあなたは後悔なさることになりますわ。」

情念というものは、それにとり憑かれた人間に激しい苦しみを味わわせずにおくものではない。情念とは苦悩の同義語なのである。（ついでに言えば、情念を意味するパッシオン passion という語が同時にキリストの受難をも意味するのは、もともとこの語が苦しむという意味のラテン語に由来するからで、情念は原義をそのなかにとどめているのである。）またいったん情念にとり憑かれたとき、その呪縛から身をふりほどくことは、その身を滅ぼさずになし得ることではないのである。ちょうどキリストが受難の最後に十字架の上で死ぬ運命にあったように。これまでいったい何人の女たちが情念の生け贄にされて自滅して行ったことだろうか。

ジュリはそういう情念の対象になったギベールを必死の思いで遠ざけて、こころに静かさを取り戻そうとした。そのためにことさら手きびしい手紙を彼に送りつけた。落ち着きを取り戻せば、彼女は「生きてゆける」と思ったのだ。

しかし、そんな彼女の思惑とは関係なく、燃え上がる情念の炎は、ジュリの胸のなかで鎮まるどころか、激しく燃えつづけていた。

数日がすぎた。その間ジュリはこころを鬼にして、わが身に科した禁制をまもった。ギベールも顔を見せなかった。

それが一週間たったある朝のこと、いきなりギベールがサン＝ドミニック街のジュリの家に姿を現わした。あれほどジュリが懇願したことを無視して、戸口でとりつぎに出た女が止めるのも聞かずに、強引にサロンのなかに押し入ってきた。そして、有無を言わさず、その場にいたジュリを激しく抱きしめた。彼女は男の腕のなかで身をふり解こうともがいたが、男の力のほうが強かった。長い抱擁の果てに、目を閉じたジュリの体から力が抜けていった。彼女は放心していた。

しばらくしてわれにかえると、ジュリはギベールの耳もとに囁いた。

「私って、なんておそろしい企てを思いついたのでしょう！　もうあなたにお逢いしないなんて！　そんなことができるはずがないことは、あなただってよくご存じですわ。私があなたを憎んでいるとき、それは私が、私の理性をかき乱すほどの情熱をこめて、あなたを愛しているということなのです。それもあなたはご存じですわ。」

ジュリは、こうしてふたたび情念の罠に落ちてしまった。

2

ちょうどその頃のことであったが、フランスの政局に大きな変化が起きた。それはジュリとも深い関わりがあることだったので、まずそれから話すことにしよう。

この年の五月、ルイ十五世が逝去したあと十九歳の若さで即位したルイ十六世は、国の財政状態が七年戦争によって危殆に瀕し、その上穀物の不作で飢饉が頻発するのを憂慮して、国の経済の建て直しに着手した。そのために閣僚たちを一新して、首班に老練のモールパを指名した。そして財務長官にはチュルゴを抜擢して国庫の建て直しを命じたのである。このチュルゴのことは前にも触れたことがあったが、彼はジュリのサロンの常連で、十七年も前から付き合いのある古い友達だった。

ジュリは彼が国王に拝謁したときの様子を直接チュルゴから聞いていたので、それをギベールにこう伝えていた。チュルゴの率直な人柄を伝えるエピソードである。

「チュルゴさんが財務長官になられたことはあなたもご存じのとおりですが、その件で国王と交わされた会談のことはご存じではありませんわ。モールパさんが国王のご命令でチュルゴさんに財務長官の地位を提案なさったとき、それをお受けするのにちょっと難色を示されたのです。チュルゴさんが国王にお礼に参上されたとき、国王はこう申されたのです。

――そのほうは財務長官にはなりたくなかったそうだな。

すると、チュルゴさんはこうお答えになりました。

――陛下、正直に申し上げて、私は海軍省のほうを望んでおりました。と申しますのも、そちらのほうがより安全な地位であり、成果を上げるにはその地位にあったほうがより確実と思えたからであります。しかし、いま、このとき、私がこの身を捧げるのは国王に対してではありません。それは聖人君子に対してであります。

国王は彼の両手をとると、こう申されました。

――そのほうが裏切られることはないであろう。

するとチュルゴさんは重ねてこうおっしゃいました。

――陛下、私は陛下に節約の必要性を進言いたさねばなりません。そして陛下がまっさきにその範をお垂れにならなければなりません。おそらくそのことはアベ・テレ氏（チュルゴの前任者）がすでに陛下にお話しになられたかもしれませんが。

――いかにも、あの男はわたしにそう申した、

と、国王は返事をなさいました。

――しかし、そのほうのような話し方はしなかった。」

　チュルゴは、まだリモージュで行政長官の職にあったころ、農業を社会の富の唯一の源泉と考えたケネーの重農主義の立場から、リムーザン地方の農業の仕組みを根底から改革して、経済を建て直したことで知られた経済学者だった。若き国王はその経歴と才腕を買って、チュルゴの登用を決断したのであった。

　フランスの希望の星となった彼は、国王の信任にこたえるべく、改革をフランス全土に及ぼすことにした。そのころは麦の取引に制限があって、地域をこえて自由に売買することが許されていなかった。そこでチュルゴは麦をはじめとする穀物やワインの流通に課せられる国内での関税を撤廃し、流通の自由をみとめさせて、せっかく作った作物を売れずにいた農民たちに働く意欲を取り戻させた。あわせて働く権利を厳しく規制していた職人組合と親方職も廃止して、農産物の生産を高めることでフランス経済の建て直しに乗り出したのである。ヴォルテールがこの改革を知り、フランスに美しい夜明けが来たと言って、惜しみない讃辞を送ったことは前にふれたとおりである。

　チュルゴは就任すると同時に、この仕事を推進するために、ジュリのサロンの仲間たちを「自由経済の銃士たち《ムスクテール》」に任命して、シュアールとコンドルセには財務管理に当たらせ、アベ・モルレには通信業

務を担当させた。

かくしてジュリのサロンは政府に直結する閣議室の趣きを呈することになった。またダランベールはすでに終身幹事としてフランス・アカデミーを支配下におさめていた。十数年まえには政府に弾圧され、官憲の追及を受けていたかつての百科全書派の同志たちは、いまや政治や文化の檜舞台に躍り出て、フランス社会の舵取りを行うことになった。

ジュリのサロンは喜びにつつまれた。そんな晴れがましい興奮のさなか、ジュリはその場にいなかったギベールに、「あなたがここにいらっしゃらないことがほんとうにさびしく思います。おいでになれば、誰もが喜びのあまり大騒ぎをするお仲間に入れましたのに。でもみなさんはそろそろそんな騒ぎをやめて、精神を集中させ、人びとが待ち望む幸福を考えなければならないと感じはじめています」と書いて、喜びに沸くサロンの模様を伝えたのであった。


ギベールのほうは、ジュリのサロンの騒ぎをよそに、ふたたび長旅に出なければならなくなった。ひさしく会っていなかった両親とともに生れ故郷で夏から秋にかけて三カ月ほど過ごすために、南仏のモントーバンに近いフォンヌーヴに発つことにしたのである。後述するように、この滞在はギベール家の危機に陥った財産状況と彼の結婚について父と話し合うのが目的であった。

出発は八月のある金曜日に予定されていた。

ジュリは金曜日と聞いて、思わず不吉な胸騒ぎをおぼえた。縁起をかつぐわけではないけれど、モラの身の上に関して不幸なことはきまって金曜日に起きていたからだ。その上ギベールは出発を控えて体調を崩してしまった。ジュリは重なる不安におびえて、そのこころのうちをギベールに漏らさずにはいられなかった。

「あなたを愛しています。いまはつらい気持でそれを感じています。あなたのお風邪と胸のことを思うと、こころが痛んできて心配になるのです。こういういやな予感はいままでになんど当たったか知れませんから、気持ちを鎮めようにも鎮めることができないのです。……もうあなたとお逢いすることはないのですね。あなたがどうなさっているのか、なにもわからなくなるのですね。きのうあなたを愛したことは身に沁みるような喜びでしたのに！……

　どうか私の気の弱さを許してください。私の縁起かつぎは弁解のしようもありません。でも、モラさんがパリを発たれたのは一七七二年八月七日の金曜日なのです。マドリッドを発たれたのは今年の五月七日〔これはジュリの記憶違いで、正しくは三日。二三三ページ参照〕の金曜日でした。そしてあの方を永遠に失ったのは五月二十七日の金曜日なのです。このぞっとする言葉が、命よりも、幸福よりも愛している人、あらわす言葉がないくらい愛している人への想いに重なるとき、それが私のこころにどんな恐怖をふきこむか、どうかおわかりになってください。ねえ、あなた、ひょっとして土曜日でなければお発ちにならないようでしたら、あしたお逢いしたいのです。……さようなら、さようなら、これほど愛情をこめてあなたを愛し、いとおしく想ったことは一度だってありませんわ。おからだを大切になさってください。その病気の胸をいたわることが私の命を救うことになるのをお忘れなく。あした！　それを思うと、ぞくっとして来ます。あなたを愛しています、言葉でいうより千倍も愛しています。」

　ジュリは恋人を送り出すに当たって、想いのたけをこの一通に託した。

　ギベールは、ジュリを不安にした金曜日の縁起かつぎのことは気にも留めていなかった。たしかにモラの身に起きた不幸はすべて金曜日に起きていたが、それも偶然のめぐり合わせというもので、それを気に病むのは女にありがちな気の弱さの仕業にすぎまい。それよりもギベールは自分のからだを気遣ってくれる優しさにジュリの女らしい愛情を感じて、身に沁みてうれしかった。彼もジュリと縒りを戻してからは、いっそう彼女をいとおしく思うようになっていた。「私の生活がほかの人の生活にこれほど強く結ばれたことは一度もなかった。もっと激しい、もっと荒れ狂う感情を味わったことはあっても、こんなに優しい感情を味わったことはなかった」と書いて、彼はジュリへの愛を伝えたのであった。

そして旅立つ直前に、

「あなたは幸せではない。からだも衰弱している。……そんな状態のあなたと別れるのかと思うと、不安でこころが震えてきます。しかし父が私を待っています。ほんとうなら二週間まえに発っているはずでした。私にとってあなたの手紙がどんなに必要になるかしれません！」

と、ジュリに書き送った。

ギベールは結局、予定より二日遅れて八月十五日の早朝、生れ故郷の南仏にむけて旅立って行った。そして早くもジュリのもとに最初の宿泊地のシャルトルから手紙が届いた。しかしジュリは、このあとすぐに述べる理由からその手紙を開封することを長いあいだ自分に禁じたのである。手紙にはこう書かれていた。

「あなたへの想いで胸がいっぱいでした。あしたも、あさっても、来る日も来る日も、その想いが私に付いてまわるでしょう。……ロシャンボーから、シャントルーから、どこからでも手紙を書きましょう。それが私には慰めであり、楽しみであり、必要なのです。同じ理由であなたもきちんと手紙を書いてくれることを当てにしています。」

翌日の朝早くギベールはシャルトルを発つと、夕方、パリから南へ約一六〇キロのヴァンドームに近いロシャンボーの村に着いた。しかし、そこで会う予定だったロシャンボー伯爵はあいにく不在であった。ジュリからの手紙も届いていなかった。やむをえずギベールは南下をつづけて、つぎの宿泊地のシャントルーへ向かった。ところが、そこでも当てにしていたジュリからの手紙は届いていなかった。期待していただけにギベールの失望は大きかった。

また数日が過ぎた。それでも手紙は一向に来なかった。彼女の弱っていたからだになにか悪いことでも起きたのではあるまいか。旅の空の下にあって、はじめてギベールは不安を覚えた。

それから二週間もたった八月の末に、ようやく待ちに待ったジュリからの手紙を、ギベールはボルドーで受け取った。しかし、それはギベールを狼狽させる思いもよらない内容の手紙だったのである。

彼はジュリに嘘をついていた。少なくとも故意に言わずにいたことがあった。それはあの結婚話のことではない。彼は出発する日を二日延ばして、彼に会いにパリに来ていたモンソージュ夫人と密かに逢引を重ねていたのである。それをジュリは、彼が出発して一時間後に、偶然知ってしまった。どうして知ったのかはいまもって謎のままなのだが、ギベールとの愛を取り戻したと思ったまさにその矢先に彼に裏切られたことがどれだけ彼女を落胆させ、傷つけたかは言うまでもないだろう。

彼から手紙が届いても、

――もういっさい開かない、返事も書かない、

ジュリはまたも嫉妬に駆られて、一時はそうこころに決めたのである。

しかしこの秘密の逢引が発覚したのがもとで、二人はこころのうちをさらけ出した手紙を書く羽目になった。その手紙は、彼らにしてみれば個人の内面を記した私信に過ぎないものだが、わたしたち第三者にとっては、人を愛することの測りがたい深淵を覗かせるまたとない記録となったのであって、そこ

に迷宮のような恋愛心理の真相が浮かび上がって来る。彼らは自分たちの心理を仔細らしく分析しているわけではない。愛することの不条理と苦しみに駆り立てられて、ひたすらこころの真実を誠実に、あるがままに告白したのである。それゆえ二人の私信は、愛する者たちのこころの現場をじかに捉えた貴重な人間ドキュメントとなったのである。

考えてみると、実際二人のように不思議な恋人はいなかった。ギベールはジュリをあれほど愛していながら、慕ってくるモンソージュ夫人を突き放すことができずにいる。ジュリはジュリで、ギベールを愛するがゆえに彼の裏切りを激しく責めながら、こころにはモラの生々しい思い出をいだきつづけていて、まだ彼が生きているかのようにモラを慕っている。

はじめにジュリの手紙を引こう。それは彼女が禁を破ってはじめて書くことになった手紙である。その冒頭の数行はそのままジュリによる愛の情念の定義と言っていいだろう。

「あなた、自然のなかで暴力と支配力をいちばん多く持っているのは、まちがいなく愛の情念ですわ。情念は私から大切なひとを奪っておいて、その喪失に堪えさせています。理性も美徳も決してあたえることができなかったような千倍も大きな気力をもって私に堪えさせています。でもこの情念というのは絶対的な暴君なのです。そして、それが生み出すのは奴隷だけです。奴隷は自分をしばる鎖を憎むかと思えば、つぎにはその鎖をいとおしく思って愛するのです。でもその鎖を断ち切るだけの力を決して持ってはいません。今日その情念は、二週間前から私が自分に命じておいた行動〔ギベールの手紙を開かず返事も書かないこと〕とはまるで反対の行動を取るように命じています。私の言うことが支離滅裂なことは自分でもわかっていますし、恥じてもいますが、でもいまはこころの求めるところに従うことにします。こころが弱くなることに私はなにか安らぎのようなものを感じています。あなたがそれにつけ込むようなことをなさっても、私はこれからもあなたを愛して行きますわ。愛していると言えるのがうれしいときもありますが、それよりもつらい思いをすることのほうがずっと多くて、それはあなたが私の気持ちに応えてくださらないときなのです。」

まずジュリはこう手紙を書き出した。

たびたび言うようであるが、ここでもジュリの感性は繊細な働きを見せている。もうギベールには手紙を書くまいと二週間も前から固くこころに決めていたのに、高まる情念に押し切られて、ついにジュリはペンをとってしまった。そういうこころの弱さを、普通だったらこころの敗北としてわが身を責めるだろう。しかし彼女はそれとはまったく反対に、情念に負けてしまった弱さのなかにほっとするような安らぎを感じ取った。それが彼女には救いのように思われた。恋人への思慕がかたくなな決意を揺るがして、片意地を張ろうとするジュリのこころをやわらげたのである。内面にきざしたそのこころの弱さ、その弱さのなかに感じた安らぎの感覚、それを彼女は見落としはしなかった。

さてジュリはこれだけ前置きをすると、ギベールが隠していた彼の裏切りを暴露した。

「あなたとお別れしてから私が何に苦しんできたか、どうかお聞きになってください。あなたがお発ちになって一時間して私は小耳に挟んだのですが、あなたはモンソージュ夫人がその前の日に〔パリから〕帰って行ったことを私に隠していた。それで私は、あなたがご出発を延ばしたのはほかでもないあの夫人のためだったのだと思ったのです。あなたは出発の前の日は私に逢ってはくださらなかった。それは、あなたには別れがあまりにつらすぎたから、あとでまた私と逢うことができないためだと思ったのです。要するに、愛の情念のほんとうの性格は対象をあるがままには決して見ないということですが、私はそういう情念からあなたを判断していたのです。

ところが、それ以上に私を苦しませるものが何なのか、それがわかりました、そしてそうにちがいないと信じました。私は裏切られたのだ、あなたは罪深い人で、あの瞬間にまんまと私の愛情につけ入ったのです。そう思うと、この胸は高ぶり、自尊心は苛立って、私は不幸のきわみに立たされて、もうあなたを愛することができなくなりました。そしてあなたが慰めと楽しさを味わわせてくださった折々のことを激しく憎悪しました。私がモラさんの余命を思って身を震わせていたとき、私が望みを託していたたったひとつの手段、たったひとつの支えである死から、あなたは私を奪い取ったのです。あなたはあの恐ろしい不幸のあとも私を生きのびさせ、私のこころを後悔でいっぱいにし、それよりもっと大きな苦しみ、あなたを憎むという苦しみをなめさせたのです。そうですとも、あなたを憎むこと。その恐ろしい感情に、私は一週間以上ものあいだ駆り立てられていました。」

これがギベールの裏切りの真相であった。それを知ったジュリは彼を激しく憎んだ。と同時に愛する人を憎まなければならないいっそうつらい苦しみに必死に堪えた。そして、もう彼を愛することも、彼の手紙を開くこともしまいとこころに誓ったのであった。

ジュリがその誓いを守りつづけて、二週間あまりがすぎた。

しかしそうやって時間がたつうちに、彼女は、旅立つ前に体調を崩したギベールのからだに旅先でなにか心配なことが起きているのではあるまいかと急に不安に駆られ、思わず誓いをやぶって彼から来た手紙の封を切ってしまった。そしてそれまで閉ざしていたこころのうちを綿々と書き綴ったのである。

「……そうこうするうちシャルトルからのお手紙を受け取りました。お体の具合はどうなのかしらと、私はそれが知りたくて、もうあなたのお手紙は開くまいとこころに決めたことに背いてしまったのです。あなたは元気にしていると言っておられましたが、……でもお手紙のなかにありありと見て取れたこと、そこに書かれていた心残りというのがどうも曖昧な感じがして、それは私のこころを動かすためというよりもご自分の胸のうちを吐露するためだったように思えたのです。要するに、私はあなたがそこにお書きになったことすべてを毒と見なしたのです。そしてあなたを愛することはやめよう、もうお手紙も開くまいと、これまで以上に強くその気持ちを固めたのです。私はその決心を守りました。でもそのためにこころは引き裂かれ、からだは病んでしまいました。あなたが発たれてから、私は大病でもしたように変わってしまって、気持ちが落ち込んでいます。錯乱さえしかねないこの魂の病熱はたしかに残酷な病気です。これほどの苦しみに堪えられるような丈夫な肉体など決してあるものではありません。どうか私を哀れと思ってください。あなたが苦しめたのですから。

ロシャンボーからのお手紙はようやく土曜日になって受け取りましたが、開きませんでした。それを書類入れに仕舞うとき、胸が苦しいくらいに動悸を打ちましたが、でも強くなれと自分に命じて、こころを強く持ちました。ああ、そのお手紙を開けずに取っておくのはどんなにつらいことだったでしょう！　なんど宛名を読み返したか知れません！　どんなに長いことそれを手に取っていたか知れません！　夜になってもそれを手に取って触りたくなりました。気持ちがどうしようもなく弱くなると、私は強いのだと自分に言い聞かせて、いちばん大きな喜び、いちばん大きな楽しみに負けまいとしました。なんという愚かなことをしたものでしょう！　私はこれまでになかったほどの力をこめてあなたを愛していたのです。六日のあいだ、この封をされたままの手紙から私の気をそらせるものなんてなにひとつありませんでした。もしこれを受け取ったときに開いていたら、こんなに激しい、こんなに深い衝撃を受けずにすんだはずでした。

それがついに昨日になって、私は悲しみに打ちひしがれた上に、あなたが書くと約束してくださったシャントルーからのお手紙が届かないのを見て、もしやあなたはロシャンボーでご病気なのではあるまいかと、ふとそんな思いに襲われたのです。そして自分が何をしているのか、何に負けたのかもわからないまま、あなたのお手紙を読んでしまったのです。この手紙を読んではいけないのだと思ったのも後の祭りでした。くりかえし読むうちに、お手紙は私の涙で濡れてしまいました。ああ、あなた、私はどれだけ多くのものを失ってしまったのでしょう！……

私のこころをかき乱すのはあなたです。そんなあなたを私は愛しています、そして憎んでいます。あなたにすべてを捧げたこころを、あなたは引き裂くかと思えば魅了してしまうのです。どうかそんな私といっしょに悲しんでください。悲しみは私のいつもの調子、私の生活ですもの。あなただけが、そうですとも、あなただけが私の気持ちを変える力をお持ちなのです。あなたが目の前にいらっしゃると、私の思い出も、苦しみも消えてなくなります。お逢いしていてわかったのですが、あなたはからだの痛みを感じないようにしてくださる方なのです。あなたを愛しています。お逢いしていると、私の持っているすべての能力が働かされ、魅せられてしまいます。」

裏切りの暴露からはじまったジュリの手紙は、いつしか愛のさらなる告白に変わっていった。憎しみは愛するこころの裏面であり、二つの感情は縺れ合って彼女のこころをかき乱した。そして手紙を書くうちに、遠く離れた恋人への想いが募って、ついにジュリは抑えきれない恋しさを告白してしまったのである。

3

一方ギベールは、この手紙でモンソージュ夫人との密会が発覚したのを知ると、悪びれもせずに釈明の手紙を書いた。しかしその釈明は裏目に出て、せっかく鎮まりかけたジュリの感情を逆なでする結果を招いてしまった。

ギベールは手紙にこう書いてきたのである。

「私はあなたを苦しめたことをどんなに申し訳なく思っているかわからない！　たしかに私はあなたを苦しめました。その申し開きをするつもりはありません。あなたには隠していたのですが、モンソージュ夫人は土曜日の夜、ラ・ブルテーシュへ戻って行きました。私は夫人と会っていました。たしか彼女は夜の九時に戻って行ったのですが、その時刻まで私は夫人とずっといっしょでした。あなたのご推察どおり、彼女と別れたとき、あなたの家に行く気にはなれずに家に戻って来ました。夫人と別れるとき、私は思わず熱い想いがこみ上げて来たのですが、その感動は彼女の気持ちがこちらに伝わったものでした。私の眼は涙で濡れてしまったのです。

彼女は、

――これはもうただの友情にすぎませんわ、

と言っていましたが、しかしそれは激しくも優しい友情で、もし私がこのさき彼女を忘れるようなことにでもなれば、彼女が死ぬ苦しみを味わうようなそんな友情なのです。……

私は夜のひとときをあてて我が身をふりかえってみましたが、自分というものが理解できず、感じることといえば、私は癒されていないということ、その一方であなたをいとおしく思っていることだったのです。……私のこころはなんという迷宮でしょうか！　なんという不幸な迷路でしょうか！」

ギベールはいまさら隠し立てはできないと悟って、モンソージュ夫人との密会を正直にみとめてしまった。その上夫人がいまだに彼を愛していることも、彼が夫人を忘れずにいることまでも明かしてしまった。それだけでもジュリを苦しめるには十分だった。それなのに彼は、暗に二人の女に挟まれた自分の立場を弁護するかのように、ジュリがいまもモラを慕いつづけていることを言い立てた。

モラの思い出は、ジュリにとって侵されてはならない聖域そのものだった。その聖なる思い出をあんな女との情事や密会に比べられることは、ジュリには許しがたい冒瀆にひとしかった。男のギベールにもう少しジュリの気持ちを推しはかる心づかいと想像力があったら、こんなときにモラの思い出を持ち出して自分の情事の言いわけにするような女々しいまねはしなかったであろう。まして自分の行いを大目に見てもらって当然と言わんばかりの言葉を書きはしなかったであろう。

だが彼は迂闊にもそんな言葉を書いてしまった。

「まったくの話、あなたの置かれた状況と私のそれとのあいだには、あなたの寛大な気持ちを呼び起こしても当然といえる関係がないでしょうか。あなたは私を愛してくれますが、あなたのこころはモラ氏のことでいっぱいになっている。もしも私があなたを彼の思い出から引き離そうと持ちかけたら、それこそあなたから命をもぎ取ることになりかねない。あなたと私と来たら、二人とも人間のこころの働きの奇妙な実例ではありませんか。」

こんな釈明がジュリに通じるはずはなかった。

第一、ジュリの愛は奇妙な実例などと軽々しく言える性質のものではなかったからだ。愛することは生きることそのものだった。たしかにジュリのように二人の男を同時に熱愛することは不思議なこころのありようかもしれない。しかしギベールはその恋愛の当事者であって、そのギベールがそれを奇妙な実例だと他人事《ひとごと》のように言うのには、明らかにこころない傍観者の冷たさが感じられる。そういうところにギベールという人間の、根は誠実であっても、社交界で女たちに持て囃される若い男の軽薄さが見え隠れするのである。

だからまたその口調は、まるで二人は同罪だと言わんばかりの身勝手な口ぶりになった。ギベールは自分がモンソージュ夫人を思い切ることができないのは、ジュリがモラを慕いつづけるのと同じだと言外に匂わせていた。敏感な彼女がそれに気づかないはずはなかった。そして命よりも大切なモラの思い出が汚されたと思ったにちがいない。そもそも自分を誘惑して、そのモラへの貞節を踏みにじらせたのはいったいどこの誰だったのか。

ジュリは湧き上がってくる悔しさを抑えることができなくなった。

「いったいどこまで私は惑わされ、貞節の境を踏みにじるようなまねをさせられたことでしょう！　この犠牲、いったいそれは誰のためだったのですか。一度だって私のものになったことのない男、残酷で、不誠実で、私を愛してもいないくせに、私を自分のいけにえにしたと言えるような男！　その男は真実をねじまげて、なんどもなんども私を欺いたあげく、私の顔に泥を塗るような、私を絶望させるような真相を口にすることに残忍な喜びを味わっている。……私に絶望の種だけを残しておいて、よくもあなたは私にむかって、私はあなたにたいして寛大な気持ちを持たねばならないなどと言えたものです。あなたはご自分の濃やかな感情を鼻にかけていますが、その感情があなたに私を欺かせ、朝から晩まで嘘を付きとおさせたのです。私にとって侮辱の上塗りのような自己弁護などまったく聞くに堪えないことです！　あの情熱、それにまともに応えてもくれない女《ひと》に自分のこころを連れもどすのはその情熱だとあなたはおっしゃいますが、それほどまでに強くて無意識のその情熱が、そのくせ〔サロンの常連の〕誰かに向かってあなたにこう断言させたのです、私はもうあの女《ひと》には恋をしていない、こころはまったく自由で、すべての感情から解放されているから、私のいちばん強い欲望は結婚することだなどと。そういうすべての言い草に、あなたはどうやって辻褄を合わせるおつもりなのですか。」

ジュリの手紙のなかでも、情念の炎が恋しい人への恨みとなって、これほど激しく燃えあがった例はそうめったにあるものではない。

彼女はここまで書くと調子を変えて、相手を突き放すように手紙をこう結んだのである。

「この手紙を失くすなら、どうぞ失くしてください、それがいつものあなたの流儀ですから。それとも取っておきたければ取っておいて、あれほどあなたにとって大切な人に、あなたがあれほど濃やかな気持ちをこめて扱ってあげる例の人に読んであげてください。とにかく私が書いたことをどうとでもお好きなようにお使いになってください。もうこれ以上あなたのことで心配することはなにもありませんわ。あなたが私にとってほんとうに危険だったのは、あなたが思いやりのある、こころばえの立派な方だと信じることができたときだけでした。さようなら、いつかあなたに後悔させ、良心の痛みを味わわせることができたら、そのときこそ私の恨みは晴れるのです。」

ジュリはこう冷たく書いて、胸に溜まった恨みの丈をギベールにぶつけたのである。

九月の初め、ギベールはこの手紙を故郷のフォンヌーヴで受け取った。彼はあわよくばジュリからの返事に「なにがしかの慰めと喜びをもたらしてくれる手紙を期待していた。」ところがその期待を裏切られたばかりか、あまりに厳しいジュリの糾弾に遭って彼は呆然となった。そしてなんとか気持ちを立て直すと、短く返事を書いた。

「私はあなたの手紙に驚き、打ちひしがれています。……あなたは聞いたこともないような手厳しさで私を侮辱する！……あなたは憎しみのことを書いていますが、たしかに手紙にはそれがありありと表われています。……さようなら、あなたのおかげで後悔を味わわされていますが、良心の痛みはまったく感じていません。おそらくこれが、あなたが私に手紙を書いてくれる最後になるのでしょう。私を侮辱する気なら、私を憎んでいると言うのなら、いっそ私をきっぱり見捨ててしまったほうがいいでしょう。あなたの体の具合を知るためにはあなたの友人たちに当たってみることにします。」

ギベールは、ジュリの返事がその内容からして彼女の最後の手紙になるだろうと考えた。そして彼女から別れ話を持ち出されてもやむをえないと覚悟を決めたようだった。彼女もまたギベールからの返事を読んで、今度こそこれで二人の恋も終わりになるのだと思った。

こうして彼らは、感情が縺れあったまま、やがて最悪の事態が訪れるのをたがいに覚悟するようになった。二人のあいだで音信が途絶えた。そして時間だけが無情に過ぎて行った。

4

その間ギベールは、パリと違ってなんの気晴らしもないフォンヌーヴの退屈な田舎暮らしのなかで、鬱々として無聊の日々を送っていた。ジュリはあいかわらず毎日のように集まってくる友達をサロンに迎えて、社交の日々を送っていた。あるいはいまや財務長官の重職についたチュルゴの家や、ほかの友人知人のサロンに招かれて賑やかに晩餐をともにして、いかにもうわべは楽しげに振舞っていた。

しかし真夜中、秋の気配が深まる静かな部屋のなかでひとりきりになると、ジュリは傷ついたこころと向かいあっていた。こころはいつしか憎しみや恨みにかわって、悲しみに沈むようになった。あれだけギベールを責めておきながら、愛する人から愛されない切なさが、孤独なこころに染み入って来るのである。

そういう夜が幾晩とも知れずつづいた。やがて悲しみは、彼女のこころを一色に染める色となって、あれほど荒れ狂っていた感情を洗い流し、夜の静かさのなかで彼女のこころを浄化させた。憎しみや悔しさが薄らいで、乱れていた胸のうちが、嵐が去ったあとの澄んだ秋空のようにさびしく静まって行ったのである。

二人がたがいに沈黙してから半月が過ぎたそんな夜のことである。

ジュリは、静かにこころの奥底を見つめているうちに、自分は不可能な恋を追っていたのではないかと、はじめてそう自問した。モンソージュ夫人はもとより、どこかのサロンに顔を出せば女たちが放っておかない彼のような男を独り占めして、自分だけ愛してもらうのはありえないことではないのか。いくらこちらの想いが激しいからといっても、モラがひたすら自分だけを愛してくれたようにギベールに愛されることは所詮むりな願望なのだと、いつしかジュリは不可能を望んでいた自分に気がついた。そして、深く愛していればこそ、望んでも叶わない不可能な恋を思い切ろうと考えた。そうすれば無益にあの人を悩ますこともなくなるだろう。ジュリが味わうはじめての恋の挫折だったが、それは彼女のこころを満たしている悲しみが教えてくれた諦めでもあった。

そのとき、ふとジュリは、モラと愛しあった頃の天にも昇るような気持ちを思い出して、

——愛すること、そして愛されること、これこそ天国にいるような幸福なのだわ。その幸せを味わって、それを失ったときは、もうあとには死ぬことしか残っていないのだ、

と、つぶやいて、愛し愛された頃の幸せを思った。不思議と静かな気持ちだった。

そのモラにせよ、ギベールにせよ、いままでジュリには、ひたすら恋しい人を愛するあまり、その人から愛されるのを諦めることなど思いも寄らないことだった。しかしそれがありえない夢だと知ったいま、その夢を思い切る覚悟をギベールに伝えることが恋人への務めのように思われてきた。

その晩、彼女は、二週間もつづいた沈黙を破って、田舎にいるギベールに長い手紙を書いた。それは、彼女が「信仰告白」と称して、こころのすべてを打ち明けた手紙であった。それはあのきびしい詰問の手紙とは打ってかわって、静かな自省の手紙であった。

「もしかしたらあなたはこれから私が書くことをお読みになれないかもしれません。それとも間もなく受け取ってくださるかもしれません。というのも、土曜日にあなたのお手紙が届くのをお待ちしていますが、そのお手紙次第で、この手紙を焼き捨てるか、それともあなたにお送りするかを決めようと思うからです。

どうかお聞きになってください。私の魂のあらゆる情念は鎮まったような気がします。いま私の魂は、最初の、たったひとりの人へ帰って行きました。その人のもとに戻されたのです。そうですとも、あなた、私は思い違いなんかしていません。私の思い出は、私の悔恨でさえも、あなたに抱いた激しい感情や、それをあなたに分かちあっていただきたいと思った欲望にもまして、私にはもっと大切な、もっと親密な、もっと聖なるものなのです。私は自分のこころに思いを凝らしてみました。わが身をふりかえり、わが身を判断したのです。あなたもそうなさったのですね。でも私はこころならずも判断を下すしかありませんでした。それでわかったのですが、私は不可能なことを、あなたに愛されるという不可能なことを渇望していました。それにひきかえ、起こるはずのなかった信じられないような幸運によって、かつてこの世にいたもっとも優しい、もっとも完璧な、もっとも魅力ある人が、この私に、その魂、その想い、その存在のすべてを与えてくださったのでした。……

こんなことをそっくりあなたにお話しするのは、あまりにも愚かな弱さからではありません。そんな弱さは私のこころを苦しめる後悔にまるでふさわしくありませんもの。そうではなくて、あなたに自分の申し開きをするためなのです。そう申し開きです。私はあなたを無我夢中になって愛しました。でも、だからといってそれが、あなたにも私の気持ちを分かちあっていただきたいという厚かましいお願いを抱いたことの言いわけになるはずもなかったのです。たぶんあなたはこんな思い上がりを狂気の沙汰と思われたことでしょうね。この私が、あなたのような年ごろの男性を落ち着かせるなんて！ それもあらゆる好ましい資質に加えて、さまざまな才能と才気を兼ねそなえた男性を、です。そういう才能と才気の持主は、人に好かれ、人を魅惑し、人のこころを惹きつける権利をいちばん沢山持っているすべての女性たちの選択の的になって当然ですもの。いったいどこまで私の自尊心は逆上しているのか、どこまで私の理性は血迷っているのか、きっとあなたはそうお思いになったにちがいないと考えると、恥ずかしくて居たたまれない気持ちです。それを認めるのはつらいことですが、認めますわ。あなたが私に抱かせた好意、私をさいなんだ良心の呵責、モラさんを燃え立たせていた愛の情念、それらすべてが一つになって、憎むべき過ちへと私を引きずり込んだのです。なぜかというと、これは白状しなければならないことですが、私はそれ以上のことを考えていたからです。私は、あなたがこの私を愛してくださるものと固く、固く信じていたのです。ほんとうに愚かな、空しいそんな思い込みが、私を深みに嵌らせてしまったのです。おそらく自分が血迷っていたことに気づくにはあまりにも遅くて、もう手遅れなのかもしれません。私はこころがそんな状態にあるのがぞっとするほどいやなのです。そんな自分を軽蔑する一方で、憎めるものならあなたを憎みたい気持ちです。たしかにあなたはそういう恐ろしい衝動を私のなかに呼びさましたのです。

そんな精神状態のなかで私はあなたにあのお手紙を書いてしまった。あれは私のこころをかき乱した情念の最後の結果であり、最後のあがきでした。私は落ち着きを取り戻しましたが、それを自慢する気などさらさらありません。そうできたのも私がこころから愛していた方の賜物なのです。二週間前から私のなかで何が起きていたかはいっさい申し上げません。でも、もう自分がどうなってしまったのか自分でも訳がわからなくなったと言えば、それで充分おわかりになるでしょう。私のこころを占めているのは、いまはもうあなたへの想いではありません。そして、もしも私に苦しみのほかに後悔する気持ちがないとすれば、それはあなたが私からずっと遠いところへ行ってしまわれたということだと思います。それはあなたへの友情とあなたの幸福への関心を失ったということではありません。これからは私のなかのやわらいだ感情が、もしあなたがそれに応えてくださるなら、私のこころを乱すことも苦しめることもなく、しばしの安らぎの時を私に味わわせてくれるだろうということです。

ああ、私のこころは何という恐ろしいことで満たされていたことでしょう！　私が自分の陥った絶望に屈して死なずにいたことは奇跡のような気がします。けれどもこの衝撃は私のからだを打ちのめしはしましたけれど、こころには立ち直る力を与えてくれました。そのこころにはまだ感じる力が残っています。でもそれは愛の情念を無くしてしまったこころなのです。私はもう抱いてはいませんわ、憎しみも、復讐する気持ちも、それから……ああ、私は何という言葉を口にしようとしていたのでしょう！その言葉はもはや私の胸のなかでモラさんの思い出にしか結ばれていないのです。……

私はあなたの休息と幸福をこころの底から望んでいます。私にはその二つをかき乱すようなまねはできませんでした。でも思いやりのあるあなたのことですから、きっと私を苦しめたことで悩んでおられたにちがいありません。そのことはもうこころから許してさしあげます。そんな記憶はお捨てになってください、もうその話はなさらないでください。そして私のことを罪深い女と思うよりむしろ不幸な女と思っていてくれたのだと、そう思わせておいてください。……

もし土曜日にお便りを受け取ったら、ひとこと付け加えることにしますけれど、でもあなたが私を傷つけるようなことをおっしゃっても、それはすべていまから前もって許してさしあげますわ。そして私が絶望にからだを痙攣させて書いたことは、いま私に残っている体力と理性のすべてを使っていっさい取り消すことにいたします。今日こそ私はあなたの手に私の信仰告白をお渡しします。これからはもう何もあなたに要求したり、望んだりしないことをお約束します。もしもまだ私に友情を抱いていてくださるのでしたら、静かな気持ちで、そして感謝をこめて、それをお受けいたします。またもしも私がそれに値しないとお思いでしたら、それはとても悲しいことですが、あなたを不当だとは思いません。さようなら、あなた《モナミ》。mon ami と言ったのは友情からですわ。ですからこのモナミという名は、それがもう私のこころをかき乱すことがなくなってからは、私のこころにとってますます大切になるばかりです。」

ジュリはこの手紙にこれまでたどって来たこころの遍歴を余すところなく書きこんだ。そして最後にたどりついたのはギベールの愛を思い切る決意であった。彼女はこの手紙をカトリックの信者がみずからの信仰心を公に宣言する「信仰告白」に譬えたが、彼女の手紙はその告白にも匹敵する真摯な恋の懺悔であった。ギベールのような男から自分だけが愛されると期待したのはありえない夢だったのだ。それをようやく悟った彼女は、そのつらい思いを「告白」して、恋人への別れの言葉にしようとしたのであった。それを告げるおだやかな言葉の行間を、口に出せなかった悲しみが澄んだ水のように流れている。

ジュリはこれを書きながら恋を失う絶望のうちにあったはずである。しかし気丈にも彼女は、これまでの自分の恋の顚末を見つめる冷静さをとりもどしていた。二週間という沈黙の時間が、あれほど激しかった憎しみの感情を和らげて、静かさが彼女のこころに戻って来たのであった。

*

しかしこころが鎮まるということは、彼女の命にもひとしかった情念の炎が消えゆくことであった。あとに残ったのは愛する対象を失って虚ろになったこころであり、「熱狂の発作の激しさに打ちのめされて憔悴する」病める肉体であった。

情念にこころも肉体もぼろぼろにされたわが身を見て、彼女は自分のなかに渦巻いていた愛の暴力の激しさに身震いした。

「ほんとうに情念というものはなんという狂気なのでしょう！　なんて愚かなものなのでしょう！　二週間前から私は情念が空恐ろしくてなりません。でも公平に見てこれは認めなければならないことですが、こころの静かさと理性をいちばんと思って崇めていると、私はほとんど生きていないのも同じなのです。私にはもう自分が憔悴しきっているのを感じるだけの力しか残っていません。私のからだも、私の魂も、私の頭も、この私のすべてが、ほんとうに衰えきっています。」

こう書いている彼女は、かつてのジュリの抜け殻も同然の女になっていた。

しかし、こころと肉体の極度の衰弱は、このときのジュリにとってむしろ救いだったかもしれなかった。気力も体力も失った深い虚脱感のなかで、愛する力さえが消えたからである。愛する力の喪失は彼女にとっては生きることとの停止であった。それゆえ彼女のなかに戻って来た静かさは、「死の静かさ」だったのである。

あの懺悔の手紙から一週間して、彼女は戻って来たこころの静かさについてこんなふうに書いていた。「私は自分が非難している感情なのに、その感情に始終かき乱されていました。嫉妬を知り、不安を味わい、猜疑心に悩まされていたのです。あなたを責めつづけていました。そして自分にはいっさい泣き言をいわないという掟を課したのです。でもその束縛のつらさといったらおそろしいばかりでした。要するに、こんな愛し方は私のこころがまったく知らないものだったので、それがこころの責め苦になりました。あなた、私はあなたを愛しすぎましたが、それでもまだ充分ではなかったのです。そんなわけで私のなかで起きた変化のせいで私たちは二人とも得をしたのです。変化したといってもそれはあなたのしたことでも、私のしたことでもありません。私は一瞬はっきりとわかったのです。そして三十分もしないうちに苦しみが終わるときが来たのを感じました。私は消えてなくなりました、そして復活しました。……

ところが幾日たっても、私は苦しむ力も、愛する力も取り戻すことはなかったのです。そしてようやくすべてをほぼ正しく評価できるところまで理性を取り戻しました。おかげで私はもう自分には期待する楽しみがないかわりに、恐れなければならない不幸もほとんど残っていないことを感じています。私はやっと静かさを見出しました。でもこれだけはけっして私の思い違いではありませんが、その静かさは、死の静かさなのです。」

ジュリがこころの静かさを取り戻したといっても、それは魂の死を意味していた。彼女を待ちかまえていたのは、おそろしいばかりの感情の枯渇と、なにひとつ感動をおぼえない精神の無気力だったのである。

5

そんな状態にあったジュリのこころを唯一よみがえらせることができるものがあった。彼女が若いころから愛していた音楽である。

音楽がそれほど深く彼女の魂を感動させたことは、この時代としてはかなりめずらしいことであって、特筆に値するように思われるのだが、そんな彼女の音楽体験に触れる前に、この時代の音楽について少しだけ余談をしておきたい。

フランスの十八世紀に人間の意識がロマン主義の開花する十九世紀にむかうにつれて、それが理性よりも感情や感覚に重きを置くように動いて行ったことは前にも述べておいたが、そのわかりやすい一例としてディドロやルソーが美術や音楽に示した強い関心をあげることができる。ディドロは『ラモーの甥』のなかで、ラモーというこの時代の有名な作曲家の甥で、金持ちにたかって暮らすたぶんにボヘミアン的な気質をもった主人公の男に音楽への情熱を熱っぽく語らせた。ルソーのほうは音楽を語るだけにとどまらず、みずから『村の占い師』というオペラを作曲している。

だが、こうした表にあらわれた見やすい例でなく、おそらく眼に見えないところで、一般の人びとのこころも感情や感性に訴えかける対象に惹かれていったことは充分想像されるのである。ルソーが小説の『新エロイーズ』で描いた身分を越えた清純な恋愛やスイスの自然の美しい風景がとくに女性の読者からあれほど熱狂的に迎えられたのは、それをうけいれる下地があったからでなければ説明が付かないだろう。

しかし部数の多い印刷物として世間にひろがる小説と違って、音楽の場合はどうだったかといえば、そのあたりの事情を窺わせる材料に乏しくて、じつは確かなことはよくわからない。当時、人びとがまともに音楽の演奏に接することができた場所は、宗教音楽の教会のほかにはまだパリで数の限られた劇場か、社交界のサロンくらいのもので、まして単なる娯楽としてでなく、音楽が芸術として聴くものの魂を感動させた実例を、わたしは寡聞にしてほとんど見出すことができない。わたしが知るその唯一の例はデファン夫人の場合であって、夫人はあるサロンで女流の演奏家がハープをみごとに演奏するのを聴いて感動したことを、愛人のホレース・ウォルポールへの手紙で語っていた。

「私たちは魅力的な音楽を聴きました。ハープをみごとに弾く女性がいたのです。それがすばらしく楽しかったので、あなたがそれをお聴きになれなかったことが残念でした。あれはほれぼれするような楽器ですわ。ほかにクラヴサンも聴きました。これ以上はないくらい完璧な演奏でしたが、ハープにくらべたら物の数ではありません。」

夫人はそう語ったあと、ハープの演奏中に、親しい女友達の病気や、つぎつぎに死んでゆく知人たちのことや、誰もがなにひとつすがるものがなくて生きているこの世での生や、癒しようのない孤独や、やがて自分にも来る死など、音楽を聴きながら胸に去来する暗い厭世的な思いを語るのである。そうした数々の思いが自然に夫人の胸に去来したということは夫人が音楽に引き込まれ、精神が高揚して自由に働くようになったからにちがいなくて、たしかにここにはハープを聴いてこころを打たれた一人の女がいるのが感じられる。その女のまわりにひろがっていた室内の空気までが伝わって来るようである。

そしてハープの演奏はただ魅力的な音楽だったとしか書かれていないけれど、徹底してモノクロームな節度あるデファン夫人の文章はすべてをわれわれの想像力に委ねているので、サロンに響いていたハープの音色までが、どんな雄弁な描写にもまさってわれわれのこころの耳に聴こえて来る。

それにたいしてジュリのほうは音楽を聴いてどんな反応を見せたのだろうか。それは、これから引く手紙がもの語っているとおり、現代のわれわれが音楽を聴いて感動するのと少しも変わるところがなかった。その上感動は傷ついた魂の慰めにさえなった。彼女の音楽体験をこの時代の人間としては特筆すべきことのように思われると言ったのはそのためである。

さて、ある晩のこと、ジュリはこころの張りを失って生きる気力をなくしていたが、それでもいっときの慰めをもとめてオペラを聴きに劇場に出かけて行った。曲目はグルックの『オルフェとユーリディース』だった。グルックといえば、前年ギベールがウィーン滞在中に彼を表敬訪問したことは前に述べたが、グルックはこのときオーストリアのハプスブルク家の出身であるルイ十六世の王妃マリ＝アントワネットの援助を得てパリに出て来て、自作のオペラの上演を準備しているところだった。

ジュリはそのグルックと面識のできたギベールに、『オルフェ』を聴いて虜になった経緯《いきさつ》をさっそくこんなふうに書き送っている。

「あなた、これが私のこころのありさまなのです。私の見るもの、私の聞くもの、私のすること、私のしなければならないこと、そのどれ一つを取ってみても、私の魂に興味を起こさせて生き返らせることはできないのです。こんな状態で生きているなんて、これまで一度も経験したことがありませんでした。そんな私のこころに心地よく響くものはこの世にたった一つしかなくて、それは音楽です。でもそれは

苦しみと呼んでもいいような喜びなのです。こころを引き裂くあのアリア、

私はユーリディースを失ってしまった、

というあのアリアを、私は一日に十回でも聴いていたいのです。それを聴いていると、私が哀惜する失ったものすべてをしみじみと味わわせてくれます。私は始終『オルフェ』に通っています。それもひとりで出かけて行くのです。この火曜日もそうでしたが、お友達には人を訪問すると言っておいて、オペラ座へ行って桟敷席に閉じこもっていました。」

彼女にとってまさに幸運だったのは、ちょうどこの年の八月にグルックの代表作となるオペラ『オルフェとユーリディース』がパリで初演されたことで、彼女の『オルフェ』通いは、その後数カ月つづく連続公演がおわるまで途切れることがなかった。

当時パリにはピッチンニというイタリアの作曲家が宮廷や貴族の招きで滞在していて音楽界をにぎわせていたが、オペラの改革をめざすグルックは、ピッチンニのような筋立ての複雑な凝ったイタリア・オペラにたいして、劇としての真実性を尊重するためにアリアとレチタティーヴォのあいだに滑らかな連続性のある、またより単純で自然な筋の展開をもったオペラの創造を考えていた。『オルフェ』は一七六二年にウィーンで初演されたが、グルックはこれをフランスで上演するに当たって、新しいオペラの概念にたって、もとのウィーン版を大きく改作してパリ版としたうえで、あわせて台詞もフランス語に改めた。

ジュリにとって偶然というか、むしろ幸運だったのは、彼女が愛の対象を失ってこころが死の静けさ

のなかにあったこの時期に、ほかでもないグルックの『オルフェ』の公演が重なったことであった。なぜかというと、いまの彼女の精神状態がオルフェのそれにそっくりだったからであった。

ギリシア神話に登場するオルペウスとその妻エウリュディケーの悲劇的な愛の物語はあらためて説明するまでもないけれど、最愛のモラに死なれたジュリは、妻と死に別れたオルペウスと同じこころの状況にあって、その嘆きと絶望をわがことのように感じることができた。彼女がこのオペラは自分の運命を歌っていると思ったとしても少しも不思議ではなかった。それほどジュリはこのオペラに没入したのである。それが彼女の魂にどう働きかけたか、また音楽というものを彼女がどう感じていたか、次に引く手紙はそれを余すところなく語っている。

「あなた、私はいま『オルフェ』から戻って来たところです。このオペラは私の魂をなごませて鎮めてくれました。涙を流しましたけれど、でもそれは悲嘆の涙ではなかったのです。私の感じた苦しみは甘美であり、悔いる気持ちにはあなたの思い出が混ざりあっていました。私はいつまでもその思い出に浸っていましたが、良心の痛みを感じることはありませんでした。失った人を思って涙を流し、また一方であなたを恋しく思っていました。私のこころがすべてを満たしていました。ほんとうになんて魅力的な芸術なのでしょう！　なんて崇高な芸術なのでしょう！　音楽は不幸な人びとを慰めなければいけないと考えた感性の鋭い人間が考え出したものなのですわ。こころをうっとりと魅了するあの楽音は文句の付けようのない慰めなのです！　ひとが不治の病に罹っているときは、ひたすら苦しみを和らげるお薬だけを探さなければなりませんが、私のこころにとってそういうお薬は世界中に三種類しかありません。」

彼女はこう言って、苦しみを癒すのにいちばん効き目があるものとしてまっさきに「あなた」、つまり愛する人をあげた。そしてつぎに痛みや苦しみに堪え切れないときに彼女が飲む阿片をあげてから、ジュリはこう書きつづけた。

「最後に私にとって快いもの、私の苦しみを鎮めるものといえば、それは音楽なのです。音楽は、私の血のなかに、私を生かしているすべてのなかに、うっとりするような甘美さと情感をいっぱい注いでくれるので、音楽は自分の悔恨や不幸でさえも楽しく味わわせてくれると言ってもいいくらいなものです。これは偽りのないほんとうのことですが、人生でいちばん幸福だったころは、音楽は私にとってこれほどの価値を持っていなかったのです。あなたが旅にお発ちになる前は一度も『オルフェ』を聴きに行きませんでした〔ちなみに『オルフェ』の初日は八月二日で、ギベールの出発は八月十五日だった〕。聴きに行きたいとも思わなかったのです。あなたとはよくお逢いしていましたし、それ以前もそうでしたし、あなたが来てくださるのをよくお待ちしていたものでした。そういうことがすべてを満たしていたのです。でも空しさのなかに落ちこんで、魂が絶望のさまざまな発作にかき乱されて動揺したとき、私はあらゆる手段に助けを求めましたが、その手段のなんて力の弱いこと！　私の命を憔悴させる毒を抑えるのになんて無力なことでしょう！」

そういう無力な手段にくらべて、いかに音楽がジュリの魂に染みとおってその苦しみを鎮めたか、いかに音楽が彼女の魂を浄化させたか、それはいまの手紙を読めば明らかであろう。

ジュリは、愛するユーリディースの死を嘆いて歌うオルフェのアリアのなかに、自分自身の悲しみと絶望を聴き取っていた。アリアの歌詞は、フランス語版ではこうなっている。

私は、私のユーリディースを失ってしまった、
なにひとつ私の不幸に比べられるものはない。

残酷な運命、なんという過酷さ！
なにひとつ私の不幸に比べられるものはない、
私は、私の苦しみに屈してしまった。
ユーリディース……ユーリディース……
答えてくれ！　なんという責め苦か！
この私に答えてくれ！
ここにいるのはあなたの忠実な夫なのだ、
あなたを呼んでいる私の声を聞いてくれ……
私は、私のユーリディースを失ってしまった、
ユーリディース、ユーリディース、
死のような沈黙、空しい希望、
なんという苦痛！
なんという苦悩が私のこころを引き裂くのか！
私は、私のユーリディースを失ってしまった。

オルフェの絶唱は、ジュリにかわって、ひとりジュリのために歌われているかのように彼女には思われた。そしてそれを聴きながら、オルフェの悲しみと絶望を味わい、彼のなかに自分を重ね合わせ、どちらのものとも見分けのつかなくなった苦悩の歌声に陶酔していた。そのときの感動を伝えたのが、次の手紙の一節である。

「私の受けた印象はあまりにも深い、あまりにも鮮明な、あまりにも悲痛な、あまりにもこころをとらえて離さないものだったので、私が感じたことを語るなんてとうてい不可能なことでした。私は愛の情念がもたらすときめきと幸福を味わっていました。そしてそんな自分のこころに深く思いを凝らさずにはいられませんでした。私が感じたことをともに感じなかった人たちは、きっと私のことを頭がどうかしたのではないかと思ったにちがいありません。この音楽は、私の魂に、私のこころの状態に、あまりにも似通っていたので、帰宅すると、私の感じた印象をもう一度味わおうと思って部屋に閉じこもっていました。……あの歌声の響きは苦しみに魅惑を添えるものであって、私はその悲痛な、鮮明な音が自分に付きまとって離れないのを感じていました。」

ジュリはグルックの音楽に、語ることなどとうてい不可能と思うほど深い印象を受けた。それは、ほかでもない彼女の音楽体験が、音楽と彼女の魂とのあいだで、言葉の介入を受けつけない直接の交流を果たしていたということである。小説家のプルーストは登場人物である作曲家ヴァントウイユの音楽とそれを聴く主人公について同じようなことを述べていたが、実際、音楽というものは、わたしたち人間にとって言葉の概念を使わずに魂と魂がじかに交流できる唯一の手段なのである。だからあのオルフェが歌うアリアは、ジュリの悲しみと絶望そのものである音楽的な実体となって、彼女の魂に染みとおったのである。

そのころ音楽といえば、多くは社交の場や晩餐会の雰囲気をなごませるための伴奏に過ぎなくて、劇場でのオペラやオペレッタの公演も大掛かりで華やかな娯楽であることが大半だったときに、ジュリにとっての音楽は、その感動が魂に達するような生命の体験だった。これはどんなに強調してもいいことであって、魂の救済というジュリの体験の真実を知らない当時の人が、あの女は頭がどうかしたのかと怪しんだとしても無理はなかった。

ジュリは、演奏が終わってもしばらくは放心したまま席を立つことができなかった。誰とも話をしたくなかった。そして自分の聴き取った言葉にならない貴重な印象を壊さないように、そっと家に持ち帰った。もう一度あの音楽の深い余韻に浸らずにいられなかった。グルックの音楽は彼女の魂の状態に「あまりにも似通ってい」て、それをそのまま表現するものだったからである。

彼女は、夜の静かさのなかで、ひとり音楽の余韻に浸りながら、もう一度自分の苦しみに向かい合うことになった。しかし、もうそのときは、魂の苦悩は浄化されていたのである。

こうしてジュリは、ギベールの不在のあいだ、『オルフェ』が上演される日は一日も欠かさず聴きに行って、その音楽に支えられ、音楽に救いを得て生きていたのである。

6

しかし、悲しいかな、ジュリの苦悩をやわらげた音楽の力も万能というわけにはいかなかった。

彼女は生まれながらに情念の女だった。たとえ音楽に陶酔して苦悶するこころを浄化され、いっときは落ち着きを取り戻すことができても、音楽はジュリの本質までをかえることはできなかった。どうあがいてもギベールを思い切ることなど彼女にできるはずはなかった。悲鳴のような情念の叫びが、あるとき堰を切ってあふれ出した。

それは、その日もまた『オルフェ』を聴きに行って、劇場から戻って来た夜のことであった。

「私があなたを愛さずに生きていられる、そんなことがありうるとでも思っておいでなのですか。ああ、なんということでしょう、情念は私が持って生まれたものなのです！　そして理性はこの私とはなんの関係もないのです！　私がここまでこころを許してわが身をさらけだしたことはこれまで一度だってなかったのです。でも、どうしてこころのいちばん奥に秘めた想いでさえあなたに隠すことができるでしょうか。その想いはあなたのことでいっぱいなのですから。……どうか私に焦がれ死にしないですむだけのものをあたえてください。そうでなければいっそ私に死ぬ勇気を出すのに必要なものをあたえてください。あなたからいただきたいのが死なのか、命なのか、私にはもうわからないからです。」

ジュリは内なる情念にさいなまれて、生か死か、最後の岐路に追い詰められていた。そして自分が情念の女であることをギベールにさらけ出したのである。

同時に彼女は、ギベールがモンソージュ夫人と密会していたことに嫉妬して彼を激しく責め立てたあの手紙のことを思い出した。あれを書きながら、どんなに自分の認識が甘かったか、どんなに自分というものを知らずにいたか、彼女はいまそれを思い知らされたのである。

「私の魂は幸福にも快楽にも閉ざされていて、もう大きな不幸を味わうこともなく、なにひとつ恐れることもありませんと、そうあなたに請合ったとき、私はどんなに自分というものを知らずにいたことでしょう、どんなに舌足らずな言い方をしてしまったことでしょう！……それにしても、ほんとうのところ私たちは自由なのでしょうか。私は自分の意志で、それどころかあなたの意志で気持ちを鎮めたり、冷静になったりすることができるものでしょうか。私にはあなたを愛することと苦しむこと、それしかできない。それが私のこころの動き、私のこころが感じる感情なのです。それを止めることも、搔き立てることも私には到底できません。……ああ、私はあなたを愛していますわ。あなたの愛情がなくても、私のこころはあなたに捧げられ、あなたにお預けしてあるのです。」

たとえギベールに愛されなくても、ジュリはこれからも彼を愛しつづけるだろう。そして現にいまも彼を熱愛している。しかもそれは彼女が自分の意志で愛しているというより、彼女にとりついた愛の女神ヴィーナスの餌食にされて、自分ではどうにもならない情念に引き回されている、そんな愛し方だった。ジュリは、それが自分の愛の宿命であることをこのときほど痛切に思い知らされたことはなかった。

ちょうどそのころのことであった。緯度の高いパリに早くも肌寒い秋の気配が感じられる九月も末になって、一通の手紙がジュリのもとに舞い込んだ。モラの父親のフエンテス伯爵からの手紙であった。伯爵が息子のモラに死なれてから四カ月がすぎていた。

フエンテスは、息子とジュリの結婚にあれほど反対だったのに、その息子に死なれたいま、ジュリが生前モラに全身全霊で尽くしてくれたことをこころから感謝していると、わざわざ言って寄こしたのである。

彼女は、子を思う父親の真情とその恋人だった自分にたいする誠意に打たれて、胸が詰まった。数年前まではフランス駐在のスペイン大使として宮廷やパリの社交界で大いに鳴らしていたフエンテスも、先年、妻に先立たれたうえに息子までも失って、故郷のマドリッドで失意のうちに寂しい晩年を迎えていたのである。

ジュリは伯爵の手紙に感動して、その内容をギベールに伝えずにいられなくなった。

「きのうはフエンテス様のお手紙を読んでいて死ぬ思いをしました。お手紙によると、あまりの悲しさに息子さんの遺愛の品々をまだひとつもご覧になれないでいるそうです。それから私が生前いつ、いかなるときもモラさんに示した友情の証しにたいして、これ以上はないほど濃やかで強い感謝をいつまでも私に抱くであろうということ、不幸に見舞われたときのモラさんを私が支えてあげたこと、息子が私に世話になったことはすべて命に代えてもその恩返しをしたいことなどが書かれてありました。そしてご自身の名において、また父としてその死を悼む息子の名において、僭越ながら私にお願いがあると申されるのです。息子のために追悼の辞のようなものを書いてくださるように、息子の友人だったダランベール氏に勧めてほしいというのがそのお願いでした。そうしてくだされば、その追悼の辞は息子の名誉を称えることになり、自分にとっては残り少ない日々の慰めともなるだろう、また家族の者たちにたいしては彼らの名誉となる記念すべき弔辞として読み聞かせ、ひいてはほかの子供たちにとって徳行の奨めとして役立つであろうとおっしゃるのです。心を打たずにおかないこの懇願は涙をもって終わっています。

ああ、おかげでこちらまでどれだけもらい泣きをしたかしれませんわ！　小説で読んでさえ冷淡ではいられないようなお話ですが、あなたをうんざりさせるのも恐れずに、その一部始終をこうしてお話ししてしまいました。ほんとうにフエンテス様というのは素晴らしい方です。あれだけの息子さんをお持ちになるのにふさわしい方です。実際あの方にとって、またモラさんを愛したすべてのものにとって、なんという喪失だったことでしょう！　それなのに私たちはみんな生きています！　モラさんのお父様、妹さん、そしてこの私、私たちは、あの人が私たちの手から奪われたまさにその同じときに死んでいたら、どんなに幸せだったかしれません。」

ジュリは、父フエンテスが亡き子を偲んで、生前彼女が示したモラへの愛情と献身を深謝する手紙に、激しくこころを動かされた。そしてそれを読んでいるうちに、忘れるはずのないモラの思い出が、ひときわ生々しくジュリのなかによみがえった。彼女はこころのなかで叫んだ。

――モラさんと一緒に死ねたら、どんなに幸せだったかしれなかった。

彼女の口癖になった嘆きがここでもまたくりかえされた。悲しみと懐かしさがとめどなくわきあがってきた。そしてあとに生き残ったもののやり場のないつらさに、ジュリは堪え切れなくなった。

彼女は遠く、南仏の故郷にいるギベールにすがりつく思いで訴えた。

「ああ、あなた、私を憐れんでください！　可哀そうだと思ってください！　死ぬほど傷ついている私の魂に、しばらくでも安らぎと慰めの時間を沁みとおらせてくださるのは世界中にたったひとりしかおりません、それはあなたです。もしあなたがここにいらっしゃったら、私を押しつぶす重圧を軽くしてくださっただろうにとつくづく感じます。あなたにお逢いしなくなってから、私は道を踏み外してしまったのです。魂が味わうのは常軌を逸したことばかりです。そのことは私があなたにあんな乱暴な態度をとったことでおわかりになったはずですわ。どうか私を正しい道に戻してください。私に生きていてほしいとお思いでしたら、私を導く道案内になってください。どうか私を見捨てないでください。もう私にはあなたを愛しているといういう勇気がありません。もうどうしたらいいのか、なにひとつわからないのです。私という人間を判断してください。こころが動揺するなかで生きている私よりあなたのほうがずっとよく私のことをご存じですもの。私が哀願しているものが、あなたなのか、それとも死なのか、自分でもわからないのです。私は救われたいのです、私を殺す不幸から解放されたいのです。」

たとえほんの一行でもいいから、この訴えに応えてくれるギベールからの手紙、ジュリはそれがほしかった。彼女は藁をもつかむ思いで返事を待った。

するとギベールから、いつになくすばやい返事が返って来た。

「これは、あなたからいただいた何通ものお手紙に返事をしようとするものではありません。今日はた

ったひと言、
――私はあなたを愛している、
という言葉で私の返事に代えることにします。あなたの友情は日を追うごとに私を動かすあらたな力を増して行きます。いいえ、そういう言い方は間違っていた。力を増してゆくのではなく、ほとんど一度でいまある友情にまで達したのです。あなたの友情は、海について言えるのと同じことが言えます、それはたえまなく受け容れながら、しかしそれ自身が増大することはできないのです。」
どんなに雄弁な慰めよりも、ギベールが手紙に記したたった三つの単語の「私はあなたを愛しているje vous aime」という言葉に、ジュリのこころは高鳴った。あの人は、私が手紙に書いた言葉をそっくりそのまま使って返事をくれたのだ。そこに彼女はギベールの優しい心づかいを感じた。あの人は、私が前の手紙にあんなひどいことを書いたのに、その私をまだ愛していてくれたのだ。自分を失っていた彼女のこころにわずかに平静さがもどってきた。

*

ところが、その鎮まるこころとは反対に、夏から秋にかけて、ジュリは体調が極度に悪化して、痛みと高熱に苦しみつづけることになった。手紙にからだの不調を訴える言葉が頻出するようになったのもそのころからであった。いま引いた手紙の最後には、「頭の先からつま先まで苦痛に悩まされています。魂は高揚しているのに、からだは衰弱しています。こんなふうにこころとからだのバランスが崩れていては、みじめな気持になり、ほとんど気が狂いそうになります」という言葉が記されていた。
それから十日ほどして書かれた別の手紙は、彼女を悩ます堪えがたい胃の痛みをいっそうくわしく記している。

「私は病気です。それも言葉ではとても言いあらわせないような苦痛のなかにいます。食べ物という食べ物は、どんな種類のものを摂っても同じように私を苦しめるのです。それでお医者様は胃の幽門に障害ができているという結論を出しました。こんなおかしな単語はいままで聞いたことがありません。でもこの幽門が閉じようとしようものなら、拷問にかけられているような痛さになるのです。毒にんじんを飲んでいます。もしそれが、ソクラテスが飲んだ毒にんじんのように調合できるものなら、喜んで飲むところですわ〔死刑の宣告を受けたソクラテスは毒にんじんを飲んで死んだ。『ソクラテスの弁明』、『パイドン』参照〕。そうすれば、人生というあまりにも緩慢で、あまりにもむごいこの病気を治してくれるでしょうに。」

彼女が服用した毒にんじんには痛みを抑えるモルヒネのような効果があったのかもしれないが、元来が猛毒を含む植物なので、残留していた毒性の成分に彼女は苦しめられることになった。

「からだの具合は救いようがないくらいひどいものです。あの毒にんじんのせいだと思います。きっとあれにはまだ多少は毒の特性が含まれていたのだと思います。気が遠くなり、胸が締めつけられる感じがして、今日は二十回も、いまにも失神するのではないかと思いました。いまこれを書いている瞬間にも気分の悪さといったらお話になりません。これはフォントネル〔百歳の天寿を全うしたフランス十八世紀の哲学者〕が死ぬ少し前に言ったことですが、私が感じるのは、彼が言っていた生きていることの大いなる困難ですわ。でも私の魂を元気にしてくれるひとが、こうしてあなたにお話をする力を私にあたえてくれるのです。」

しかし、そんな状態にもかかわらず、彼女はパリの社交界で欠かすことのできない存在だったから、方々から誘いがかかるとほとんど毎日のようにどこかしらのサロンに顔を出した。あの胃の激痛を訴えた日から三日後の土曜日などは、財務長官のチュルゴの家で二十人の会食者たちと夕食をともにしたかと思えば、別のサロンにも顔を出して、その日は百人の人間に会うという「離れ業」をやってのけた。それだけでなく、これはジュリにしかできない芸当で前にもたびたび述べたことだが、社交の場で相手の長所を引き立てる心遣いと、人を魅了せずにはおかないあの才気とでその場の雰囲気を盛りあげさえしたのである。

「あなたのお手紙が私の魂を元気にしてくださったので、私はあなたにおしゃべりをして死ぬほど疲れているのも忘れてしまいました。でもほんとうに命が消え入りそうな状態だったのです。じつをいうと、私は大成功を収めましたわ。なぜなら一緒にいた人たちの魅力と機知を引き立ててさしあげたからです。あの人たちが自分の自尊心を甘くくすぐられるそんな気晴らしができたのは、ほかでもないあなたのおかげなのです。でも私の自尊心はいくらあなたが私を褒めてくださっても、それに酔い痴れたりはしませんけれど。」

ジュリが体中の痛みを押してまで、いまでは内心あれほど嫌っているサロンに通うのは、ギベールの帰還を待ちわびる気持ちを少しでも紛らせるためだった。彼が戻って来るのは十一月になってからで、まだまださきのことだった。

「あなたに戻って来てほしいと、あえて言う勇気がありません。でもあなたがご不在の日々を指折り数えています。そういう日々が過ぎてゆくのはなんておそいことでしょう！　そういう日々のなんて長いことでしょう！　それが私の魂にずっしりとのしかかってきます！　ほんのいっときでも魂の望むことから気を逸らすのがどんなにむずかしいことか、いいえ、いっそそれは不可能ですわ！　本も、お付き合いも、友情も、とにかく想像できるかぎりの手を使っても、ここにいなくてさびしい思いをさせる人の値打ちと力をますます感じさせることにしかならないのです。」

彼が八月の中旬にパリを去ってからすでに二カ月以上のときが過ぎていた。しかしまだこのさきひと月は待たなければならないのだ。ジュリはギベールのいない生活に辛抱しきれなくなっていた。

「あなた、時間がたつのはなんておそいのでしょう！　私は月曜日からもうそれにうんざりしています。待ち遠しさを紛らそうと思って、私が試してみなかったことはひとつもありません。いつも動き回っていました。あらゆるところへ出かけて行って、あらゆる人に会いましたが、想うことはたったの一つでした。病気の魂にとって自然はただ一色です。すべてのものは喪の色に包まれています。どうかおっしゃってください、気分を紛らすにはどうしたらいいのでしょうか。慰めを得るにはどうしたらいいのでしょうか。」

この章のはじめに、わたしは、強い陽光のもとで樹木が生命にあふれる初夏にあって、ひとりジュリだけが死んだモラの喪に服して悲しみに沈んでいるようだと記したが、時がすぎて晩秋を迎えたいま、彼女のこころはふたたび悲しみの喪に服してしまった。病気のつらさに加え、あまりに長いあいだ恋しい人と引き離されて、孤独の寂しさに堪えきれなくなっていた。その彼女の眼に、自然までが喪の色一色に蔽われて見えた。そんな病める魂を慰めることができるのはただギベールの帰還だけであった。

X　愛の死

1

ジュリは、この十一月で四十二歳になった。

成熟した女性として、これからひと花もふた花も咲かせられる年齢なのである。しかし、悲しいかな、これだけの知性と感性、そしてなによりもあの優しいこころに恵まれながら、彼女に残された命はすでにそう長くはなかったのである。ジュリ自身いっこうに回復しないからだの不調から漠然とそれを予感していたことは、これまで引いた手紙の端々からも推測されるのだが、神ならぬ身の人間に自分の死期を予知することなどできるはずはなかった。

ただ一つ彼女にわかっていることといえば、自分を苦しめる情念の悶えと、日ごとに病んでゆく肉体の苦痛を終わらせてくれるのが死のほかにはないという一事であった。そしてその死が命の火を消すときが来るまでギベールを愛することが、彼女の生きる力であり、生きていることのたった一つの支えであった。しかし運命は、そんなジュリに、予想もしなかった最後の試練を残していたのである。

十一月中旬のある日、ジュリは、恋しいギベールがそろそろパリに戻って来る頃かもしれないと思うと、朝からこころが乱れて何にも手が付かなかった。夜になって彼女は、パリへ向かう旅の途上にいるギベールへの最後の手紙に、

「今日はサロンのドアが開くたびに胸がどきどきせずにはいられませんでした。あなたのお名前が取り次がれるのを聞くのがこわくなったことが何度あったか知れません。それなのに、今度はそれが聞けなかったので悲嘆に暮れました。こんなにたくさんの矛盾したことや、ちぐはぐなこころの動きはどれもこれも本当のことですが、そんなことになったのも「私はあなたを愛しています」という三つの言葉で説明が付くのです」

と書いて、愛するギベールの帰りを一日千秋の思いで待ちわびながら、久しぶりに恋人の顔を見るのが空恐ろしくもある、そんな女ごころを伝えたのである。

そのギベールがついにパリに帰って来た。するとジュリはさっそく以前と同じように彼を家に迎えて、ふたたび恋しい人との逢瀬をくりかえすようになった。

ところがジュリは、いまでは情念の激しさにこころの静かさを乱されるのを恐れて、溢れそうになる胸の想いをむりに抑え、以前のように思い切って恋しい人の腕のなかで愛の喜びに浸ろうとはしなかった。ギベールはギベールで、せっかく再会したというのに、前とはまるで様子のちがうジュリの態度が不満で、なによりそれが物足らなかった。

――そうやってあなたはいつまでも愛を罪だと見なしていられるのでしょうか。いつまでも中途半端に身をゆだねるだけで、苦しみに胸を引き裂かれながら生きてゆけると思っているのでしょうか。……愛は火と同じだということをご存じないのですか。愛はすべてを浄めてくれるのです。

ギベールは、いかにも女を扱いなれた社交家らしく、言葉巧みにジュリのかたくなな態度を和らげようと説得に努めた。ジュリはそんなもっともらしい理屈を鵜呑みにするような女ではなかったけれど、ようやく再会できた恋人が現に目の前にいて、耳もとで、あのこころをとろかすような低い声が優しく囁くのを聞くと、身うちにうずく欲望を抑えることができなくなって、しまいには男の腕のなかに身を投げ出してしまった。

あるとき、そんな逢引のあとで、ジュリは万一ひとの眼に触れてもすぐには読めないように単語の頭文字だけをつづった暗号のような手紙を書いた。それを伝記作家のセギュールに従って解読すると、「あなたを愛しているとは申しあげないことにします。昨日あなたが私を陶酔させて、味わいたいとは思っていなかった気持ちにさせられたことも言わないことにしますけれど、ただもう一つだけお願いがあります。あなたにこう言っていただきたいのです、私を愛しているって！」と読める。なんといじらしい願い事であろう。やはりジュリは、恋人の長い不在のあとで、ギベールの愛をあらためて確かめずにはいられなかったのだ。

一方のギベールは、ジュリに囁いたあの言葉とは裏腹に、いったんパリに戻って来ると、さっそくサロンからサロンへ遊び歩いて、ジュリとゆっくり水入らずの時間を過ごす余裕などほとんどないのにひとしかった。ジュリはそれを見通していて、「オペラ座や、気晴らしや、めくるめく社交界の賑わいがあなたを引きずりまわすのですね。それは当然すぎるほど当然なことで、私は不平など申しません。ただひたすら悲しいだけです」と、諦め顔に言うほかはなかった。

しかしギベールから逢瀬の時間を奪ったのはパリの歓楽だけではなかった。都会の歓楽なら、三カ月ぶりに田舎から戻って来たギベールがそれに耽るのも大目に見るしかなかったけれど、ジュリの前には、彼を慕うあのモンソージュ夫人の存在が立ちはだかっていた。彼女は、ギベールが自分を後回しにして夫人と密会を重ねていると疑ってはげしく嫉妬した。そして移り気なギベールに皮肉をたっぷりこめた手紙を送りつけた。

「あなたは広く世界中にこころを配る神様よりもお忙しいのですね。なぜって二人の女の幸せにこころを配っているのですもの。まずモンソージュ夫人を満足させてあげなければならない。つぎに私がそのあとから、当然のことですが、それもずっと遠くから付いてゆく。そしてカナーン〔神がイスラエルの民にあたえた約束の地〕の女のように、

――私はご主人様の食卓からこぼれ落ちるおこぼれで満足しましょう、

と、言わなければならないのでしょうね。でも、あなた、そんな道徳、そんな福音書めいた口ぶりは卑屈そのもので、それに甘んじられるキリスト教徒なんてたった一人しかおりませんわ。この私は天国を憧れてはおりませんから、この世にいてどなたかの食卓からこぼれ落ちるおこぼれを食べる気などさらさらありません。」

ジュリはこう言って、女としての誇りと悔しさを抑えきれずに、ギベールの浮ついた態度に手きびしい皮肉を加えたのであった。

ところが、モンソージュ夫人のことよりもはるかに深刻な問題が持ち上がって、ジュリのこころをかき乱すことになるのである。ギベールが結婚するかもしれなくなったのである。

ギベールの結婚話は、じつはまだ彼が故郷のフォンヌーヴに滞在していた九月のころにさかのぼる。問題の発端は、ギベールの父ブノワ・ド・ギベール伯爵が破産の危機に瀕したことにあった。これは

チュルゴの前任者である元財務長官のアベ・テレが国庫の窮乏を救うために発案した勅令のためで、これが実施されれば、貴族たちの所有地のうち国王直轄の土地はすべて王領に返還されることになり、その結果伯爵はいわゆる領主権を奪われ、十二万リーヴルの年金を失うことになるからである。その当時貴族の年収は四万リーヴル以上と言われていたから、これは相当な金額である。伯爵には病気の妻と、出戻った娘とその子供たちがいて、その養育にも金がかかった。もし父が死ぬようなことになれば、すべての責任がギベールの肩にのしかかって来る。またギベール自身にもパリでの生活費がばかにならない上に、軍事に関する研究と調査で外国に旅行したときの借金が重なって、借財が大きく膨らんでいたのである。それらすべてを解消するには、彼がパリを捨てて、どこか地方の裕福な家の娘と結婚して、その土地に引きこもるほかに打つ手はないかもしれないのだ。

ギベールが、この夏、故郷に戻ったのは、父とこうした問題を話し合うためだったのである。

彼がはじめてこの問題をジュリに告げたのは九月のことであった。そのとき彼は、いま話した一家の経済状況を事こまかに説明してから、自分が窮地に立たされていることを、彼女にこう伝えていたのである。

「こうしたこまごました無数の心配事に責め立てられて、せっかくわが家に戻って来た楽しみがすっかり台無しになりました。……私があれこれ考え抜いたことを思ってみてください。異常なくらい精神が落ち込んで、どんなに混乱しているか、どうかわかってください。私は途方に暮れて、将来をぼんやり推しはかってみると、おそらく結婚することが、私の借財を逃れ、家族の財産を確実にして、家族にとっての救いとなりうる唯一の手段かもしれないのです。父からは地方のかなり裕福な結婚相手を何人か勧められたのですが、私はすべて断りました。地方に住むくらいなら、いっそこの命を捨てたほうがましだからです。」

　ジュリは、ギベールの父親の窮状を知らされると、時をおかずに行動に出た。そのあたりはいかにも彼女らしい機敏さであって、前に話したとおり彼女は財務長官のチュルゴと親しい間柄にあったから、さっそく彼に会って、アベ・テレが策定した勅令が実施されるかどうかを質した。そしておりかえしチュルゴからの返事をギベールに伝えた。

「チュルゴさんにお会いして、あなたが王室の直轄領のことで心配されていることをお話してみました。彼がおっしゃるには、この件に関してはまだなにも決定されていない。財務監督官のボーモン氏がこの件を担当しているが、アベ・テレ氏がこの仕事のために創設した組織は行動に出ることを禁止しているとのことでした。チュルゴさんはこれに付け加えて、ボーモン氏から情報を受けとり次第、直轄領についてなにか計画されていること、あるいは決定されていることがあればお伝えするが、しかし概して自分は個人の所有地を大いに尊重するつもりだと申されました。これだけでは満足できなかったので、私はドヴェーヌ氏〔チュルゴの秘書官〕にあなたの件をお話しすると、彼はきっぱりとこうお答えになりました、――どうかギベール氏がご安心なさるように。チュルゴ氏がアベ・テレの案を実行することは断じてありますまい、これは私が請合います。

　以上がお二人のご返事です。あなたもこれでほっとなさるはずですわ。」

　それから一週間して、ジュリはチュルゴからの返事を受け取ると、それをギベールに伝えた。

「アベ・テレが直轄領について行った、あるいは行おうと計画したことはすべて無効になったのも同然です。いっさいが取り消され、破棄され、無効にされました。ひと言でいえば、あなたはお父様の所有地について十年前と同じように安心してよろしいのです。昨日チュルゴさんがそう私に請合ってくださったのです。あなたが最近どうなさっているかとチュルゴさんはお訊ねでした。……ドヴェーヌさんからもあなたによろしくお伝えくださいと申し付かりました。お仕事でそれこそ押し潰されそうになっておいでです。このお二人は財政の建て直しやら、見通しやら、お仕事が山のようにあって、息つく暇もないのです。」

このチュルゴの言葉でギベール家の財産問題の危機はひとまず避けられる見通しが付いた。しかしギベールの結婚話はこれでけりが付いたのではなかった。父は息子のギベールが一日も早くどこかの金持ちの跡取り娘と結婚して、郷里の土地に身を落ち着けることに執着していたのである。

ちょうどその頃、ジュリのサロンの常連で、クリヨン伯爵という若い男が結婚した。ギベールは郷里でそれを知ると、自分の結婚についてこんなことを書いてきた。

「私も結婚しなければならなくなるでしょう！　なんということでしょうか！　クリヨン伯爵は一万五千リーヴルの年金があった。私にはその半分しかない。彼は生活に困らなかった。私のほうは借金がある。すべてが彼をパリに結び付けているのに、私のいまの状況では、なにもかもが私をパリから遠ざけている。父がパリに出て来るのは来年の一月になってからですが、結婚の計画を持っていて、私を結婚させてこちらの土地に住まわせようとしている。私の置かれている状況はすべてあなたにお話しすることにしましょう。だからあなたの忠告を聞かせてください。どうか私の力になってください。」

ギベールはこう言って、それがどういう魂胆からなのかわからないが、自分の結婚に人もあろうに恋人のジュリをまきこんだのである。それだけでも不可解な話であるのに、さらにつづけて、

「もし私が結婚を決意せざるをえなくなったら、あなたの手で取り計らってもらいたいと思っています」

と言って、自分の結婚をジュリに任せたいと申し出たのである。

愛するギベールが近い将来結婚するかもしれないとわかれば、ジュリはまちがいなく絶望するか、激怒するか、とにかく感情を爆発させることになるのは避けようがないと思われた。ところが、そうはならなかった。そのとき彼女がとった態度はギベールのそれに負けないくらい不思議なものだった。彼女はさっそく恋人のために金持ちの跡取り娘を物色しはじめたのである。

「私がいま何に没頭しているか、何をしたいと思っているか、あなたには絶対当てられませんわ。それは私のお友達の一人を結婚させることです。ひとつ思いついた考えがあって、それがうまく行くことを願っています。……その人は十六歳の若い娘で、母親がいるだけで、お父様はおりません。結婚させるときは、この子に一万三千リーヴルの年金を与えるそうです。まだ子供なので母親が当分のあいだ家に住まわせて預かるそうです。この娘さんが持つことになるお金は六十万フラン〔フランはリーヴルと同じ〕を下まわることはありえません。もっと裕福になるかもしれません。いかがですか、あなたのお気に召すでしょうか。おっしゃってくだされば、こちらは動くことにしますわ。……私はなによりもあなたの幸せを望んでいますので、そうなるようにお世話できる手立てを見つけることが私の生活の第一の関心事になることでしょう。」

男が自分の結婚相手を愛する女に探させ、女が進んでそれを探すとは、おかしなカップルがいたものである。ジュリはギベールの「幸せ」を願って、彼の相手を探していると言っているが、果たしてそれが彼女の本心なのだろうか。

たしかに十八世紀の結婚というと、家同士の利害のために決められたいわゆる政略結婚がよく行われたもので、いったん結婚してしまうと、夫婦はたがいに自由の身になって好きなように暮らすことになり、それぞれが愛人を作ってもそれを世間は当たり前のこととして受け入れていたのである。ジュリに近いところでいえば、彼女のおばにあたるあのデファン夫人がそういう経歴をもった女だった。もっと世に知られた例をひくと、これは政略結婚ではなかったけれど、数学者として有名なシャトレ夫人にはれっきとした軍人の夫があったが、ヴォルテールの公然たる愛人であって、ヴォルテールが彼の『哲学書簡』が発禁になって官憲の追及を受ける身になったとき、彼女はパリから遠く離れたロレーヌ地方シレーの所領地にヴォルテールをかくまい、そのまま十数年の長きにわたって同棲を続けたのである。

ジュリは、ギベールを結婚させたあとも彼と愛人関係をつづけられると思って、こういう行動に出たのだろうか。それともほんとうに彼の幸福を思って結婚相手を探したのだろうか。とにかく彼女の本心についてこれだけではなんとも判断の下しようがないのである。一方のギベールはジュリの力を当てにしていると言っておきながら、彼女が持ち込んだ結婚話にまったく反応を見せなかった。

ところが、それから半月ほどたって、偶然ジュリは、クリヨン伯爵が結婚した若い新妻に出会った。おそらくそのときの印象がきっかけになったのだと思うが、前々から男の結婚について抱いていたある考えがふとジュリの頭をよぎった。

——才能を持って生れた男は結婚すべきでない、

というのが、彼女の考えだった。

するとと彼女は、いままでギベールのために必死に結婚相手を探していたジュリとは別人になったかのように、彼にこう告げたのである。

「あなたにお話したかどうか忘れましたが、クリヨン伯爵の奥様にお会いしました。顔立ちは品がないのですが、でも話しぶりは愛想がよく、しきりと人の気に入られようとするのですが、しかしあのままでは私がいちばん愛している男の人の奥さんになるには充分だとは思えません。ねえ、あなた、私はこれまで以上にそうだと確信があるのですが、才能や天才を持っていて、栄光を約束されているすべての男性は結婚すべきではないのです。結婚というのは、天分の輝きを持ちうる偉大な人間の光をすべて消してしまうほんとうの蠟燭消しなのです。もし誰かが充分誠実で思いやりがあって、いい旦那さまになれても、その人はもうそれだけのことですわ。そこに幸せがあるというのなら、それはそれでたぶん大いに結構なことですけれど。でも世間には自然が偉大になるように運命づけて、幸福になるようには運命づけていない人がいるものです。ディドロが言っていましたが、自然は天才を作るとき、その人の頭上で松明を振って、こう言うのです、

――偉大な人間になれ、そして不幸になれ、

と。自然はあなたが生れたとき、そう宣告したのだと思いますわ。」

ジュリはギベールの才能を開花させたいと願って、今度はそのために結婚を思い止まらせようとしている。しかしそれでは彼の借財の解決にはならない。彼女は二つの難題に挟まれて、本人のギベール以上に真剣に頭を悩ませることになった。

前の手紙から一週間して、ジュリはふたたびこの問題にふれて次のような手紙を書いた。それは、そのとき彼女が抱いていた嘘いつわりのない思いを綴った真実味のこもった手紙であった。

「実際私は、あなたに財産がおありになればどんなにいいかと思っています。財産といっても、いまお名前をあげた情けない人たちの財産のことではありません。あの人たちはありあまる財産の上にすわって、退屈で死にそうなのです。でも私は、できるものならあなたに生活のゆとりを持っていただきたいのです。あなたの才能を枯れさせたり、あなたの天才の首を絞めたりしなければならない羽目にだけは

ならないでください。要するに、やむをえず大衆のなかに舞い戻るようなことにはなってほしくないのです。誓って申しますが、私が結婚をおそれるのは、ひとえにあなたのためなのです、あなたの栄光を思えばこそなのです。これについて私は誠実にこう申し上げることができますわ、

——私のこころの奥底は日の光よりも浄らかです、（ラシーヌ『フェードル』）

と。これだけ申し上げておいて、もしほんとうに素晴らしい縁組があれば、またもしもあなたになにかもくろみがおありなら、そして私と私のお友達があなたのお役に立てるものなら、そうです、そのときこそ私たちが縁談を成功させるためにそそぐ熱意と、活力と、情熱を頼りになさってくださいませ。そしてあなたが幸せになるのを見られるのでしたら、私はいま一度幸福と喜びを味わうことになるでしょう。」

ジュリは自分がなにを言っているのかわかっているのだろうか。もしもギベールが真に結婚を望んでいるなら、自分の恋を二の次にしてでも恋人を結婚させて、そうすることで彼が幸福になれるのなら、それが自分の幸福にもなる、彼女はそう言っているのである。ジュリよ、あなたはほんとうにそれでいいのだろうか。しかし、どう見ても彼女は本気でそう言っているとしか思えない。それが本心らしいのだ。いまの手紙の文章に感じられる誠実さが言葉の真実を保証して、そこに疑いをいれることを許さないからである。

たしかにジュリがこの手紙で「浄らかな」こころのうちを披瀝したことは疑いようがないだろう。しかしギベールの結婚のために自分の恋を犠牲にしたからといって、それで恋人によせる彼女自身の愛が消えてなくなるわけはないだろう。そうであれば、ジュリが味わうと言っている「幸福と喜び」が、彼の幸福のかげで不幸と悲しみに変わらないはずはないだろう。果たしてそれで彼女は満足できるのだろ

うか。

運命が、そういう彼女のこころを試すかのように、人生の最後にむごい試練を用意していたことを、ジュリはまだ知る由もなかった。

2

ギベールの結婚問題が、二人のあいだでしきりと話題にのぼったのは彼が郷里にいたときのことであったが、しかし、いま引用したジュリの手紙を受け取ってからというもの、なぜか彼の口から結婚話が持ち出されることはぱったり途絶えてしまった。彼女のほうも、これで結婚話は立ち消えになったものと考えて、ほっと肩の荷をおろした気持ちになった。

やがて時が流れて、十一月に彼がパリに戻って来ると、ふたたび恋人たちの交際が旧に復したことについては、この章のはじめに話したとおりである。しかし旧に復したといっても、ギベールにはモンソージュ夫人という長い付き合いの女がいる上に、ジュリには忘れもしないモラの思い出があって、彼女は、複雑に入りくんだ感情の縺れに身もこころも翻弄されながら、ギベールを愛さなければならなくなった。

こうして彼女の恋は、この年の晩秋から翌年の冬にかけて、激しい愛憎にゆれ動く季節をむかえたのである。

表面は明るい顔をしてサロンに客を迎えながら、そのかげでジュリはどんなふうにその季節を過ごしていたのだろうか。そのありさまを伝える手紙が残されている。それは、この書簡集のなかでもとりわけ読むものの胸を打つ手紙であって、愛するがゆえに苦しみ悶えるこころの修羅がそこにあからさまに描かれている。

その日もジュリはからだの不調に悩まされていた。しかしそれ以上に彼女を悩ますのは、モラを失った絶望と彼にたいする良心の痛み、それにもかかわらずギベールへの愛にすがって生きている苦しみであった。その苦しみを、彼女は、肉体のはげしい苦痛に必死に堪えながら綿々と綴っていた。

「あなた、私のいまのありさまを聞いていただけますか。苦しくて眠ることができません。熱があって、私は火のなかにいますが、頭のなかでは魂が活動しています。こんな状態にいると、生きているのがほんとうにつらくて苦しいのです！　いったいどんな運命の仕業なのか知りませんけれど、モラさんを失った絶望に四六時中ひきもどされてしまうのです。あなたのことで頭をいっぱいにしたいと思っているのに、あの人のあとを追いたいという欲望、欲求、それよりもむしろこころを引き裂く後悔から解放されたいという欲望にとり憑かれています。なぜあなたは私に生きろと命じたのでしょうか。なぜいままでも私に、あなたを愛することにしみじみと幸せなひと時を味わわせたりなさるのでしょうか。なぜあなたは私を支えてくださるのでしょうか。なぜ私を生と死のさかいに引き止めておくのでしょうか。いっそひと思いに死なせてください、そうでなければ私の魂をあなたのことでいっぱいにして、モラさんがこの魂に残した恐ろしい空白をもう二度と感じないようにしてください。でも、こんなふうに苦しんでいるところをあなたにすっかりお見せしてしまって悔やんでいます。そんな私を哀れと思ってくださいますか。きっとそう思ってくださいますわ、私があなたを愛していて、その気持ち一つで私が命につなぎ止められていることをあなたはよくご存じですもの。

もし今日お逢いできないのでしたら、どんなにつらいことでしょう。からだの痛みを重荷に感じるのは、ひとえにそれが私の魂を衰えさせるからです。痛みが襲ってくると、愛する人に逢いたいという思いがひとしお募ってきます。でも一分でもあなたを無理やり縛ったり、あなたからたった一つの楽しみを味わう望みを奪ったりしては申しわけありません。決してご無理はなさらずに、まして犠牲を払うようなことはなさらないでください。あなたが逢えるというときにお逢いしますわ。いつだって私はあなたが欲しいのです。」

ジュリの激しい気性を思うと、これはまた何といじらしい手紙だろうか。彼女はそこまでこころが弱ってしまったのだろうか。

しかし、いずれにせよ彼女にとってギベールへの愛が苦しみであるのは、一つには彼がモンソージュ夫人を愛しているからである。彼の「たった一つの楽しみを味わう望みを奪ったりしては申しわけ」ないとジュリが言っているその望みとは、おそらく夫人との逢瀬を暗に指しているのであろう。いまではその逢瀬を邪魔しないように彼女は気づかっているのである。

しかしそれ以上に彼女を苦しめるのは、いうまでもなくモラにたいする良心の呵責であったが、いくら時がたってもこればかりは薄れることがなかった。ということは、その苦しみを取り去ることができるのは死のほかにはないということである。

そうなると、いったいジュリはどうすればいいのだろうか。

「あなた、何度も言うようですが、自然のなかで私が恐れるものは私の良心のほかにはなに一つありません。その良心を鎮めることも、悔恨の思いを抑えることもできないので、私は死んでしまいたいのです。……どうか、あなたのこころは私にたいして永久に閉ざされたのだと、そうおっしゃってください。そう言ってくだされぱうれしいのです。なぜってその言葉であなたは、私を後悔と悔恨で満たされた生にひきとめているたった一つの絆を断ち切るからです。あなたを愛すること、それもあなたに私の気持ちを分かちあっていただくことを当てにせずに愛すること、それ以外にもうこの生にどんな興味も楽しみも私は期待してはおりません。……どうかくりかえし言ってください、もう私には決して逢わないだろうと。私の魂がいちばん聞きたくてたまらないのはその言葉ですから。私が恐れているのは生きることだけなのです。」

ギベールに逢えなくなれば、私は死ねる。死ねばこの苦しみから解放される。そう思ってジュリは、命の絆を断ち切るためにあえて自分に愛想尽かしをしてくれとギベールに迫った。彼女がときおり見せる自虐的な願いである。

だが、結局ジュリは、生きていることがどんなに恐ろしくても、胸の奥にモラの思い出と悔恨を秘めながら、ギベールを愛することで生きてゆくほかに生きてゆく道はなかった。

そんな悲しい愛を、彼女は一心にギベールに訴えた。

「どんな情熱が、どんな愛情が、私の魂をかき立てているか、おわかりになってください。もうあなたを愛さなくなる、もしそんなことにならなければいけないとしたら、死ぬってなんて甘美なことでしょう！　これは神様が証人ですが、私がこころを寄せている方はあなただけで、誰かが私にどんなに心づかいや、優しさや、友情や、好意を振りまいても、私をあしたまで引き止めておくことなどできるわけがありません。私の傍らにはいつでもモラさんがいてくれます、そしていつでも私はあなたにお逢いしていています。もし私の魂がこの支え、この救いを見失ったら、一時間だって私は生きてはいません。ああ、どうか私の魂の奥底をお読みになってください。そうしてそこに私が口で言うよりもっとたくさんのことをはっきりご覧になってください。……

私は生きていたくないのです、ただあなたを愛したいだけなのです。……何度も言いますけれど、死のことが日に何回あたまに浮かぶかしれません。でも私のこころがあなたを愛さなくなるなんて、とても考えられないことです。どうか私という女のすべてを知り尽くしてください。私のこころのなかには、この身を焼き尽くす毒があることをしっかりご覧になってください。自分からあなたにそれをお見せする勇気はありませんから。……きっとあなたはどなたかにたいそう愛されたかもしれませんけれど、たとえそうであっても、これ以上の力と、愛情と、情熱をこめてあなたを愛した女はひとりもおりませんわ。どうかそれをおわかりになってください。」

ジュリのこころが追い込まれた状況をこれほど切実に、これほど赤裸々に語った手紙も少ないだろう。彼女のなかで、いまでもモラはまるで生者のように生きている。しかしまた、モラを裏切った悔恨にどれほど責められても、彼女は「身を焼き尽くす」愛の情念に駆られて、ギベールを死に物狂いに愛している。愛することを悔いながら、愛さずにはいられないのである。

3

パリの町は、そんなジュリのこころの修羅を映すかのように、厳しい冬の季節をむかえていた。そして、あの運命の二月十日がふたたびめぐって来た。

読者もきっと覚えておられると思うが、一年前のその日の夜、オペラ座の桟敷席につづく奥まった小さなサロンで、ジュリはギベールの腕に抱かれて、愛し合う喜びにすべてを忘れて溺れていた。しかしその同じ晩、同じ時刻に、遠くはなれたマドリッドの病室では、モラが大量の血を吐き、意識を失って、生死の境をさまよっていたのである。

その数週間後、モラ危篤を告げる知らせがパリに届いた。奇しくもそれが、ジュリがギベールとオペラ座で過ごした晩のことだったのを知ったとき、彼女は残酷な偶然の暗合に驚愕し、モラを裏切った取り返しのつかない罪の意識に打ちのめされたのだった。以来、ぬぐいきれない悔恨の思いが、日ごとジュリを苛むようになったことはもう何度も話した。

そして、それからちょうど一年がたって、その日がめぐって来た。

深夜、十二時の鐘が鳴ったときである。いきなりジュリに、あの夜のおぞましい記憶がよみがえった。官能の快楽と罪悪の意識がせめぎあう悪夢のような思い出に、彼女はからだが竦んで、身動きができなかった。そのときである。薄暗い部屋の奥に、不思議なものを見た。若い男が立っていた。ジュリはいつか知らない不吉な力に吸い寄せられて、男に近づいて行った。……

その夜、ジュリは神経が高ぶって眠ることができなかった。朝が来るのを待ちかねて、といっても冬のことで、まだ夜のように暗い部屋のなかで、彼女は真夜中、自分を襲ったあのオペラ座での思い出と、そのあとで経験した信じられないような出来事を一刻も早くギベールに伝えずにはいられなくなった。

「一七七五年〔二月十日〕午前六時。

真夜中の鐘が鳴っていました。そのとき私は、この血を凍りつかせるような思い出に襲われたのです。私が毒に酔い痴れたのは去年の二月十日のことでしたが、毒の効き目はいまもまだ続いています。こうしていてもこの瞬間に、あの日の思い出は、私の血のめぐりを狂わせ、その毒をいっそう荒々しく私のこころに注ぎこむのです。そして、またしても胸を引き裂くような後悔をつれもどすのです。ああ、いったいどんな運命のめぐり合わせによって、もっとも激しい、もっとも甘美な快楽の感情が、もっとも堪えがたい不幸に結びつかなければならないのでしょうか！　なんという恐ろしい結びつきでしょう！

その恐怖と快楽の瞬間を思い出しながら、どうしてあなたにお話しないでいられるでしょうか。若い男が私のほうへやって来るのが見えたのです。眼には好意と思いやりがあふれ、その顔には優しさと愛情があらわれていました。その魂は情熱に昂ぶっているように見えました。それを見た瞬間、私は喜びのまじった恐怖のようなものがからだを貫くのを感じたのです。思い切って眼を上げて、その人に注ぎました。そして近づいて行ったのです。私の五感と魂は一度に凍りついてしまいました。見ると、その人は喪服をまとった苦悩に先導され、こういってよければ、その苦悩に包まれていました。苦悩は両腕をまえに差し出して、私を押し戻すかと思えば、引きとめようとするのです。私は不吉な魅惑に引き寄せられるのを感じていました。そしてこころが動揺するなかで、こう言ったのです、

——あなたはどなたですか、これほどの魅惑と恐怖を、これほどの甘美な喜びと不安を、私の魂に染み込ませるあなたは。いったいどんな知らせを持って来られたのですか、

と。すると苦悩は陰鬱な様子をして、悲痛な声で、こう言ったのです、

——不運な女よ、私はお前の運命になるであろう、お前の運命を作るであろう。お前の命を生かしていた者が、たったいま死に襲われたのだ。……

と。そうなのです、あなた、こんな不吉な言葉が聞こえたのです。その言葉は私のこころに刻みつけられてしまいました。まだその余韻でこころが震えています。震えるこころはあなたを愛しています！

お願いですから、どうしてもあした、あなたにお逢いしたいのです。悲しみと動揺で身も世もない思いをしています。ほんとうに、なんということでしょう、一年前、同じ時刻に、モラさんは命にかかわるような発作に襲われたのでした。そしてこの私のほうは、同じとき、あの方から二百里も離れたとこ

ろで、あの方を殺した野蛮で無知な者たち〔スペインの医者たち〕より、もっと残酷で、もっと罪深いことをしていたのです。もう後悔の気持ちで死にそうです。私の眼も、私のこころも涙でいっぱいです。さようなら、あなた。私はあなたを愛してはいけなかったのです。」

ここに語られていることはジュリにとって夢ではなかった。彼女がその眼で見、その耳で聞いたのである。他人が冷静に考えれば、そんなものは幻覚だ、幻聴だと言うかもしれないが、しかし彼女にはそれが現のごとく見え、また聞こえたのである。そのまぼろしをこれほどまでに生々しく呼び出したのは、彼女のこころに棲みついてしまった悔恨であった。そしてモラを思わせる若者を先導して歩んで来る「苦悩」とは、彼女の罪の意識が具象化されてあらわれた幻影だったに相違なかった。

ジュリは、この出来事があってからというもの、しばらくの間、気力も体力も失せてしまい、ただ苦しみに翻弄され、その餌食にされたようになすすべを知らなかった。そんな気落ちした状態を忘れさせてくれるものがたった一つだけあった。彼女が常用していた阿片である。

「大きな不幸というのは、ほんとうに何と恐るべきものなのでしょう！　限度も、程度もあったものではありません。もう私は休息しなければだめです。どうか気が鎮まるように私をそっとしておいてください。これから阿片を二錠飲むところです。血のめぐりを鈍くすることで、考えは乱れ、魂は衰弱するでしょう。そしてきっと、あなたが私のこころに応えてくださらなかったことも、昨日は一晩中私を慰めたり、安心させたりしてくれる言葉をひと言もかけてくださらなかったことも忘れてしまうでしょう！　さようなら、どうかお出でにならないでください。お願いしましたように、ドアが閉まっていても気を悪くなさらないでください、どなたにたいしてもそうしているのですから。からだがすっかり弱っているので、阿片の効き目でからだの働きはすべて利かなくなります。でもそのおかげで痛みが中断されるのです。からだのなかで私に感じさせたり、苦しませたりする部分を取り去ってくれるのです。さようなら、これから二十四時間あなたとお別れします。」

手紙を書き終えると、ジュリは薬入れの小箱をとって、錠剤を二粒、口に入れた。

朝の六時すぎであった。まだ夜明け前で、窓の外は濃い闇が立ちこめていた。やがて意識が混濁してきて、彼女はこころの苦しみも、からだの苦痛も感じなくなるだろう。そのかりそめの死のなかで、あんなに渇望していた休息にようやく身をゆだねることができるだろう。ジュリよ、もうあなたは充分に苦しんだ。その苦しみに健気に堪えたのだ。いまはただ朝の静かさのなかですべてを忘れて、安らかに眠るのだ。

＊

季節は三月に入った。まだ朝夕の寒さは肌に凍みるけれど、木々の枝は淡いみどりに芽吹いて、澄んだ空からふり注ぐ日の光に、浅い春の気配が感じられるようになった。

その日、ジュリは、午後になってから、ふと思い立ってたった一人でチュイルリー宮の庭園へ出かけて行った。宮殿はパリ・コミューヌの際に火災に遭い、その後取り壊されてしまうのだが、その頃はルーヴル宮の西側に美しい輪郭を見せていた。

ジュリは宮殿とその西にひろがる、セーヌ川沿いの広い庭園をひとめぐりした。そこはル・ノートルの設計によるフランス式庭園で、その庭園に立つと、いまはシャン・ゼリゼ大通りになっている広々とした緑地帯にむかって遠く眺望がひらけていた。その庭園を、連れもなく、ジュリのような社交界の女がひとりで散歩することはめったになかったであろう。『書簡集』の百八十通をふくめて二百数十通を優にこえる彼女の手紙を見ても、そんな記述はどこにも見つからない。また外界のことになると、天気にも、景色にも、恋する女はまったく関心がなかったらしく、それに関する記述も見当たらない。ところが、その日は特別だった。めずらしく散歩の記述が残されていた。愛の情念と悔恨に疲れ果てたジュリを、明るい光りに満ちた春の気配が、外の世界へ誘い出したのかもしれなかった。

実際それは、ようやく長い冬が去って、晴れ晴れとした好天に恵まれた早春の一日だった。折も折、その日は謝肉祭の最終日の火曜日、いわゆるマルディ・グラに当たっていた。下町の盛り場は、浮かれた人の群れであふれ、カーニヴァルの賑わいを見せていたことだろう。

しかしジュリは、遠くの喧騒をよそに、ほとんど人影の見えないチュイルリーの庭園を、ひとり静かに歩いていたのである。そのときの印象を、彼女はつぎのように綴っていた。

「三時に、チュイルリーへ行って、ひとまわりして来ました。ああ、あそこはなんて美しかったことでしょう！　なんてすばらしいお天気だったことでしょう！　私が吸いこむ空気は、鎮静剤の役目をしてくれました。私は愛したり、後悔したり、欲望を抱いたりしてきました。でもそのときばかりは、そうした感情はどれもこれも優しさと愁いをおびていました。あなた、こんなふうに感じる感じ方って、情念の激しさや衝撃よりずっと魅力がありますわ。私はもうこんな感情にはうんざりしました。そんな気がするのです。もう激しい恋はしたくありません。これからは優しく愛することにしようと思います。でも、弱々しく愛することだけは絶対にしませんわ。あなたもそうお思いになるでしょう、なぜって私が愛しているのはあなたですもの。

四時半に家に戻って来て、六時までひとりでした。あなたをお待ちしていた時間をどうやって潰したか、あなた、おわかりになりますか。一月一日からのあなたのお手紙を読み返していたのです。それを順番に揃えてみました。要するに、あなたのお姿が見えないので、激しく、優しくあなたを想って、頭はあなたのことでいっぱいだったのです。それから六、七人の人たちがお見えになって、ご自分たちの謝肉祭の火曜日を私のために充ててくださいました。みんな遊び疲れていて、おしゃべりをしたり、気ままに振舞ったり、一休みしたりする楽しみを味わいたかったのです。そして私もふくめて、そのすべてを楽しみました。なぜって、そのときはまだあなたにお逢いするものとばかり思って、こころが弾んでいたからですわ。そんなふうにあなたが来るのを心待ちにしていたのです。

ああ、なのに九時が鳴るのを聞いたとき、私は死んだようになってしまいました。私が黙り込んでしまったので、九時半には引き上げなくてはいけないと、誰もがピンと来たのです。でも、いっときでもあなたが加わる気のなかった一日のことをこうしてお話ししてあなたを疲れさせるなんて、私は頭がどうかしていますわ、いっそのこと愚かな女ですわ。さようなら。……あなたは根っからの社交家だと思っていますから、今夜の舞踏会を欠かすようなことはなさらない。私のほうは舞踏会よりも、ほとんど自分ひとりしかいない時刻に、チュイルリーの柔らかな、澄みきった空気を吸うほうを選びますわ。」

ジュリは、誰もいないチュイルリーの庭園を、たった一人、早春の光りをあびて歩きながら、胸に吸いこむ冷たく澄んだ空気に病んでいるからだが生きかえる思いをしたことだろう。悩むこころは癒されて、情念も悔恨も、いまは激しさを失い、甘美な愁いをおびていた。彼女がはじめて味わう優しい愛の感情だった。これからはあの人を優しい気持ちで愛してあげよう、そういう愛し方のほうがずっと魅力があるのだから、と彼女は思った。

この手紙を読んでいると、わたしには、そんなことを思いながら静かな庭園をそぞろ歩くジュリの美しいシルエットが眼に浮かんで来るのである。実際、ひとり戸外にあってこんなに安らいだ彼女の姿は、この手紙を読むまでは想像すらできなかった。それだけに、やわらかな光に包まれた人気のない庭園を歩むジュリの姿に、こちらまでがほっと胸を撫でおろしたものだ。そして波瀾の恋を生きてきた彼女のために、改めて穏やかな幸福が訪れないものかと、それを祈りたい気持になるのであった。

4

春先のさわやかな日々が続いていた。

ジュリは落ち着いた気持ちをとりもどしていた。いつものようにサロンに客を迎えておしゃべりに花を咲かせたり、よそのサロンに顔を出したり、ときにはチュルゴや彼の秘書官のドヴェーヌに会いに、ヴェルサイユ宮殿へ足を延ばしもした。折からボーマルシェの『セビーリャの理髪師』がコメディー・フランセーズ座で初演されるというので、劇場へ出かけたりもして、春の日を送っていた。

ところが、そんな三月初めのある晩のことであった。ジュリの不意を打つ出来事が起きた。

ジュリとギベールが、二人きりで静かな宵を過ごしていたとき、つい話の流れにつられて、思わずギベールが、

——あなたが心配しなければいけないのは、モンソージュ夫人ではないのですよ、それは……

と、口を滑らせた。だが、それきり彼はなぜかぎこちなく黙ってしまって、あとを続けようとしなかった。

ジュリは、彼が言いかけた不審な言葉に、頭の中が目まぐるしく動いた。胸が動悸を打った。もしやモンソージュ夫人のほかに、誰か、私が心配しなければならない女がいるのかしら。いるとしたら、い

ったい誰なのかしら。不安になって、彼女が、

――誰ですか、その人は、
と聞いても、ギベールは言葉をにごして答えようとしなかった。彼がかたくなに黙っているのを見ると、ジュリはそれ以上追及する気持ちを抑えなければならなかった。

やがて彼は急な用事でもあるかのように立ち上がると、ジュリを残してそそくさと立ち去って行った。

翌日、ジュリは、夜おそくサロンの客たちが帰ったあと、あのときギベールがなにを言おうとしたのか、どうあってもそれを告白させようと思って、ペンをとった。

「あなた、覚えていますか、《あなたが心配しなければいけないのは、モンソージュ夫人ではないのですよ、それは……》というあの言葉を。それから、それを言ったときの声の調子、そのあとに来た沈黙、わざとにごした言葉、そして私の言うことにさからったことを。そこまでして私の不安なこころを動揺させ、苦しめなければいけないのですか。おまけにあなたは私を残して急いで帰りたがっていましたわ。誰のためにあんなにお急ぎだったのですか。こんなことをされて気持ちを鎮めるなんてできるわけがありません。私はあなたを愛し、悩み苦しんで、わが身を責めもしました。今朝、あなたのお家の戸口まで行きました。こころは悲しみでいっぱいでした。そしてあなたにお逢いした。するとうれしさがこみ上げてきて、それまでこころを満たしていた憂鬱な気分に溶けこんで行きました。それから私は気が付いたのですが、あなたは躍起になって私を言いくるめようとなさっていましたわ。……」

これだけ言っても、ギベールから何の返事も来なかった。ジュリはたまらなくなってふたたびペンをとった。

「……お願いですから、あなた、どうか率直におっしゃってください。真実を聞く資格を持つにはどう

したらいいのですか。私にできないことなど何ひとつありませんから。あなたの魂の叫びに耳を傾けてください、そうすれば私の魂を苦しめるようなことはなさらないはずです。あなたに愛されなくても大丈夫、なんとかやっていけますわ。私にとってつらいのはあなたを疑ったり、あなたを勘ぐったりすることなのです。……いちばん大切な人にかけて、あなたにかけて、誓います、私に真実をおっしゃっても、けっしてあなたに後悔はさせないと。……私は真実だけがほしいのです。」

　ここまで言われて、ようやくギベールから返事が届いた。
ところが、その返事というのは、愛の終わりを告げるようなむごい言葉だったのである。

――私たちは愛し合うことができないのです。

　この、予想もしなかった返事に、ジュリは胸を突かれた。全身から力が抜けて、ソファーに坐りこんだ。

「あんな言葉を聞こうとは、思ってても見ないことでした。《私たちは愛し合うことができないのです》というあの残酷な言葉。あれは、私のこころの奥底に痛ましい印象を残しました。その言葉に、私は魂のありったけの力をこめて、こう答えたのです、私は生きてはいられないと。私が苦しんでいること、感じていることは、どれも言葉で言えるものではありません。その苦しみに負けずにいることなど、どうしてできるでしょうか。からだが衰弱しているのがわかります。このまま自分を放っておきさえすれば死ねるような気がします。……でもあなたは私を気遣って、心配してくださる。だから、あなたがなにをおっしゃろうと、私たちは愛し合うことができる、と、そう私は信じています。では、あした。もうあなたをお待ちしている気持ちです。」

　翌日、ギベールは、このジュリの言葉に心を動かされ、意を決して彼女の前に現われた。そして驚くべき事実を告白した。彼は婚約していたのである。それも去年の七月のことであった。

前にも述べたように、去年の七月、ギベールは数日の間、突然パリから姿を消したことがあった。ジュリは、てっきりモンソージュ夫人に会いに行ったものと疑っていたが、実際は、オルレアンに近いクールセル家を訪ねて、はじめて未来の婚約者に引き合わされていたのであった。

相手はアレクサンドリーヌ＝ルイーズ嬢といって、十七歳になる、きれいな、読書好きな、知的な感じの娘で、裕福なクールセル家の一人娘であった。彼女はギベールより十五歳年下だった。家同士が取り決めたような話ではあったが、やがて彼女はギベールに強くこころを惹かれてゆくのである。二人の結婚が今年の六月一日に行われることもすでに決められていた。六月一日といえば、もう余すところ三カ月しかなかった。（ついでに言うと、ジュリがギベールに宛てた愛の書簡は、彼の死後、十九世紀の初めになって、このギベール夫人が校訂した版によって世に出ることになるのである。）

ギベールからいきなり婚約の話を聞かされたとき、ジュリがどんな反応を見せたのか、それを語る手紙や資料が残されていないので想像するほかはないのだが、命の支えとも思っていた恋人がほかの女と結ばれると知って、平静な気持ちでいられるはずがなかったことだけは間違いないだろう。

それから数日たって、ギベールは、自分が決めた結婚をジュリがどう思ったか、これでもう自分とは縁を切るのかどうか、それを教えてほしいと言ってきた。結婚したあとも、ジュリを失いたくはなかったのであろう。たしかに男の勝手な言い分だと言っていいのだが、しかしこれも前に述べたように、当時は、双方の家の都合で形だけの結婚というのもけっして珍しくはなかったのである。

彼女はギベールに長い返事を書いた。そこには、予想に反してほとんど激した言葉は見られない。ジユリは、極力この結婚を冷静にうけとめようと努めていて、隠し事に苦しんできたギベールをむしろいたわろうとしていた。

「どうしてあなたは、私が三カ月後にまだあなたを愛しているかどうか言ってほしいなどとおっしゃるのでしょう。またどうして自分の感情を頭で思いとどまらせるようなことができるでしょうか。あなたにお逢いしているとき、目の前にいるあなたの存在に私の感覚も魂も魅せられているときに、私があなたの結婚からどんな印象を受けとるか、それを教えてほしいとおっしゃるのですね。そんなことはまったくわかりませんわ、ほんとうになにもわかりません。もしあなたの結婚が私を自由にしてくれるのでしたら、そう申しますわ。あなたは公平な方ですから、それで私を責めたりはなさらないでしょう。またもしも反対に私を絶望させることになっても愚痴を言うようなことはいたしません。私が苦しむのもごく短いあいだのことですわ。あなたは思いやりがあって、繊細な方ですから、ご自分で決めた縁組が正しかったとお認めになるはずです。そこに心残りがあってもほんのいっときのことで、あたらしい状況に身を置けばすぐに気がまぎれるでしょう。誓って申しますが、そう考えると、こころが慰められるのです。おかげで私は自分がずっと自由になった感じがします。ですからどうか、あなたの生活を別の女性にゆだねることになったとき私がどうするかなどと、もうおたずねにならないでください。」

明らかにジュリは結婚しようと決めた恋人を気遣っている。あなたが決めたことは結局正しかったのだと、かえって彼女のほうがギベールを説得しているのである。しかし、そう説得するかげで、必ずや彼女は張り裂けそうな胸を抑え、涙をこらえているのだ。

ジュリは、彼の結婚についてこれだけ念を押してから、今度は強い調子で、どこまでも愛の情念に生きる自分の本性を、あらためて自分に、そしてギベールに言い聞かせるのである。そこには愛の情念にとり憑かれた女のすさまじい執念と生きざまがむき出しに描かれている。実際この手紙の次に引く部分は、愛に生きるジュリの魂の自画像と呼んでみたい一節である。

「愛の情念に未来などありません。あなたを愛していると言えば、それで私は、私が知っていること、感じていることをすべて言い尽くしています。理性は変わらぬ愛を強いるものです。私がこころの底から軽蔑している社交や虚栄にまつわるけちな打算はなおさらそれを強いるものです。でも私はそんな変わらぬ愛には何の価値も認めはしません。邪魔をしようものなら人を手こずらせるあの平凡な勇気、理性と力にものを言わせて生き生きとした感情を冷たい習慣にかえようとするあの勇気と来たら、なおさら褒められたものではありませんわ。自分に対するそんな小細工や、愛する人へのそんな態度なんて、私にすれば、どれもこれもいつわりとごまかしの実践、虚栄の手段、弱さゆえの欲求のように見えるのです。そんなものを私のなかに見つけようとなさってても毛筋ほども見つかりはしませんわ。考えた末のことでなくて、それが私の命の、私の性格の、私の生き方の、私の感じ方の習慣であって、ひと言でいえば、それが私の全存在なのです。……私にできないことは何ひとつありませんけれど、自分を曲げることだけはできません。私の愛の情念、あるいは私を愛してくださる人の愛の情念を満足させるためとあれば、私には殉教者の力が、それどころか、罪を犯す力だってあるのです。」

これこそがジュリの本性である。フェードル、マノン、あるいはカルメンのような芝居や小説に現われる虚構の女でなく、生身の女が、罪を犯すことさえも辞さない愛の情念にとり憑かれ、そのいけにえとなったわが身の現実をこれほど冷静に見極めているのは、実際恐ろしいばかりであって、こんな例はそうめったにあるものではないだろう。

そして、もしこれが男を破滅させる型の女だったら、まさしくジュリは femme fatale の典型というべきなのだが、彼女はモラにせよ、ギベールにせよ、すべてを捧げて彼らを愛し、その幸福を自分のそれよりも熱望していた。そのかぎりない寛大さとひたむきな心が、悲劇的な愛の苦悩を背負いながら、愛する喜びを、生きる喜びを、ひとより何倍も彼女に味わわせたのである。またその喜びを味わい尽くしていたから、ジュリは手紙の最後で次のように断言することができた。前に引いたことがある一節であるが、これが書かれたときの彼女の状況を頭において、ここでふたたび引用してみたい。

「私はもうたくさん楽しみました、命のありがたみをしみじみと感じました。だからもう一度やり直さなければならないとしたら、同じ条件でやり直したいのです。愛することと苦しむこと、天国と地獄、それが、私がこの身をいけにえとして捧げようと思うもの、感じたいと思うもの、住みたいと願っている風土なのです。私たちのまわりにいる愚かな人たちや操り人形みたいな人たちが生きている、あの生ぬるい状態なんて、私は真っ平です。」

もしもまたこの世に生まれて来たら、彼女はふたたび同じ愛の情念のもとに生きて、その「天国と地獄」を味わいたいと、迷いなくギベールに言い切ったのである。

5

パリはいま、花という花がいっせいに咲き競う美しい五月をむかえていた。

ジュリは、晴れ上がった空のもとで、地上の生きものすべてが生命を謳歌している季節のなかで、ひとりこころが重く沈みがちであった。やはりギベールの婚約があとを引いているのである。しかしその沈むこころが、いったん何か激しい感情に動かされるようなとき、彼女はそれを分かちあってくれた死んだモラを懐かしみ、彼に宛てて想いのかぎりをこめた手紙を書くのである。すると、こころはますます高揚して、眼前にモラの姿が浮かぶまでに情念が高まってゆく。

ある晩のこと、ジュリは湧き上がってくるモラへの熱い想いを、やがて別の女のもとへ去ってゆくギベールに打ち明けずにいられなくなった。それはジュリによる愛の讃歌であり、いまは亡き恋人モラへのオマージュであった。

「愛の情念に陶酔する魂というものは、まだなんて多くの甘美な喜びと楽しさを味わうことができるものなのでしょう。あなた、私にはわかるのですが、私の生命は私の狂気のおかげなのです。もし私が冷静になったら、もし私が理性に引き渡されてしまったら、二十四時間だって生きていることは無理ですわ。私の魂が喜びや悲しみに激しく高ぶったとき、私がいちばん初めになにをしたいかおわかりですか。モラさんにお手紙を書くことです。私はそうやってあの方に命を吹きいれて、甦らせるのです。私のこころをあの方のこころに、私の魂をあの方の魂のなかに注ぎこむのです。私の血潮の熱さ、その流れる速さは死など物ともしませんわ。なぜって、私にはあの方の姿が見えるからです。あの方は私のために生きていて、呼吸をしていて、私の声をお聞きになるからです。私は頭がのぼせ上がり、取り乱してしまって、もうまぼろしを見る必要なんてなくなります、なぜってこれは本物そのものですから。……

ああ、愛することはなんて幸福なことなのでしょう！　これこそが自然のなかにあるすべての美しいもの、善良なもの、偉大なものの唯一のみなもとですわ。……もしモラさんが生きていたら、どんなに喜んで、どんなに熱狂して私のこころを満たしてくれたかしれません！　こんなお友達の死を嘆くには、血の涙を流して嘆かなくてはなりません。あの方を熱愛したことは美徳を称えることだったのです。」

ジュリのなかで溢れんばかりに滾っていた情念が、甦ったモラのなかへ奔流のように流れこんだ。彼女はもうほとんど狂乱状態になって、死でさえ恐れるものではなくなっていた。愛の狂気が彼女の命のみなもとだと言ったのはこういうことだったのである。

一方のギベールは、いくらジュリを愛していても、モラのように彼女の激しい「魂の調子に合わせること」はできなかった。それが彼の性格だった。サロンで出会う女たちを相手に社交に明け暮れる彼に、ジュリのような一途な愛し方を求めることは所詮無理だったのだ。「あなたは今の今まで放蕩三昧をして来て、こころは虚ろで、精神は麻痺していますが、私のほうは愛の情念に酔い痴れていたところです」と、そう書いて、彼女はこの手紙を結んだのである。

*

ギベールの結婚の日が、容赦なく近づいてきた。どんなに気丈な女でも、愛する男が別の女と結婚する日が迫ってくれば、どんな苦しみ、どんな悲しみを味わうかは想像するまでもない。

——もうすぐ私はあの人のために生きてはならなくなる、と、ジュリは覚悟を決めた。彼女が恋人の幸せを願うことにいつわりはないのだが、それでもやはり別れの悲しみから逃れることはできなかった。

一方のギベールは、自分の結婚のために悲しんでいるジュリをどう慰めたらいいのか、言うべき言葉が見つからなかった。そんなギベールの態度がまたジュリの悲しみと恨みを募らせて、火に油をそそぐ結果になった。愚痴をこぼさないと約束した彼女も、悲しみに堪えられず、ある日、つい理不尽にギベールを責めたてることになった。

「この私に、いったいあなたは何をなさったのでしょうか。私は身も世もないほど悲しくて、あまりにみじめで、生きていることの重圧に押し潰されています。だから、からだの不快とこころの苦しみが一度にこんなに激しくなるなんて、あなたのせいにちがいないのです。あなたが味わわせる不安、あなたが抱かせる不信感は、私の魂を苦しめつづける二つの責め苦なのです。こんな苦しみを味わわされたら、あなたの愛情、すくなくともそれに似ている感情を思い切るのにもうそれで充分ですわ。あなたは私のこころを動揺させて、なにか知らないぞっとするような楽しみを味わっているのです。一度だって私を安心させようと努めてもくださらない。真実を話すときでさえ、あなたの話し方は人をだます人間の口ぶりなのです。

本当にもうこころが苦しくて、どんな手を使ってでも、今のこの気持ちから解放されたいと、こころの底から願っています！　あなたのご結婚を待ちかねています、それを待ち望んでいます。私はまるで手術を受けなければならなくなった病人も同じですわ。病人は自分の回復ばかりを見ていて、自分を回復させてくれるかもしれない荒々しい療治のことは忘れているものです。どうかあなたを愛する不幸から私を解放してください。でもそのために打つ手などほとんど何もないように思えることが多いので、よくもそんなことに自分の生活の関心を置けたものだと恥ずかしくなります。でもそれよりもっとたびたび感じることがあって、私はいたるところで鎖につながれて、がんじがらめにされているので、もう自由に身動き一つ取れないのです。そんなときですわ、私には、死が、あなたにたいして取れるたった一つの手段、たった一つの救いのように思われるのです。」

ジュリは、いまの八方塞がりの状態から抜け出すためには、死のほかに手段がないことをあらためて思った。幸か不幸か、それが現実になるにはもうわずかに一年の年月しか残されていなかった。

彼女はここまで書くと、手紙に封をしようとした。朝の十一時をまわっていた。

そのとき、まるで彼女の気持ちを察したかのように、ギベールから手紙が届いた。優しい手紙だった。彼女は、追い詰められて「身動き一つ取れない」状態が一度にゆるむのを感じた。生きかえる思いがした。恋人のほんのひと言の優しい言葉が、ジュリに生きる気力をとりもどさせた。「ほんとうに優しいお手紙でした。そのおかげでこの長い一日を過ごすことができるでしょう。」そう書き添えてから、ジュリは手紙に封をした。

五月一日、結婚契約書が作成され、署名がなされることになった。ジュリはその日を、自分の運命に「判決」が下される日とうけとめた。そして深夜になって、抑え切れない悲しみをギベールへの手紙に次のように綴ったのである。

「あの判決に署名されたのですね。それはまちがいなく私の運命に判決を下したのです。どうかそれが同じように確実にあなたの幸福のために下されたものでありますように！　あなた、もう私は頭を使うことが堪えられなくなりました。あなたという方にはほとほと参りました。あなたが私から奪った力を取戻すためにあなたから逃れなければなりません。お別れします！　どうか私の不幸と愛情の思い出までも忘れてしまうほど、あなたがこころを奪われて、末永くお幸せでいらっしゃいますように！　もう私にはなにもなさらないでください。あなたの誠実さ、あなたの優しいふるまいは、私の苦しみを募らせるばかりですから。どうかあなたをそっと愛させてください、そして死なせてください。」

こうして彼女はギベールを愛しながら、彼から身を引こうとこころを決めたのであった。

それから数日たったある日の夕方、ジュリは、思い切った考えを胸に秘めてギベールの家を訪ねた。

その日、クールセル夫人と婚約者が彼に会いに来ることを、ジュリはギベールから聞いていた。その一度しかない機会をとらえて、母親と娘を自分の眼で確かめておこうと思ったのだ。

ギベールは、ジュリが突然、戸口に姿を現わしたのを見て、驚いた。そして内心、狼狽せずにいられなかった。もしもここで双方が鉢合わせすることになったら、気性の激しいジュリのことだから、どんな修羅場になるかしれたものではなかった。母親と娘は、七時にはここにやって来ることになっている。ジュリはそれを承知しているのだから、その前に帰ってくれるだろうと、ギベールは期待した。

しかし、ジュリは、

——私、お二人をお待ちしますわ、
と言って、動く気配を見せようとしなかった。

やがてクールセル夫人と娘のアレクサンドリーヌが現われた。

ギベールはこころの動揺を隠して、二人を迎え入れた。彼は夫人と娘に愛人のジュリを引き合わせないわけにはいかなくなった。むろんただの女友達として、である。いま、ここで、いったい何が起きるのだろうか。彼は不安で胸が押し潰され、居たたまれない思いだった。

ところが、そのあとで起きたことはまったくギベールの想像を超えたことだったのである。

ジュリは、はじめて会った母と娘に、どこのサロンでも見せたことがないほど愛想よく言葉をかけ、にこやかに応対したのである。上流社会のサロンで身につけた彼女の優雅で人を逸らさない態度に、とりわけ若いアレクサンドリーヌはすっかり魅了されてしまった。しばらく三人の女のあいだで寛いだ会話が交わされた。

驚いたのはギベールだった。思ってもいなかったジュリのふるまいに眼を見張り、こころのなかで感謝の言葉をくりかえした。

ジュリは、やがて二人の訪問客をあとに残して、帰って行った。

その夜、彼女から短い手紙が届けられた。

「あの若い娘さんは魅力的で、あなたが好意をお寄せになるのに充分値すると思いました。お母様の物腰、お姿、そして話しぶりも、同じく感じがよくて、こころを惹かれました。そうですわ、きっとあなたはお幸せになりますわ。」

ギベールは拝まんばかりにジュリの心づかいに感謝した。

ところが、翌日とどいたジュリの手紙を読んで、ギベールは愕然となった。昨日みせたあの穏やかな愛想のいい態度とは一変して、彼女は捨てられる女の悲しみと嫉妬から、ほとんど半狂乱になって、彼を「女たらし」と罵って非難を浴びせ、

――あなたは傷ついた私のこころにナイフを突き立てて、えぐりにえぐったのです、
と言って、彼を責め立てたのである。その激しさに彼も思わずわれを忘れて、ジュリの不当な言いがかりに反撥したが、すぐに冷静さをとりもどすと、優しい言葉で彼女をなだめた。

「私は自分をふりかえり、こころの奥底を探って見て安心しました。……いいえ、私はあなたが思っているほどあなたに罪深いことはしていません。……いまでもあなたを愛しています。これまでもあなたを愛していましたし、あなたに惹かれていました。あなたを慰めようと努力もしました。……私の手紙をもう一度読んで、私を判断してください。あなたのこころと私のこころが置かれていたすべての状況に立ち戻ってみてください。そうすれば私がよこしまな人間かどうか、おわかりになるでしょう。」

愛し合う二人のあいだで、こんな悲しくつらい一幕があったあと、婚礼は、六月一日に、パリから百二十キロばかり南に下ったクールセル家の城館で、予定通り行われることになった。ギベールは、婚礼

に備えて、式の十日ほど前にパリを発つことになった。

出発が翌日に迫った日の夜、ジュリは別れの苦しみのなかでペンをとった。そして、ことさら彼に悔しい思いをさせるために、もうあなたにはお逢いしませんと告げたのであった。逢わずにいることで疲れきったこころを休めたいというのである。

「あなたの悔しい気持ちを嚙みしめてください、そしてお発ちになってください。私には休息が必要なのです。あなたは私のこころをかき乱す人で、あなたには満たされない思いを感じています。自分がいやになり、後悔しています。ああ、どうしてあなたと知り合うことになったのでしょうか。そうでなければ私の不幸はたった一つだったはずです。むしろそんなものはなかったのです。私は嫌悪しているこの命からとうに解放されていたはずなのです。そんな命に私を結びつけているのはもう一つしかなくて、それはこの魂を責めさいなむ感情です。

今日私がなにをしたかとおっしゃるのですか。なにを考え、なにを感じたかと。それはあなたにお逢いしなかったこと。味わったのは、後悔と苦しみ、そしてあなたを恐れ、あなたをほしいと思う絶望だけだったことです。さようなら。もう私に逢わないでください。私はこころが動転しているのに、あなたはそれをけっして鎮めてはくださらない。人を慰め、人を支えるあの優しい思いやりも、信頼の気持ちを吹きいれて悲嘆に暮れる傷ついたこころを憩わせるあの優しさも、あの真実味も、あなたはご存じないのです。あなたのおかげでどんなに苦しめられているか知れません！　もうこれ以上お逢いしないことが一番ですわ！　よいことをなさろうというのなら、あした、昼食のあとにお発ちになることです。あしたの朝お逢いしましょう。それでもう充分です。」

翌朝、ジュリは彼のもとへ出かけて行った。

ギベールは、小箱から小さな指輪を取り出すと、黙ってそれをジュリに手渡した。自分の髪の毛を金糸で巻いて作らせた繊細な指輪で、ジュリへの愛を托した記念の品であった。思いがけない贈り物に、ジュリの目がよろこびに輝いた。王侯貴族のどんな豪華な宝石よりも、かつて財務卿のサンシーが忠誠のあかしにアンリ四世にゆだねたというあの有名なダイヤモンドよりも、彼女には貴重な宝物だった。ジュリは小さな指輪を大事そうにしまうと、ギベールと別れた。ほんのつかのまの逢瀬であった。彼女は家に戻ると、さっそく指輪をはめてみた。少しきつかったが、ようやく指におさまった。二時間ほどして、ジュリははっとした。指にはめていた指輪が壊れていたのだ。縁起をかつぐ彼女にとって、それは「この上なく悲しい前兆」を告げているかと思われた。

6

結婚したギベールは、いまやギベール伯爵夫人となった、若く、聡明な新妻と、それこそ蜜のように甘い新婚の日々を送ることになった。サロンを遊び歩いていた男も、式の当日、日記に、結婚を喜ぶこんな言葉を記していた。「婚礼の日、新しい生活の始まりである。式のあいだ、思わずからだが震えた。私は自分の自由と生活のすべてを賭けたのだ。これほど多くの感情と熟慮が私のこころを疲労させたことは一度もなかった。人間のこころというものは何という深淵、何という迷宮であることか！　私は自分のこころのあらゆる動きのなかで途方に暮れている。だが、すべては私に幸福を約束している。私は若く、可憐な、優しくて、思いやりのある女性と結婚した。彼女は愛されるために生れてきたような女で、私を愛している。私も彼女をすでに愛している。」

こうして始まったギベールの新婚生活は「夢のように過ぎて行った。」

婚礼から一週間たった日の日記に、今度はこんな言葉が記されている。「実際、この新しい状態は、私には一つの夢だ。妻の愛情、友情、純真さ、心遣い！　彼女の魂は日を追うごとに成長する。私は妻を愛している。これからも愛するだろう。私は自分が幸福になると固く信じている。」事実、若いアレクサンドリーヌはギベールの期待に応えただけでなく、夫の移り気で、激情に走りがちなこころを御して、巧みに彼のこころを惹きつけるだけの才覚をさえ心得ていたのである。

一方、ひとり取り残されたジュリには、ギベールが去ってから一週間というもの、ほとんど眠れない夜が続いていた。そして苦しみと淋しさから「言葉も涙も出ない状況」に陥って、「絶望にからだを痙攣させる」日々を送っていた。

「私は死のうと思いました。死にたいと思っていました。そのほうがあなたを愛することを諦めるよりたやすいように思えたのです。そして嘆くことも、あなたを責めることも、わが身に禁じました。私の不幸について、それを自分から進んで作ったような相手に話すのは恥ずべきことに思えたのです。そんな人の同情は屈辱になり、つれなさは私の魂を激昂させたにちがいありません。要するに、多少なりと慎しみを保つためには沈黙を守って、あなたのお帰りを待つべきだと感じたのです。」

その言葉のとおり、彼女はすべての苦しみに堪えて、愛する人の帰りを待った。

しかしギベールからは、結婚後、なんの音沙汰もなかった。

そんなジュリのもとに、クールセルの城館から、待ちかねた手紙が届いたのは婚礼から十日以上もたった日のことであった。

ひどく短い手紙だった。が、ジュリを傷つけたのは手紙の短さではなかった。手紙は彼女にとって

「冷たさとつれなさを絵に描いたようなもの」だったのである。ギベールがあえてそんな手紙を書いたとは考えられないのだが、なにげなく書いた言葉でも、いまの彼女には男のつれなさを暴露する言葉と映った。手紙には、

——生きてください、どうか生きてください。私はあなたを苦しめるだけの値打ちがないのです、と書かれていた。おそらくギベールはジュリの病状とこころの苦しみを察したうえで、それでも生きる勇気を持つように彼女を励ますためにこう書いてきたのであろう。だが、神経が極度に苛立っていた彼女はそうは読まなかった。そこに読んだのは身勝手な男の冷酷さであった。

「……それでもほんのいっとき、うとうとすることがあると、あの《生きてください……》という恐ろしい言葉が耳のなかで鳴り響いて、恐怖で眼が覚めたものです。私は叫びました、いいえ、あなたという人は愛されるだけの値打ちがなかったのですと。でも私のほうは狂ったようにあなたを愛して、こんなに罪深い女にならなければならなかったのです。あなたは冷酷にも私を生かしておいて、私をあなたに繋ぎとめておいたのです。きっとそれは死が私にとっていっそう避けられないようにするためだったのですわ。なんてむごい方かと思いました！　あなたとお別れするのも、命を捨てるのも、私にはたいして辛いことではありませんでした！」

実際彼女は、ギベールの手紙を受け取ったあと、彼への憎しみと、そんな男を愛してしまった後悔とに堪えきれずに、みずから命を絶つ日を決めたのである。

「私は憎しみと後悔にこころを引き裂かれて絶望するなかで、私をおしつぶす重圧から自分を解放する日を、その瞬間を、自分自身に決めたのです。いったん死ぬと決めると、それは私のすべての苦しみが終わる日になりました。その恐ろしい瞬間はあらゆる情念を沈黙させるにちがいありません。なぜなら、

そうと決めたときから、こころが冷静になり、鎮まるのを感じたからです。もう二度とあなたのお手紙は開くまいとこころを決めました。私の願いは、これからは私が愛したあの方だけにこころを捧げることでした。私の最後の日々は、失ったあの方を熱愛することに使うことにしました。そして事実、もうあなたを想う気持ちに悩まされることもなくなりました。」

こうしてジュリは、いったんは死ぬ覚悟を決めたのであった。

ところが、わが身をふりかえって、よくよく考えてみると、まわりには彼女のために慰めと幸福を願う多くの人たちがいて、そういう人たちに自分が愛されていることを、ジュリはいまさらのように感じるのだった。

――そんな私が、どうして死ぬことがあるだろうか、

と思った。また、こうも考えた。あなたを愛さずには生きて行けなかったと、なぜ憎んでいる当の相手に思わせることがあるだろうか。たとえ自分が死んだところで、彼に復讐したことにはならないのだ。

そう考えると、ジュリはこころのうちが一変した。

彼女はギベールに、自分が死を覚悟した顚末を語ったあとで、

――あなたから遠ざかることで、私は自分の魂が強くなるのを感じました、

と、きっぱりと気持ちの変化を伝えたのである。

それからというもの、ジュリの生活は大きく変わった。彼女は自宅に次々に客を迎える一方、これまで以上に方々のサロンに出かけては親しい仲間たちと社交を楽しみ、芝居を見たり、音楽を聴きに行ったり、また夜は夜で晩餐会に招かれて、持ち前の才気と心遣いとで、同席する人たちを魅了したのである。

「これまでになく気晴らしの多い生活を送っています。目の前にあらわれるものすべてに夢中になっています。私を愛し、私を大切に思ってくれる人たちにいつも取巻かれています。私が愛想がいいからではありません、私が不幸な女だからですわ。うれしいことに、みなさんは、いまも私が大切な人に死なれたために落ち込んでいると思っていてくれるのです。立ち直ろうとして健気に振舞っているのを喜んでおられるようですわ。私のがんばりに満足して、私を褒めてくださり、私といっしょにいるのがお気に召すようなのです。一瞬も私をひとりにさせないことで、こういってよければ、私を私の苦しみから奪い去ってくれるのです。よくわかりましたが、いちばん大きな喜び、唯一の喜びは愛されることであって、それが引き裂かれたこころにとってただ一つの慰めになるのです。」

こう語られた日々が、十八世紀のパリの社交界でもっとも有名だった女の一人、また裏で女たちの虚栄や嫉妬や悪意がうずまく上流社会にあって、周囲のものからもっとも愛された女だったジュリが見せた最後の華やぎになったのである。

*

そんなさなか、ジュリに小さな出来事が起きた。彼女の恋愛生活に直接かかわることではないので無視してもいいようなものであるが、しかしそれは彼女の知的能力の高さを裏付けるものなので、正直、それに触れずにいるのはなにか忍びない気がするのである。ジュリの知性については前にも述べたことがあったけれど、わたしとしてはこのエピソードに触れて、余命短いジュリのために、最後にもう一度、その優れた知性、ということは、ここでは文章にたいする彼女の的確な判断力ということになるのだが、それについて話しておきたいのである。

事の発端は、ある日、彼女のもとにギベールから小さな包みが届いたことから始まった。なかに収められていたのは、彼が書いた「カチーナによせる讃辞」と題された原稿であった。

この年、アカデミー・フランセーズは雄弁大賞のコンクールの課題として、十七世紀に活躍したフランスの元帥ニコラ・カチーナを選んだ。このカチーナという人物は、ルイ十四世の時代に活躍した名将の一人で、なかでもイタリアのサヴォイア公ヴィットリオ・アメデオ二世との戦いで一躍盛名を馳せた武将であり、その豊かな人間性で知られた人物でもあった。

ギベールはみずからも軍人であり、『戦略概論』で名声を博したことはすでに述べたが、そんな彼にカチーナの功績や人物を論じることは願ってもない課題だったから、あわよくばアカデミーの大賞をものにして、再度世間に名を轟かせようと思った。そこで彼は応募作品をアカデミーに提出するにあたって、かねてジュリの批評眼には一目置いていたので、彼女に忌憚のない批評を仰ぐために、それを彼女のもとに送ってきたのであった。その上でこれをジュリからアカデミーへ提出してもらおうというのである。

しかし、いまのジュリの心境を思うと、明らかに送ってきた時期が悪かった。彼女がギベールの頼みを断って原稿を突き返しても、彼に文句の言える筋合いはなかったであろう。ところが、ジュリはそうはしなかった。「それが弱さなのか、思いやりなのか知りませんけれど、もうあなたにはなんの借りもないとはいっても、せっかくあなたが頼ってこられたご用件に心遣いを見せないわけにはいかないと思ったのです」と言って、彼女は「道義心」からギベールの頼みを受け入れたのであった。

コンクールには十五点の応募作品が寄せられていた。ジュリはそのあたりの内部事情もすでに摑んでいた。おそらくダランベールから聞いた情報なのであろう。そして「健全な判断を下すために、しばらく憎しみと愛情を捨てて」、虚心に、そして熱心に原稿を読んだ。すべての応募作品に目を通したかどうかはわからないが、彼女の判断によると、アカデミーの関心を引くのは十五作品のうち二作品しかなくて、一つはギベールのもの、もう一つはラ・アルプのだと言っている。ラ・アルプというのは一七三九年の生まれで、この年三十六歳になる、すでに名を知られた劇作家、批評家であって、『文学講義』(一七九九年)を書いた文芸批評家としていまも文学史の片隅に名を留めている。

ジュリはこの二作品を読んでどんな判断を下したであろうか。さっそく彼女が判断したところを読んでみよう。

「ラ・アルプさんの「讃辞」は、持ち前の自由自在な書きぶりで書かれていますが、しかし今回は正確さを期して書かれていて、もしライバルにギベールさんがいなければ、そこまでの正確さを期することはなかったのです。文体は平明にしてかつ高尚です。この二つの長所を合わせ持つことは、少なくとも合わせ持つという点からすればきわめて稀なことなので、彼はラシーヌが韻文でなしとげたことを、散文で行なっていると言ってもいいように思われます。この作品は、正しい、聡明な精神と、優しい、誠実な、高貴な魂をもった文学者のもので、そこには巧みな表現や感動的な事柄が数多く見られるうえに、明快さと気品をもって表現された繊細な観念に溢れています。しかし、これは優れた作家、才気に富む人間の作品に過ぎません。

一方、ギベールさんの「讃辞」は、才気以上のもの、つまり天才を持った卓越した人物の作品であるように思われます。お二人はいずれも哲学者ではありません。なぜなら、お一人は充分冷静に思考していないからであり、もうお一人は充分深く思考していないからです。でも、ギベールさんの魂は、溢れるばかりの高貴さと力強さをもって人物と出来事を判断しているので、哲学者に教えを受けるよりも、この方の魂にこころを魅了されてみたいものです。

軍事に関する部分は、ギベールさんの場合、まことに見事に論じられているので、どんなに無知な人でも、これを読めば、カチーナの功績について自分で評価を下すことができると思うほどです。ラ・アルプさんの場合、この部分は曖昧で、読むのに骨が折れ、ひどく退屈です。彼の「讃辞」を読んでいると、楽しく夢中になれて、ときには感動することもあって、著者の才能は高く評価されます。ギベールさんのを読んでいると、私は自分の魂が高められ、力強くなって、魂が活動を始め、新しい力を帯びるのを感じます。しかし、そんな彼もときには節度を越えることがあります。その文体は必ずしもつねに充分明快でなく、十分簡潔でもなく、調和に欠けることがあって、そこには大胆すぎる表現が目に付きます。」

ここまでが、ジュリが二人の文章を読んで感じた感想である。批評の対象になった「讃辞」そのものを読まずに、ジュリの評価の当否を言うのは適当でないかもしれないが、しかし、それを認めた上で言えば、彼女は二人の応募者の特徴を、彼らの精神の有りよう、思考の深浅、表現力、そして文体にわたって、きわめて明快に捉えていて、一読して双方の長所と短所を的確に知ることができる。ジュリの明晰な頭脳を窺わせるに足る文章といっていいだろう。

そして最後に彼女は、この感想に基づいて総合的に判断したうえで、いずれの候補者に大賞を授けるのが妥当かを考えて、次のような結論を下したのである。

「もし賞を、ものを書く技量、文体の雄弁、もっとも巧みに書けている作品に授けるとすれば、私の考えでは、ラ・アルプさんに授与すべきでしょう。しかし、もし魂の雄弁、天才の力と高揚、もっとも大きな感銘を生み出す作品に与えるとすれば、ギベールさんに授与すべきでしょう。」

結論は二人の文章の特徴から自然に導き出された感じがして、これには誰しも納得する気持ちになるのではあるまいか。では、どちらに大賞を授けるのが妥当なのか。ジュリはそこまで明言していないけれど、彼女が出した結論がおのずと暗示しているのは、ラ・アルプだったのではないだろうか。じつはこれ以前に、イソップ物語を仏訳した『寓話』によって不朽の名を残したラ・フォンテーヌを課題とした同じコンクールが行われたとき、ジュリは、彼女が応募作品に下した判断が正鵠を射たものだったために大いに面目を施したという名誉ある前歴があったのだが、今回、このジュリの判断はどうだったであろうか。

それから一カ月ほどして、アカデミー・フランセーズは選考の結果を発表した。果たして、ジュリが選んだ二人が栄冠を獲得した。大賞はラ・アルプに与えられ、ギベールは第二席であった。恋人が第二席に終わったことが、彼女には多少不満ではあったけれど、ジュリが確かな判断を下して、今回も面目を施したことに変わりはなかった。

しかし惜しいかな、これだけの才媛だったにもかかわらず、ジュリにその才能をふるわせる機会は二度とめぐっては来なかった。

7

ギベールは婚礼のあとも、夏から秋にかけてクールセルの城館に滞在して、まだ少女のような若妻と睦まじい新婚の日々を送っていた。ジュリのことを忘れたわけではなかった。しかし、もう頻繁に手紙を書くこともなくなった。パリにひとり残されたジュリはそれを恨みに思うけれど、いつまでギベールを憎んでも甲斐がないうえに、愛する人を憎むことに彼女はもう疲れ果てていた。

「私はもうあなたを憎むことができません、憎みたくもありません。そんな恐ろしい感情は、私の魂にはあまりにも無縁なもので、激しすぎるのです。そんな感情のために死んでしまうのではないかと思ったこともありました。それほど憎しみの感情というのは、私の神経を緊張させ、痙攣させてしまいました。そんなことがあったあとで平静を取り戻すには阿片を飲むしかありませんが、阿片を飲めば、痴呆にも似た衰弱した状態に陥るのです。

あなた、もうすぐ私は体力的にあなたを愛する力がなくなりますわ。魂が激しく動揺したあとは、きまってそれが私のからだを衰弱させ、破壊するのです。いっそからだの苦しみが、ひと思いに、もっと近道をさせてくれればいいのにと思います！　でも一瞬ごとに障害にぶつかっていては、近道をしようにも歩みはあまりに遅いのです！」

なにより痛ましいと思うのは、彼女が、体力の点で、やがてあなたを愛する力がなくなりますとギベールに告げていることである。愛の情念に生きるとくりかえし言っていた彼女も、病気で体力を失えば、愛する力までが萎えてしまう。ジュリはその兆候をからだの衰えを通して予感したのであった。

実際、彼女の体力は日増しに衰えていった。そんな状態で暮らしていると、一日は死ぬほど長く感じられ、彼女はその長さに堪えられなかった。それを忘れるために、「私に残っている力をすべてふりしぼって」一日に五つも六つも、人と社交上の約束を交わしたり、時には、当時はパリの郊外だったオートゥイユやパッシーまで、ある有名な歌手を聴きに遠出をしたりした。まるで何かにとり憑かれたようなジュリの行動だった。

それから数日たったある朝のこと、ジュリは、待ちわびていたギベールからの便りがいっこうに届かないので、絶望のあまり激しい神経の発作を起こし、からだは痙攣して話すこともできなくなった。ギベールの手紙は、彼女にとって彼の生きた分身も同じだったのである。

たしかにその朝の発作は只事でなかった。そのまま彼女が発作的にみずから命を絶っていたとしても不思議ではなかっただろう。上の階に住むダランベールは、ジュリの取り乱した様子に気がついて、動転した。そして何とかジュリの狂乱を鎮めようと、必死に手を尽くした。

ところが、待ち焦がれたギベールからの便りが、午後になって舞い込んだのである。ジュリはそれを食い入るようになんども繰り返して読んだ。目が輝き、正気を取り戻し、文字どおり生き返ったのである。絶望ゆえの発作が激しかっただけに、彼女の喜びようは尋常でなかった。はじめは手が震えて、手紙を開くことさえもできないほどだった。夜になって彼女は、絶望と喜びに翻弄された一日の顚末を事細かにギベールに伝えずにいられなかった。

それは長い長い手紙になった。それを読んでいると、ジュリにとって恋人に手紙を書くことは愛の行為そのものにも等しかったことがあらためて感じられる。それほど当時の人間にとって（あるいは現代のわれわれにとっても）、手紙というものは重い意味を持っていたのであって、ギベールの手紙が届いたということは、ジュリには彼が逢いに来てくれたのとほとんど変わることがなかった。

以下に手紙の主要な部分を抜粋して引用するので、少し長くなるけれど読んでいただきたい。

「あなた、私は生きています、これからも生きてゆきますし、まだあなたにお逢いすることもあるでしょう。どんな運命が私を待ち受けていようと、死ぬ前にもう一度、ほんのいっときでも喜びを味わえるのですわ。でも今朝は、そうは思っていなかったのです。魂は悲しみに打ちひしがれて、私は自分に下される判決を待っていました。致命的な判決になると思っていましたが、甘んじてそれを受けいれるつもりでいました。もう嘆くのは懲りごりでしたし、この上苦しむこともできなかったのです。だから私は、もしもあなたが私を救いに来てくださらなかったら、今日が私の命の最後の日になるのだと決めていたのです。ところが、あなたは救いに来てくださった。あなたのこころは私の声を聞き届けて、それに応えてくださった。それからというもの、生きることが堪えられるようになりました。

今朝、私は絶望の発作のなかにおりました。あまりの発作にダランベールさんは怯えてしまいましたが、もう私には彼の気持ちを鎮めるだけの冷静さがなかったのです。あの方がこころを寄せてくださるのが私には胸がはり裂けるほどつらかったのですが、彼が張り詰めていた気持ちをやわらげてくれたので、私は泣き崩れてしまいました。口を利くこともできなかったのです。彼の話では、私は錯乱状態のなかで、

──私は死ぬ気です、どうか出て行ってください、

と、二度も口走ったそうです。その言葉に、彼は動転してしまって、泣いていました。私のお友達を呼びに行きたかったのです。そしてこう言ったのです、

──ギベールさんがここにいないなんて、なんて残念なことだろう！　あなたの苦しみをやわらげることができるのはあの人だけだというのに。彼が発ってから、あなたは自分の不幸に身を任せ切っている。

ああ、あなた、あなたのお名前を聞いたとき、私ははっと正気に戻りました。あの立派な人間のダランベールさんに休息と命を返してあげるためには、私が平静にならなければ駄目なのだと感じました。私は頑張りました。そして彼に、私のいつもの苦しみに神経の発作が重なってしまったのです、と申しました。実際、片腕と片手がねじれて、筋肉が引きつっていたのです。鎮静剤を飲みました。彼は医者を呼びに人を走らせました。

こんな状態から抜け出すために、私は残っている力と分別をすべて奮い起こして、部屋に閉じこもって郵便配達が来るのを待ちました。郵便配達がやって来て、あなたのお手紙を二通受け取りました。手が震えて、それを摑むことも、開くこともできないほどでした。うれしかったのは、私が読めた最初の言葉が、mon amie（いとしい人）という言葉だったことです。私の魂を、私の唇を、私の命を、便箋にぴったり押し当てました。もう読むことなどとてもできなかったのです。目に飛び込んでくる言葉のほかには、なに一つ見分けがつかなかったのです。私が読んだのは、「あなたは私を生き返らせてくれた。今は息がつけます」という言葉でした。とんでもないことです、あなたこそ私に命を与えてくださったのです。もしもあなたがもう私を愛してくださらなかったら、私は死んでいました。こんなに真実な感情を味わったことは今まで一度だってありません。要するに、私のこころを慰めてくれた言葉を、私は十回も、二十回も読みました、読み返しました。私のそばに来てくださることで、あなたは私をもう一度命に結びつけてくださったのです。しみじみそう感じています。あなたのことを、幸福や喜びを愛するよりもっと愛しています。幸福や喜びを奪われたって、私は生きて行きますわ。そしてこれからもあなたを愛して行くでしょう。それで充分でなくなったときは、もう死ぬときです。

そう、これからは二人とも操を守ることにしましょう。ほんとうですとも、誓って守りますわ。私にとってあなたの幸福、あなたの義務は神聖なものなのです。もしもそれを乱すような衝動がこころに生じたら、そんな自分に怖気をふるうことでしょうし、もしも操を傷つけるような考えをまだ一つでも私が持っているとしたら、ぞっとして震え上がってしまいますわ。……

自分のこころに聞いてみたのですが、もしもあなたが私を愛してくださるなら、私は殉教者の力だって持てます。でも、万に一つ、あなたを疑うことになったら、私に残っているのは、もはやただ一つ、堪えられない重圧からこの身を解放するのに必要な力だけです。必要となれば、まちがいなくその力を揮うことができます。今朝、私はその力を持っていたのです。」

その日の朝、ジュリは絶望の発作からほんとうに死ぬ気でいたのである。これ以上ギベールから音信がなければ、裏切られた愛に殉じる決意だった。それを救ったのは、まるでジュリの絶望を予感したかのように舞い込んだギベールからの手紙であった。その手紙で彼女は死の淵から生還することができた。同時に彼が置かれているいまの状況を判断する力も取り戻した。そして結婚したギベールの幸福と、彼が夫として果たすべき義務をなにより「神聖なもの」とみなす冷静さを見せた。

しかしまた、彼が妻ある身となった今も、ギベールへの愛を思い切ることだけはできなかった。情念はそれほど深くジュリのこころにとり憑いて、愛か死かの選択しかすでに残していなかった。

「あなたはすべてをご存じではありません、すべてをご覧になってもいません。涙と悔恨に育まれる情念の力、愛するか死ぬか、その二つのことしか目指していない情念の力を表わし得る言葉などどこにもないのです。本にもそんなものはまったく書かれていません。私があなたと過ごしたある夜のことは、もしそれをプレヴォの本〔『マノン・レスコー』をさす〕のなかで読んだとしたら、プレヴォという人はあの情念がもつ甘美な、そして空恐ろしいものを見事に知り尽くしていた社交家ですけれど、それでも大袈裟だと思われるでしょう。」

ジュリのなかに渦巻く情念の力は筆舌に尽くせるものではなかった。それは愛してはならない人を愛する禁じられた恋であったから、涙と悔恨ゆえにさらに深く内攻して、彼女をほとんど狂乱させた。それほどの情念に燃え上がった一夜を、ジュリはギベールと過ごしていた。嵐のようなその情念の激しさは、仮に言葉で表わしたところで、誰も「大袈裟だ」と言って信じはしないだろう。極限に達した彼女の情念はもはや「愛するか死ぬか」の選択しか許さなかった。前にジュリが情念に未来などはないと言ったのはそういう意味だったのである。

彼女はまた別の手紙で、ギベールにこうも書いていた。

――私が愛するのは生きるためです。そして私が生きているのは愛するためです。

ジュリという女の、すべてを愛に懸けた生き方を端的に要約する言葉である。愛することが封じられれば、彼女にはもはや生きている意味がなかった。

そうだとすれば、どうやってジュリはギベールへの愛を自らに繋ぎとめておけるのか。ほんとうなら、ギベールが結婚したとき、彼を思い切るべきだった。これ以上彼を愛することは、彼の幸福と平穏を乱さずにできることではなかったからだ。しかし愛することを断念すれば、それは生きている意味を失うことになる。結局彼女が苦渋のなかで選んだのはプラトニックな関係を続けることであった。「これからは二人とも操を守ることにしましょう」とギベールに誓ったのは、それが二人の愛を、少なくとも彼女の愛を生き延びさせるただひとつの手段だったからであった。

*

ギベールが、婚礼のために五月末にパリを離れてから、ふたたび都に戻って来るのは十一月のことであったが、その間彼はクールセルに滞在してずっと新婚生活を楽しんでいたわけではなかった。この夏は、本来の軍務のほかに劇作家としての大きな仕事が彼を待っていた。

八月、クロチルド夫人というある身分の高い貴婦人の婚礼が、ヴェルサイユ宮殿で執り行われることになった。王妃マリ＝アントワネットはその祝典のために、こういう際の恒例として芝居を上演させることにした。

マリ＝アントワネットはヴェルサイユ宮殿に彼女専用の劇場を設けさせるほどの芝居好きだったが、先年パリの社交界で、ギベールの悲劇『ブルボン元帥』が、作者の美声による朗読で、サロンというサロンでたいへんな評判を取っていたのを知っていたから、わざわざ彼をヴェルサイユに呼び寄せて、目の前で噂の作品を朗読させた。王妃はそれを聞いてこころを奪われた。そんな経緯があって、これをぜひとも上演させることに決めたのである。ギベールにとって、ふたたび名を上げる願ってもない機会になるかもしれなかった。

衣装と舞台装置に三十万リーヴルの金が投じられ、名優ルカンとヴェストリス夫人が起用された。このルカンというのは、若い頃ヴォルテールに才能を見出されて世に出てから、悲劇役者として数十年にわたってフランスの舞台で活躍してきた男だった。

パリの社交界は、その日の座席を奪い合って大騒ぎになった。そのとばっちりがジュリにも及んで、彼女はほんの数日だけパリに立ち寄ったギベールに、他人のために座席を取ってもらう算段をさせられる羽目になった。しかし彼女自身は初めから、彼の芝居を見にヴェルサイユへ出かけるつもりはまったくなかった。大掛かりな準備を行い、二人の名優を揃えておきながら、ジュリは芝居が成功することに不安を抱いていたのである。

なぜなのか。パリのサロンでは、誰もがギベールの朗読を聞いて、これが傑作であることを疑うものはいなかった。十八世紀の演劇界に現役の劇作家として君臨していたヴォルテールも、遠くスイスに近いフェルネーの田舎でこれを読んで、傑作だと叫んだ。しかしジュリだけは皆が声を揃えて絶賛するなかでひとり冷静に作品を読んでいた。彼女もこれが愚作だとは思っていない。いや、非常によく書けた芝居だと思っていた。ただしこれは舞台で上演されるために書かれたものとは言えなかった。これは、いわば書斎で、あるいはサロンで読まれるために書かれた芝居なのだ。これがまずジュリの判断であった。その上、彼女の鍛えられた耳は、相応しくない言葉や、韻文による台詞の韻律の不備を聞き逃さなかった。要するに、ギベールは勢いにまかせて書く癖があって、台詞は堂々と聞こえても、どこか投げやりで、推敲の必要のある未完成なところが耳に付いた。ジュリはギベールのためを思って、あるとき「苦労して詩句を書いたラシーヌのように書くこと」、「あの崇高な音楽を聴くような場面を毎朝読み返すこと」を彼に真剣に勧めさえしたのであった。

八月二十六日、ついにギベールの芝居が、ヴェルサイユ宮殿で、ルイ十六世と王妃マリ＝アントワネット臨席のもと、満員の観客を前にして上演の日を迎えた。

その日、ジュリは家にひきこもっていた。芝居の出来を気にしながらギベールに手紙を書き送った。内心、上演の成功を危ぶんでいたのである。「栄光に包まれるにしても、平凡な出来に気を落とすことになるにしても、今夜はお戻りになってください。でも、どういうことになっても、もうお芝居を上演させることだけはなさらないように誓ってください。少なくともこの作品は上演させないでください。もうすぐみんなに知られ、判断を下されるでしょう。もしこれがパリにやって来たら、評判を落とすだけのことになりかねません。」

ジュリは密かに上演の成り行きを見越していた。そして手紙にこう書いて、これ以上の上演は思いとどまるようにギベールに忠告したのであった。

芝居の上演中、国王はずっと浮かぬ顔をしていた。王妃のマリ＝アントワネットと違って、もともと演劇などに興味がなかったのである。この日は期待されたルカンの演技も、得意の台詞まわしも冴えなかった。

やがて最後の幕が下りた。戸惑うような、まばらな拍手が起きた。が、そのあと凍りついたような沈黙が場内に広がった。

ジュリの予想は不幸にして的中したのであった。

8

こうして夏が終わった。

ジュリは、連日のように苦しい恋と肉体をさいなむ激しい痛みにうめきながら、ギベールのいない数カ月をかろうじて乗り切った。

九月も半ばを過ぎるころになって、不思議なことに、こころとからだは小康状態を取り戻した。彼女は苦しかったこの数カ月をふりかえる余裕をえて、ギベールに体調が回復したことをまず報告した。

「悲しいことに、人はどんなことがあっても生き残るものなのですね！　桁外れの不幸が生き残る手立てになってくれるなんて！　三カ月前には「あなたを愛するか、さもなければ死にます」と言っていたものですが、それと同じくらい真実をこめて、「私はあなたを愛さずに生きて行きます」と言えるときが、そう言わなければならないときがついにやって来ました。私の情念は大病のあらゆる衝撃、あらゆる発作を経験しました。初めのうちは病気の繰り返しと錯乱に加えて、熱がずっと続いていました。そのうち熱は途切れがちになり、発作にかわりましたが、しかしそれがあまりに激しい、あまりに異常な発作だったので、苦しみはなおさらひどくなったように思えました。熱はこんな危険な状態で長いこと続いたあと少し下がってきて、発作も頻繁には起こらなくなり、軽い発作になりました。発作と発作のあいまには、健康と言ってもいいような、少なくとも健康を期待させる小康状態が訪れました。少し前から熱はすっかり下がり、要するに、数日前からは、もう長い大病には付きものの体の不調と衰弱しか残っていないような気がしています。回復が近いことが予感されるような感じがするのですが、でもそれは、詩人のサン＝ランベールさん〔『四季』を書いた十八世紀のフランスの詩人〕が、

魂は、回復期になると、なんという喜びを味わうことだろう！

と言って描いているあの回復期のことではありません。私のはもうそんな喜びの状態を味わうことはないでしょうが、でも穏やかになり、もう激しく苦しめられることもなくなるでしょう。それで充分ですわ。……三年前から私を襲うようになった恐ろしい嵐のあとで、これこそは安息の土地に戻ることではないでしょうか。早くも天にも昇るような幸せを味わうことではないでしょうか。いいえ、回復の足取りを誇張しているなどと思わないでください。あるがままの私を見ているのですから。」

いったい何が効を奏したのかわからないが、幸いジュリは体調が好転して小康状態に入った。それに応じるかのように悩むこころも落ち着きを取り戻すことができた。彼女はそんなこころの変化を次のように書き記していた。

「たしかにあなたとお別れするくらいなら死んだほうが辛くはなかったかもしれません。ひと思いに死んでいたら、私の性格と情念はきっと満足したことでしょう。でもあなたが私の魂を責めさいなんだためにその力も涸れ果てました。魂は活力を失ってしまいました。そしてそのあとで私は自分が愛されて

いるのがわかったのです。おかげでこころがやわらぎました。あなたをこれ以上はないほど優しい気持ちで引き止めたいと思っているとき、どうして命を捨てたりするでしょうか。……ああ、天国のような楽しみと幸福の六年間は、きっと私に生きていることを大きな喜びと思わせるにちがいなくて、たとえ不幸の極みにあっても、私は神様に感謝しなければなりません！　もしもまた私が安らぎを見出して、こころがそこに落ち着くことができたら、私に残されたわずかな日々はなんとか我慢して過ごすことができますわ！　そしてもう一人の女性に楽しみと幸福をもたらすものを、自分の慰めと思えるように努めるつもりです。」

ジュリにとって、愛する人に愛されていると知ることは体中に染みわたる喜びだった。このときもそれがこころを芯から和ませて、生きて行くための力になった。彼女はその力に支えられて、ギベールの新妻の「楽しみと幸福」を思いやるゆとりさえ持つことができた。

肺病という病は、ときには病人が治癒したのかと思うくらい元気になることがあって、このときのジュリの状態はまさしくその時期に当たっていたのであろう。たとえ束の間の安らぎであっても、「健康を期待させる小康状態」を得たことは、夜も眠れないほどからだの激痛に苦しみつづけた彼女にとって、「天にも昇るような幸せ」を味わうことだったのである。

それが九月下旬のことで、十月になって、宮廷がヴェルサイユからフォンテーヌブローの宮殿に移り、チュルゴら政府関係者もその地に移動したのに伴って、ギベールはチュルゴに依頼された仕事のためにフォンテーヌブローへ赴いた。そして半月以上もそこに逗留して、多忙な日々を送ることになった。

ジュリは、ギベールがフォンテーヌブローで多くの人間たちとともに立ち働いているところを想像して、はじめて送る手紙の冒頭に、「私たちは二人にならなければ駄目ですわ。……もしあなたの後ろに誰もいなくて、あなたの肩越しに覗き込んで読む人がいなければ、何冊もの本になるくらいお手紙をさしあげますのに」と書いた。そして「何をなさっているのですか。満足なさっておいでですか。あなたに関わることはお望みどおりにけりが付きましたか。……チュルゴさんとはお会いになりましたか。」などと、フォンテーヌブローでの近況を訊ねた。

するとギベールからこんな言葉が返ってきた。「この地からあなたに申しましょう、あなたを愛していると。私もここで人びとから愛されています。忙しい思いをしていますが、気分は穏やかです。」

ジュリは、ギベールが「あなたを愛している」と言った言葉に飛びつくように反応して、すばやくペンを走らせた。彼に愛されていると言われたうれしさを、あの書簡の名手だったセヴィニエ夫人の文体をまねた潑剌とした筆づかいでこう伝えたのである。

「でもあなたはおわかりになりますか、ディアーヌ・ド・ポワチエ〔十六世紀のアンリ二世の愛妾〕や、マントノン夫人〔ルイ十四世の二人目の王妃〕や、クレロン嬢〔十八世紀の舞台女優。ヴォルテールの悲劇のヒロイン役を得意にした〕のようないくつかの例はあっても、いったいなにが興味津々なことか、なにが稀に見ることか、なにが並外れたことか、なにが驚異に近いことか。それは、年を取り、醜くて、悲しげで、不幸に陥っているときに、そんな私が愛されていると言えることですわ。とりわけ私が愛想がよくて誠実な男の人から愛されていると思えるときですわ。……これこそは、あなた、口にするだけの値打ちがあるというものです、なぜって、こんなことは奇跡みたいなことですもの。」

ギベールが結婚したあとも、そのギベールにまだ私は愛されているのだ。そう信じて、ジュリは胸が躍るような喜びに思いっきり浸ったのである。

しかし、彼女の小康状態がつづいたのもそのころまでのことであった。それからというもの彼女は、最後の息を引き取るときまで、愛の情念と死との戦いに身を晒して生きることになるのである。

それははじめてフォンテーヌブローのギベールに宛てて手紙を書いた日の深夜のことであった。夜中の二時、彼女は激しい咳の発作に見舞われた。おそれていた病気の再発であった。発作のあと息が詰まって、「文字どおり死と格闘する羽目に立たされた」のであった。

彼女は発作がおさまると、咳の発作で死ぬような思いをしたことをギベールに次のように伝えていた。明け方の四時であった。

「あなた、今朝お手紙を書くのは、今夜は書けなくなるのではないか、それが心配だからです。昨日はかなり高い熱がありました。そして昨夜の二時に、私は咳の発作で死ぬ思いをしました。発作のあと、息が詰まって、文字どおり死と格闘する羽目に立たされたのです。小間使いが恐怖に怯えているのを知って、たしかに死は恐るべきものにちがいないと思いました。彼女の顔つきといったら、もうすっかり動転していたのです。私はようやく話ができるようになったとき、小間使いにどうして取り乱しているのかそのわけを訊ねました。すると彼女は、

——あなたがいまにも死ぬかと思ったのです、

と、ただそればかりをくりかえす始末なのです。なにしろこの小間使いはなかなか根性がある娘なので、私が苦しむところを見ていたのです。私はまだベッドのなかにいます。いつもの痛みに加えて、いまは少し息苦しさが残っているだけです。」

こうしてジュリは、ギベールがフォンテーヌブローにいるあいだ、ほとんど毎日のように手紙を、それも相当長い手紙を書きつづけるのである。しばらくそのなかから興味深いものを拾い上げて、この間

の彼女の病状と日常の模様をたどってみることにする。

ギベールがフォンテーヌブローに着いたのは、十月十五日の日曜日だった。ジュリが咳の発作で夜中に死ぬ思いをしたのは翌十六日の深夜であった。そしてその翌日、つまり十七日の火曜日に、イペカ、あるいはイペカクニアというブラジル原産の植物の根からとった薬を多量に服用した。これは一般に催吐剤として使用されたそうだが、この薬のおかげで、「今日は病状が軽くなりました。私の肺に空気が戻ったように思いますが、昨日は息ができなかったのです」と、その日の病状を伝えている。

あるいは話題を変えて、十八世紀になると、パリの劇場でシェイクスピアの戯曲が上演されるようになって、賛否両論の批評が巻き起こるのであるが、ジュリは最近『ロメオとジュリエット』の初日を見て、「これは悪くありません、凡庸でもなく、退屈でさえありません。でもこれはものすごいもので、逃げ出したくなるほどです」と、ラシーヌの端正な古典悲劇に馴染んだ彼女がシェイクスピアの迫力に圧倒されたことを告白している。体調さえ良ければ、芝居を見に出かける元気はまだ十分残っているのである。

あるいはまた多忙なギベールが便りをくれないことに触れて、恨めしそうにこう書いている。「あなたは日曜日にフォンテーヌブローにお着きになった。もし月曜日の朝お手紙を書いてくださっていたら、今日お便りを受け取っていたところでしたのに。でもあなたは一度に、王妃にも、デュラス元帥にも、大臣たちにも、お友達にも、知り合いにも、そうでない人たちにもお会いになりたかったのですね。要するに、すべての人に会い、すべての人の話を聞き、すべてを知らなければならないというわけですわ。」

そして手紙の最後に甘えるようなこんな文章が書かれている。「私はフォンテーヌブローが少しも好きではありません。あなたがそこにいらっしゃるからかしら」と皮肉まじりに言ってから、「でも、世界中で一番好きな人と田園にいるというのは、まだ私が一度も味わったことのない幸福ですわ」と付け加えた。ジュリは、夢とは知りつつも、ギベールと二人で田園の中に佇むことの安らかな幸福感を夢見ているのである。

翌十八日水曜日、ギベールから短い手紙が届いた。ジュリはそれを読みながら、彼と出会ってからの苦悩の数年と、幸福になることを諦めたいまの心境についてこう述懐するのであった。

「あなたはすべてを破壊しました、希望までもです。私なんかいたわってもらう値打ちもなかったのですわ。あなたが私と知り合ったとき、私はすでにこの上なく不幸な女でした！　あなたは好意を見せすぎたのです。せっかく見せてくださったそのご好意に私は値しなかった。あなたのご好意が私を血迷わせ、私は破滅にむかって突っ走ってしまいました。あなたが私を導いて破滅に駆り立てたのです。もうそれを救う手立てなどどこにもありません。恐ろしい自分の運命を黙って受け入れなければなりません、苦しみながらあなたを愛し、そしてやがて死んでゆく運命を。……

あなた、私にそれができるとしてですが、これからはあなたの幸福とあなたの安らぎだけが私のたった一つの関心事になることでしょう。でも、それを請合うだけの自信がありません。こんなに長く苦しみがつづくと、すっかり弱くなってしまうものです。それに自分のための幸福を完全に諦めてしまうと、自分をなにかに縛り付けたりするのは愚かなこと、馬鹿げたことだとつい思ってしまいます。とにかくやれるだけはやってみますわ。……そしてあなたは、あなたの忍耐と気力を支えるために、こうお考えになってくださいい、私は消えて行きます、そしてあなたは、あなたに幸福を約束し、あなたに喜びを味合わせてくれる人生を自分はこれから始めるのだと。」

健気にもジュリがたった一つこころに懸けようと思っていることは愛するギベールが幸福になってくれることだった。それにひきかえ自分については、彼を愛しながら死んで行くのが自らの運命であると見きわめて、それを受け入れる覚悟を決めていた。いまさらなにを嘆いても始まらないのだ。そしてギベールが結婚したことや自らの肉体に取りついた不治の病を思って、幸福になる望みをすっかり諦めてしまった。虚ろになった彼女のこころにいったい何が残っただろうか。ジュリは自分のこころの奥底を覗きこんだ。そこにはもはや死んでゆく自分の姿しか見えなかった。

「あなた、これはほんとうのことですが、しっかり自分のなかを探り、注意深く自分を見つめて、自分がなにをしたいのか、この世界のなかでなにが私に残っているのか、あれこれ考えてみても答えはなに一つ見つかりません。見つかるものといえば一つしかなくて、それは疲れきった旅人が求めるもの、つまりねぐらです。私は自分のねぐらがサン＝シュルピス教会になるだろうと思っています。」

ねぐらとは、いうまでもなく墓のことである。そのねぐらになるはずのサン＝シュルピス教会というのは、いまは有名なブティックやカフェが建ち並ぶあのサン・ジェルマン・デ・プレの南に現存する教会で、ジュリが住んでいるサン＝ドミニック街から東南へ十分ほど歩いた所にある。要するに彼女にとっては教区の教会であって、ジュリはそこが自分が埋葬される永眠の場所になると決めていたのであろう。死が、肉体にばかりでなく、彼女の頭のなかにもすでに住み付いていたのである。

同じころ彼女は、年下の友達のコンドルセに、死についてこんな手紙を送っていた。

「お便りを頂かなくなってから数え切れないほど月日がたちました。不満を言う力があったら、とうにあなたに言っていたところです。でも、苦しみという苦しみがいっせいにぶり返してしまって、自分の持っている能力がまったく使えなかったのです。ベッドに伏せっていました。苦しんでいました。命を憎み、死を願っていました。でも、木樵《きこり》のむかしから、死神というものは不幸な者たちの言うことには耳を貸そうとしないのです。死神はまた押し返されるのを恐がっているのです。〔ラ・フォンテーヌ『寓話』の「死神と木樵」〕ああ、死神が来てくれたらどんなにうれしいでしょう！　誓って申しますが、私は死神を嫌悪などしていません、それどころか私を解放してくれるものとしてお迎えしますわ。」

人に忌み嫌われる死が、ジュリにとっては自分を苦しみから解放してくれる唯一の救済者だった。それほど彼女のこころの苦悩と肉体の苦痛は堪えうる限界に来ていたのであった。

この手紙を読んだとき、わたしは、ジュリよりずっと後に、ボードレールが「貧しい者たちの死」のなかで、

　死こそはこころを慰めて、生きさせてくれるもの、
　生の目的、たった一つの望みなのだ……

と書いていたのを思い出した。彼もまたジュリと同じく生きる苦しみに苛まれて死に「望み」を托した人間だった。もし彼女がこの詩をよむことができたら、苦しみの極みにあって死に救いを求めた詩人に深い共感を覚えたにちがいなかった。

それほどの苦しみにジュリが懊悩していた折のことであった。彼女は、ふとモラのことを思い出した。かつてモラがいまのギベールと同様フォンテーヌブローに滞在していたことが記憶によみがえった。懐かしさと切なさが一度に襲って来て彼女はただ呆然とするばかりだった。これは前に引いた一節であるが、彼女の思いを知るためにもう一度読んでみたい。

「四年前のちょうど今ごろのことですが、フォンテーヌブローから、毎日二通ずつお手紙をきちんと受け取ったものでした。あの方が不在だったのは二週間で、私は二十二通のお手紙を受け取りました。でもそれは、宮廷の浮ついた騒ぎのなかで、流行の寵児であり、この上もなく美しい貴婦人たちの熱狂の的になっていても、あの方にはたった一つのお仕事、たった一つの楽しみしかなかったということですわ。つまり私の想いのなかで生きたいと願い、私の生活を満たしたいと思っていたのです。忘れもしませんが、あの十日間、私は一度も外へは出ませんでした。ひたすらお手紙を待っていました。私のほうはお手紙を書いていました。それを思い出すと、もうどうしていいのかわからなくなります！」

ジュリは幸せの絶頂にあったあの頃をふりかえると、モラへの恋しさと絶望に堪えきれずにただ身もだえするしかなかった。そしてギベールにこう訴えた。「私のこころの奥底をごらんになったら、きっと私を憐れんでくださいますわ！　でもそれを口には出さないでください。私にはがんばる気力が必要なのです。どうしても必要なのです。もう苦しくてたまりません。」

せめてギベールがパリに戻って来てくれたら、苦しみにもだえるジュリの気持ちも少しは紛れもするのだけれど、彼はまだフォンテーヌブローに釘付けになったままであった。

9

暦は十一月に入って、秋はいつもより足早に深まっていった。

ジュリの体力はそんな季節の移ろいとともに日増しに衰えてゆくようだった。しかし、まだギベールに長い手紙を書く体力、というより気力だけは残っていた。彼がフォンテーヌブローへ発ってから二週間がすぎたある日のこと、ジュリは四ページにわたる長い手紙を書いた。そこには彼女の肉体と魂の状況が克明に語られていた。たとえばこんな一節がある。

「あなたがお発ちになってから、私は衰弱してゆく一方でした。わずか一時間でも苦しまずにいたことはありません。魂の病がからだに移ってゆきます。来る日も来る日も熱が出るのです。私のお医者さまは、あらゆる人間のなかで一番腕のいい人とは言えませんけれど、私は悲しみのために憔悴している、私の脈も、私の呼吸も、激しい苦痛を告げていると口癖のように繰り返しています。そして帰り際には決まって、

——われわれ医者には魂に付ける薬はないのです、

と、私に言い置いて行きます。私にはもう付ける薬がないのですわ。いま望むことはからだが回復することではありません。もうすぐ自然が恵んでくれる安らぎへ自分を導くために落ち着きを取り戻して、しばしの休息を見出すことなのです。こころをなごませてくれるのはその思いだけになりました。」

ジュリのこころが愛の情念ゆえにどれほどの苦しみを嘗めてきたかは、いまさら繰り返すまでもないのだが、その魂の苦悶が病んでいる肉体をさらに蝕んで、病状は医者に見離されるところまで進行していた。いまのように医療の技術が進んでいない当時にあって、休みなく襲ってくるからだの苦しみは、彼女の手紙から想像するだけでも、とても尋常の苦しみではなかったであろう。

そして、愛することが命であったあのジュリが、極度の衰弱に屈して、ついにこういう言葉を口にしたのである。

「私にはもう愛する力がありません。魂は私を疲れさせ、苦しみで攻め立てるのです。もう私は何にも支えられてはいません。欲望も、希望も私のなかで死んでしまいました。衰弱すればするほど、たった

一つの思いに取り憑かれてゆきます。きっと前よりもあなたを愛せなくなっているかもしれません。でもそれはもう私がなに一つ愛せないからです。からだの痛みがたえず私を私自身に引き戻すからです。もう気晴らしも、気分転換もありません。眠りを奪われた夜の長さは、私の感情をほとんど狂気に変えてしまいました。それが決まりきったことになりました。」

ところが、こんな状態にありながら、驚くことにジュリはまだサロンに多くの友人たちを迎えていたのである。しかしその彼らは、あのダランベールでさえも、ジュリの病気のことは承知していても、ギベールとの秘められた関係にはまったく気づいていなかった。その関係こそ彼女の生活を支配するすべてだったから、人と一緒にいても、それがこころのうちを占めていて、うっかり気を許せば秘密の関係を口走りそうになるのである。

「どうして漏らさずにいられたのかわかりませんが、もう何度となく私の生活の秘密とこころの秘密を漏らすような言葉を思わず口にしそうになったことがありました。それにときどき人前で不意に涙がこぼれることがあるのです。そんなときにはその場を逃げ出さなければなりません。……

冷淡で、情け知らずの人に無理をさせるような状況というものもあるものですね。永遠のお別れを間近に見ると、人は親しげに近寄って来るものです。お友達の心遣いと関心をどんなにうれしく思ってもまだ足りないくらいです。私を慰めてはくれませんけれど、でも私の生活をなごませてくれるのはたしかですわ。そういうお友達を愛しています。もっと愛してあげたいと思っています。さようなら、たくさんの苦しい思いに潰されそうになっています。そうはいっても、こうしてこころのうちを発散させたので少し安らいだ気分になりました。」

ジュリはいつも人の輪の中心にいて、優しい心づかいと気取らない才気でサロンの宵を華やかに盛り立てる女だったのに、そのジュリが人前で涙を流したというのはよほどのことである。いったい何の涙だったのだろうか。モラへの追慕の涙なのか。ギベール恋しさの涙なのか。それとも悲しい恋に死んでゆくわが身をなげく涙なのか。おそらくそのすべての思いが一度に胸に迫って、いまは寄る辺ない孤独な彼女に不意の涙を流させたのであろう。

*

頼りに思うギベールがようやくパリに戻って来てくれたのは、十一月が半ばを過ぎたころであった。

「三カ月のお留守のあとで、予想もしていないとき、いきなりあなたのお出でを取り次ぐ声を聞いたとしたら、私は頭の先からつま先まで震え上がったにちがいありません」と言っていたジュリが、どんなに喜んでギベールとの再会を果たしたかは断るまでもないだろう。

しかし、彼女のこころのなかは決して喜び一色ではなかった。いまではどんなに大きな喜びでさえも、彼女をいっさいの苦しみから解放してくれる死への思いまでを振り払うことはできなかった。喜びの再会を果たした日の翌日、ジュリは死への願望を包み隠さずギベールにこう告白した。

「私に運命というものを信じさせるなにかがあります。要するに私はあなたにお逢いする運命だったのです、そしてそのために死んでゆく運命にあったのです。でも私はあなたを愛してしまった。もうそれを嘆いたりはしません。どうか自分の運命を黙って受け入れさせてください。もうすぐ死ななければならないときに、命が私から消えてゆくのを感じているときに、私に命に執着させて塗炭の苦しみを味わわせるようなまねだけはなさらないでください。あなた！　どうかお慈悲ですから、死は私をおし潰す重荷から私を解放してくれるのだと思わせておいてください！　あれほど待ち望んでいたあの瞬間、そこに近づいてゆくのを感じると胸が高鳴るのですが、どうかその瞬間に私の思いをとどまらせて、憩わせておいてください！」

こんな切ない死の哀願があるものだろうか。

だが、いくら死にたいと思っても、戻って来てくれたギベールから優しく愛されれば、彼女はもっと長く生きていたくて生命への執着を断ち切ることができなくなる。そうなれば魂は安らぐどころか、さらなる苦しみを味わうことになるだろう。だからどうしてもジュリはこころの安息を得るために死を願わずにはいられなかった。これは、それゆえの死の哀願なのである。そのくせこころの底では、ギベールを愛するためにもっともっと生きていたい。死にたくなんかないのである。こうして彼女のなかで、死への願望と生への執着が葛藤して激しくもつれ合った。

しかし、どうあがいてみても彼女の命はすでに燃え尽きようとしていた。死が、愛とともに、文字どおりジュリの最後の命を奪い合っていた。いまの引用につづく次の一節を読んでいただきたい。死を切望したあとで、消えゆく命を惜しまずにいられない彼女の魂の訴えを聴いていただきたい。

「けれどもまた、昨日あなたにお逢いしてお話を聞いていたとき、もうすぐあなたに永遠のお別れを言うことになるのだと考えると、胸がいっぱいになりました。どうしたらいいのか思いあぐねていました。これほど病気が重いなんて思わずにいられたらどんなによかったでしょう。もう希望を持つことができないのが心残りでした。要するにあなたへの愛情がこころを満たしていましたから、あなたとお別れする願いを立てることなど私にできるわけがなかったのです。その恐ろしさを思うと、死というのは苦しみ、それも大きな苦しみでなくてなんでしょうか。この三週間私が経験した胸が張り裂けそうな苦しみ、死と苦悶にも似た状況は、あなたには決しておわかりにならないでしょうね。体力が無くなったことも、私が痩せ細ったことも、姿が変わり果てたことも不思議なことではありません。信じられないのは私の命がこの拷問のような苦しみに堪え抜いたことです。でも、いまはあなたがいてくれます。再会したあなたは優しさと思いやりでいっぱいでした。私の魂を鎮めてくださり、傷ついたこころを慰めてくださいました。」

死の訪れをあれほど待ちわびながら、ジュリにとって、死はまた恋人との別離の苦しみでもあった。ジュリの病み衰えた肉体が、信じられない奇跡を見るように、拷問のような苦しみに堪え抜いたのもギベールを愛すればこそであった。

彼女はこう書いてから、この一節の終わりに、前にも引いたあの力強い一行を書き添えたのである、――私が愛するのは生きるためです、そして私が生きているのは愛するためです、と。

しかし、死は無情にも、こう言い切った女の愛と命を断ち切ろうとして刻々と近づいていた。ジュリ自身、自分に生きる力をあたえていた愛の炎が、いっとき閃光のように輝いた後で、やがて永遠に消えることを自分のからだを通して予知していたのである。

「私の心臓の鼓動も、私の脈の拍動も、私の呼吸も、すべてはもはや愛の情念がもたらす結果にほかなりません。情念がこれほど際立って激しかったことはこれまで一度もなかったことです。それは情念がさらに強くなったためではありません。光が永遠に消える前にもう一度力強く輝くように、情念がいまにも燃え尽きようとしているからです。さようなら、あなたを愛していますわ。」

ジュリは、自分の情念と肉体が行きつくところまで来たと悟ったとき、自分が死んだあとのギベールの将来を考えた。彼女がなによりも思うことは、愛する男の、それも結婚している男のこれからの幸せであった。そのためには私のことは忘れて妻を愛することですと、生き残る恋人への遺言のように、ジユリはくりかえし手紙に綴っている。恋しくてならない男にそんな願いを託すことがどれほど切なく、どれほどつらいことかは想像するまでもないことだろう。しかし彼女はそのつらい思いを押し殺して、ギベールに自分の願いを伝えようとした。

手紙はまず、最愛のモラに死なれたあとすべてを失った自分には、もうあなたのほかに私を支えてくれる人がいなかったことを改めてギベールに語って、こう書かれている。

「あの短いお手紙を書いてくださって、ほんとうにあなたはこころの優しい方ですわ！　おかげで落ち込んでいた魂が少しのあいだ生き返りました。ああ、あなた！　生きていることが私にはほんとうに難儀でどうにもなりません！　あなたがいてくださることだけがあの方を失った喪失感に堪えさせてくれます。でも、それ以外のことはすべて、私の不幸が救いようがなく、慰めもないことを警告するばかりです。私のすべてのお友達やその人たちの心づかいから感じるのですが、もう私のこころの奥まで染みとおることのできるものはなにひとつありません。私にとってすべてに生き生きと生命を与えていたのはモラさんでした。私のモラさんによせた愛情でした。あなたとあなたによせる私の愛情をのぞいて、すべてがそのモラさんとともに消えてしまいました。私には自然のすべてが死んでしまったような気がします。それを甦らせたいとは思いません、そうではなくてこの私が消えてなくなりたいのです。」

最愛の人の死とともに、ジュリの目に、世界は光も生命も失って、すべてが闇のなかに消えてしまった。ひとり取り残された彼女の魂は、救いも、慰めもない荒涼とした「砂漠」にもひとしかったと彼女は書いている。わたしはそんなジュリの廃墟のようなこころを思うとき、詩人のネルヴァルが、愛する人を失ったとき、

私は闇に住むもの、妻を亡くしたもの、慰めなきもの、

と書いた美しくも悲痛な詩句を思い出す。それは、男女を問わず、ひとを真に愛したために味わう絶望的な喪失感であって、ジュリはこの詩人とおなじく、かけ替えのないひとを失った魂の虚脱のなかに落ち込んでいた。その魂に命を吹き入れてくれたのがギベールだった。

しかし、そのギベールもいまは結婚して妻ある身となってしまった。男がそうした境遇に身をおけば、遠からずそのこころが自分から離れてゆくことになるのを、ジュリは恨むことなく、冷静に見通していた。

彼女はその未来に先まわりして、ギベールに諭すかのように語るのである。人間の心理を見抜くジュリの目は恐ろしいばかりに冴えている。

「こんなに苦しい、こんなに病み衰えた命をいったいどうしたらいいのでしょうか。ねえ、あなた、あなたはきっと私に手をさしのべて、この命に堪えられるようにしてくださいますわ。そうすることであなたの優しさも、心づかいもしばらくは満足なさいますわ。そしてあなたはきっとこう思うはずです、——この私は、私ゆえに生きることに執着している女の不幸を軽くし、やわらげているのだ。その女の涙をぬぐってあげているのだと。

でもあなた、そういう美徳の感情はあなたの魂を完全に満たすわけにはいかないのです。あなたの魂の激しさ、その熱気、その活動は、私の苦しみをやわらげたということくらいで満足するわけはないのです。たしかにあなたは私の慰めになりたいと思っています。そう思うのも当然かもしれませんけれど、でも、そんなことはあり得ないのです。もうすぐあなたのこころは冷たくなります。そういう未来が私

には感じられるのです、目に見えるのです。その未来がもう私のすぐそばまで来ているような気がします。どうしてそれを待つことがあるでしょうか。そんな未来に先手を打つことのほうが穏やかで、たやすいことではないでしょうか。ああ、どうか私を黙って死なせてください！　喜びと苦しみに燃え尽きた魂をもう一度燃え立たせ、甦らせるようなまねはまちがってもなさらないでください。……愛さなければいけないのは、たしかにこの私ではありません。あなたが虜にすべき相手は溌剌とした若い魂、熱意と情熱にあふれた魂なのです。私の魂はもうそこまで高く舞い上がることはできなくなりました。」

あなたが愛さなければいけないのは私ではなくて、あなたの若い妻ですと、ジュリはギベールに血を吐く思いで諭した。自分に死が近づくのを予感して、妻のいるギベールの愛を拒もうとする言葉の背後から、彼女の愛がにじみ出るような手紙である。

あるいは別の手紙では、もっと直接にギベールに忠告して、「あなたは妻のある身です。あなたの第一の義務、あなたの第一の心づかい、そしてあなたの一番大きな喜びは、そこにあるのです。ですからどうかそれを守ってください。……私のことなど放っておいて、あなたの好みにかなうこと、あなたのお務め、そしてあなたのお仕事にすべてを注いでください」と綴っていた。

しかしジュリは、こう言って相手の愛を拒んでも、ギベールを愛するこころまでを彼に閉ざすことはできなかった。それどころか、近づく死に負けまいとするかのように、いまでも激しく彼を愛していることを、それだけはどうしても忘れないでほしかった。

そう思うと彼女は、それまで自分を抑えていた理性をふり捨てて、偽らざる本心をたったいま伝えずにはいられなくなった。

それは冬のある夕方のことで、ジュリは、サロンに客たちを残したまま、部屋に駆け込むと、急いで短い手紙をしたためた。

「残りの命がこんなに少なくなったいま、一日だってあなたが、あらゆる人間のなかでいちばん不幸な女に狂おしいほど愛されていることを思い出しもせずに過ごすなんて、そんなことはあってほしくないのです。そうですとも、私はあなたを愛しています。この悲しい真実があなたにどこまでも付き纏って、あなたの幸福をかき乱してしまいたいのです。」

この激しさこそ彼女の愛のすがたであった。もしそれが元気なころのジュリだったら、まちがいなく彼女は燃え上がる情念の嵐に、わが身もろともギベールを巻き込んでいただろう。しかし、体力はすっかり衰えてしまい、それがこころまでを弱くして、彼女は「もう自分の魂のなかに感情も情念も見出すこと」ができず、「魂が死んでしまったこと」を空しく感じるばかりであった。

こうしてジュリは、いったんは嫉妬に駆られてギベールの幸福を邪魔してやりたいと書きはしたものの、すぐに理性をとりもどすと、万感の思いをこめて切ない願いを綴ったのである。

「さようなら、あなた。どうかもう私を愛さないでください、なぜって、そんなことをしたらあなたの義務に反することになりますし、あなたの意志にも反するからですわ。でも、どうかあなたを愛することは許してください。そして、百回でも千回でもあなたを愛していますと言わせてください。」

もうギベールに愛を求めることはやめよう。でも、せめてこころのなかで彼を愛することだけは許してもらおう。そして命のあるかぎり、何度でもあなたが好きですと言わせてもらおう。ジュリの願いはもうそれだけだった。それが彼女の悲しい恋の行く末だった。妻がいるギベールの境遇を思えば、それがジュリに許される精一杯の愛のかたちであった。

ジュリは、いつまでも客たちをサロンに待たせておくわけにはいかなかった。彼女は急いで用件だけを書いた。

「あした、ジョフラン夫人のお宅に夕食においでになってください。もう私は先が短いのですから、大丈夫、あなたが私のために何をなさっても、将来に大きく響くようなことにはなりませんわ。……では、さようなら、大勢の皆さんが向こうで私を待っています。こころのなかにたった一つの想いしかないときに、皆さんの前で生きるというのはほんとうにつらいことですわ！」

そこまで書くと、彼女はそれを従僕にもたせて、ギベールのもとへ走らせた。先が短いことを思うと、ギベールとともに人前に姿をさらすことに彼女はもう何の恐れも懐いていなかった。

それから彼女は走るように友人たちが待つサロンへ取って返した。

10

一七七六年の冬は、例年にない厳しい寒さになった。セバスチアン・メルシエは、『十八世紀パリ生活史』のなかにその異常な寒波に言及して、北のピカルディー地方へ行くパリの郵便配達人が馬車のなかで凍死したほどの寒さだったと記録している。そんな寒さが、やせ細ったジュリのからだにどれだけこたえたかは言うまでもない。彼女は「私は凍えています、からだが震え、寒くて死にそうです。水のなかにいるのも同じです」と、ギベールに書いている。そんな凍てつく寒さが病んでいる彼女の肺に染み入って、さらに病状を悪化させることになった。

ジュリはある晩、よろめくような足取りで、親しいナポリ大使のカラチオーリの家に行って晩餐の席に連なった。そして帰宅すると、恐ろしい発作に見舞われた。

「私は、その場にいた二十四人の人たちの耳がどうかなりそうなほど咳き込んでしまいました。帰宅すると、ものすごい痙攣に襲われて、晩餐で食べたものはなにひとつ胃のなかに残っていませんでした。すべて吐いてしまって、もうそのときの苦しみといったら、とても言葉で言えたものではなかったのです。あまりの衝撃で熱が出て、それも昨日のよりもっと高い熱でした。」

その高い熱で、彼女はベッドに入っても眠ることができなかった。そこへまた咳の発作が起こり、息苦しさと頭痛が襲ってきた。

たまりかねて、阿片の錠剤に手を出した。一度に四錠も口に入れた。阿片は、苦しみを忘れさせるかわりに、薬が効いているあいだジュリの感覚も知力も奪ってしまうだろう。彼女はやがて痴呆も同然の状態に陥った。

「これだけの量を飲むと痛みが鎮まります。メドゥーサの頭髪が鎮まるようなものです〔メドゥーサは三姉妹の怪物ゴルゴンの一人。頭髪があばれる蛇で、その目で見るものを石に化したという〕。私は石になって身動きができないのです。からだの力がまったく利かなくなって、目に見えるものはもう幻燈劇を見ているのもおなじでした。今日の午後は二時間というもの、人の顔を見ても、どうしても名前が出て来ませんでした。生きていながら死んでいるというのは奇妙な状態ですわ。」

彼女は阿片から覚めると、その不思議な幻覚の体験をこう語った。

この時代、阿片はとりわけ社交界の女たちのあいだで流行したものである。おそらくその流行は、あの盲目のデファン夫人の場合のように、病気の苦しみを鎮めるというよりも、無聊に苦しむ人間の倦怠を忘れるためだったのではあるまいか。十九世紀にロマン派の魂を悩ます生の倦怠と嫌悪はもうすでにこの頃から始まっていたからである。

しかし、その詮索はともかく、阿片には恐るべき危険な副作用があった。ギベールやダランベールをはじめジュリの友人たちは、阿片の中毒にかかったものが廃人になるおそれのあることを危惧して、彼女に服用を思いとどまらせようと必死に説得した。

――お願いです、後生だから、もうその二錠目は飲まないでください。あなたが死んだら、私だって生きてはいませんから。

ジュリがこわい副作用を承知で阿片に頼ったのは、そうでもしなければこころとからだの苦しみがあまりにも堪えがたかったからであった。

しかし幸い、異常な寒波も遠ざかった。ジュリの病気はあいかわらず重篤な状態にあったけれど、気候の変化に助けられて、少しばかり持ち直すことになった。

その日もジュリのサロンには大勢の客があった。彼らが帰ったあと、夜遅く彼女はギベールに長い手紙を書いた。その最後にこんな一節が書き添えてある。

「寒さがゆるんだおかげで、ずいぶん元気になりました。お部屋は一日中お客様であふれていました。だからといって、楽しかったわけでもなく苦痛だったわけでもないのです。私はずっと沈黙していました。咳も前より少なくなりました。デュルタル夫人にいただいた〔咳止め〕シロップを、今日と昨日、鎮静剤のかわりに飲みました。そういえば、この三カ月、私は阿片で生きていたのですわ。みなさんに言われて、それをやめることにしました。おやすみなさい。思わずあなたとこんなにおしゃべりをしてしまいましたわ。ほんとうならもうベッドに入っていなければいけないのに。」

こんな穏やかな夜を過ごすことも稀にはあったのである。

そのころのことであった。ジュリを誰よりも可愛がってくれたあのジョフラン夫人が病に倒れたのである。七十七歳の高齢であった。

ジョフラン夫人のことは前にも話したが、サン＝トノレ街にあるそのサロンは、デファン夫人のそれとともに、パリ社交界に圧倒的な権勢を誇っていた。文芸の庇護者《メセーヌ》として夫人が果たした芸術や文化の面での役割は、それを無視してこの時代のパリの知的側面を語ることができないくらい大きなものがあった。ディドロが政府当局から危険思想の疑いで『百科全書』の刊行を禁じられたとき、彼に十万リーヴルという大金を密かに渡して出版停止の危機を救ったのも彼女だった。またブルジョワ出身の夫人には気さくで鷹揚なところがあった。彼女はジュリの飾らない性格と才気がひどく気に入って実の娘のように思っていたが、ジュリがデファン夫人にサン＝ジョゼフの住まいを追い出されていまのアパルトマンに移ったとき、家具を提供したり、財産のない彼女に三千リーヴルの年金まで持たせたりして、ジュリの独立を助けてくれたこともあった。

そんな親とも思うジョフラン夫人が倒れたという知らせに、ジュリは呆然となった。夫人はいまどんな容態なのか、彼女は気が気ではなかった。そしてすぐさまサン＝トノレ街に駆けつけた。

あんなに元気だった夫人が、卒中の発作で麻痺したからだをベッドに横たえていた。ジュリはそのすがたを見た瞬間、涙が流れた。その悲しみを彼女の手紙はこう伝えている。

「ジョフラン夫人にお会いしましたが、なんという痛ましさを味わったことでしょう！　胸が痛くなりました。お見受けしたところ、あの方の最期は私のよりも近いと思います。どうしても涙をこらえることができなくて、あの方の前で思わず涙があふれてしまったのです。申しわけないことをしてしまいました。私の絆はあまりにも強くて、それがいきなり待ったなしに私のこころに響くのです。もう私という女は苦しみと無念の思いしか味わえない運命なのかもしれません。」

それほど強い絆を、ジュリはジョフラン夫人に感じていたのである。週二回の夫人の面会日は、一つは画家などの美術家に当てられ、もう一つは文学者や哲学者に当てられていて、いずれも男だけの集まりだったが、ジュリだけは別格で、夫人はジュリをそばに坐らせると、彼女に思い切りその才気を揮わせて、サロンの夜をにぎやかに盛りたてるのを楽しそうに眺めたものだった。

それほど自分を買ってくれていた人が自分より先に逝ってしまうかもしれなかった。夫人の前で、こらえてもこらえても涙がとめどなくあふれて来た。しかし幸いと言うべきか、不運と言うべきか、そこまで慕いつづけた夫人の死に、ジュリは立ち会うことができなかった。それより前に彼女の命が燃え尽きてしまうからである。

ここまで手紙を書いてきて、ふとジュリは遠くない自分の臨終のときを思った。自分のためでなく、ギベールのためにである。そして彼がそのとき味わうであろう悲しみを気づかって、こんな言葉を添えるのを忘れなかった。

「もしもあなたがいつまでも私の苦しみを思って悲しみつづけるようでしたら、私にはその長い時間が堪えられなくなりますわ。私はあなたという人をよく知っていますから、私の臨終はあなたにはつらいものになることでしょうね。でもあなたは頭の回転が速い人ですから、まちがいなく大きな不幸を味わうようなことは永遠になさらないですみますわ。あなたっていう人はほんとうについている人です。あなたのために私は神様を祝福しましょう。

でもあしたはおいでになってくださいもしも勇気と優しさをお持ちでしたら。なぜって、苦しみと落胆の光景に堪えるためにはそれが必要だからです。お休みなさい、これからベッドに入るところです。でもそのままもう二度とベッドから出られなくなるかもしれませんけれど。」

ギベールはかならず自分の臨終に立ち会ってくれるだろう。そして悲嘆に暮れるだろう。それを少しでも軽くしてあげるために、ジュリは彼のすばやい頭の回転を皮肉をこめて持ち出したのである。頭の回転が速いということは、彼が女について移り気だということを暗に意味していて、ジュリが死んでも彼がいつまでも大きな不幸を引きずっているような人ではないから、それだけ私も気持ちが楽になると言いたいのだ。もちろんそれはあとに残されたギベールの悲しみを気づかうジュリの心くばりにほかならなかった。

実際ジュリは、自分の死期がそう遠くないのを予感して、体調が回復することはとうに諦めていた。そんな彼女をときどき往診に来るのは近くに住む町医者だった。彼女は名もないその医者の診察と手当てだけで充分だと思っていた。しかしギベールとダランベールは一縷の望みを捨てずにいて、なんとか彼女をもとのからだに戻したいと懸命に手を尽くした。

そのころパリにテオフィル・ド・ボルドゥーという臨床医がいた。腕の確かなことではパリ一番という評判だった。二人はその医者にジュリを診てもらうことにした。彼女はそんなことをしてもむだですわと言って来診を断った。だが、しまいに「喉もとに刃を突きつける」ような勢いの二人の説得に根負けして、ある日の午後ジュリは医者の診察を受けることにした。医者は新しい処方を試みた。しかし肺が二つともやられていてはもう望みはほとんどないだろうと、厳しい診断を下して帰って行った。

＊

冬が去って、季節はやがて街中の木々がいっせいに芽吹きはじめる早春を迎えようとしていた。しかしジュリのからだは、そんな若々しい生命の復活のなかで急激に衰えて行った。

その知らせはパリにいる友達だけでなく、遠くスイスとの国境沿いのフェルネーに隠棲するヴォルテールのもとにまで届いた。長老はダランベールのこころのうちを思いやって、すぐに手紙を書いて、「私は非常にこころを痛めています。誰よりもレスピナス嬢のことをよく知るのはこの私ですから。なぜと申して、あなたが彼女によせる敬意と友情によって彼女という人を承知しているからです。一刻も早く健康の回復をお知らせくださいますように」と言ってきた。

ジュリのほうは、からだが急に弱ってゆくのを感じると、自分が死ぬときのギベールの気持ちをいっそう気づかうようになった。あの人に苦しみを味わわせてはならない。それにはいくら恋しくても、生木を裂くように無理にでもあの人を自分から引き離すしかない。

彼女は、もうこころの契りはすべて切れました、私に義理立てすることはありませんと言って、ギベールを突き放すような手紙を送った。

「あなた、もう私は死にますわ。そうなればすべてが収まり、すべてがうまく行くのです。……あなたは冷たくならなければいけません。こころを鬼にすることです。そして、もう悲しみと恐怖を味わわせるしかない不幸な女なんか放っておいて、逃げ出さなければ駄目です。要するに、そのときが来ても、あなたがもうなんの苦痛も感じないような状態にご自分を持って行かなければいけません。これが、私の寛大なこころとあなたの安らぎを気づかう気持ちからあなたに申し上げることです。こころの底からそう言っているのです。私にお説教なんかなさらないでください。あなた、すべてを諦めた人間にたいしては誰だってもうなんの義理もないのです。すべての契り、すべての絆、すべては解消されたのです。どうかよくわかってください！　どんな慰めの言葉も、もう私のこころには通じません。いっときでもからだの痛みを和らげることはもうあえて望まなくなりました。こころの痛みと同じことで、直る見込みはないと思っています。お医者さまのボルドゥーに診てもらったのは友情に負けたからですわ。その同じ友情が手当ての甲斐がなかったことを嘆くのもそう遠いことではありません。おやすみなさい、いまも苦しくてたまりません。お願いですから、あなたまで同じようなことをおっしゃらないでくださいね。」

あとに残される恋人の苦しみを気づかうジュリの心情はどこまでも深かった。こころを鬼にしているのは彼女のほうなのだ。しかしこの思い切った縁切りこそは、ジュリが見せた愛情の最後のあらわれであった。

その頃ギベールは仕事でヴェルサイユへ出かけることが多くなった。しかし時間さえあればそんな彼女を毎日のように見舞いに来た。見捨てることなどできるわけがなかった。ただジュリのほうは、唯一の慰めだったギベールとの逢瀬を楽しむことができないほど苦しみが激しく、からだが弱っていた。ペンを持つことさえもむずかしくなった。事実、書簡集に収められたギベールに宛てた手紙は、この時点でもう最後の三通を残すだけになっていた。

その中からまず次の一通を引く。ジュリの手で「午前十時」と記されている。文面から見て、おそらくギベールがこの日、朝早く彼女を見舞いにやって来たのであろう。

「あなた、ごらんになったとおり、私はすっかり弱くなって、見るも哀れな女ですわ。いつもでしたらあなたが目の前にいると、苦痛がまぎれて涙も収まるのですが、今日ばかりは負けました。いったいこころとからだと、どちらがいっそう私を苦しめたのか、それさえもわからないのです。あまりひどい状態だったので、さっきはせっかくの友情の慰めもお断りしてしまいました。苦しみを訴えて、それを分かちあっていただく甘い悲しみを味わうよりも、ひとりでいて、あなたにひと言お手紙を書いて横になりたかったのです。」

ギベールと逢うために起きているのでさえジュリにはつらかった。彼女の病状はついにそこまで来ていた。

これにつづけて彼女はこう書いている。

「いま思い出したのですが、火曜日と木曜日には、あなたはお家にいたいとおっしゃっていましたわ。あなたは優しい方だから、ついそれを忘れてしまったのですね。でも許して差し上げますから、どうかそうなさってください。私のために犠牲を払うようなことはしてほしくないのです。いまのようにそう思ったことはこれまで一度だってありません。悲しいことですが、私はもうなにかを楽しめる状態ではないのですもの！　あなたにむかって、

——私の傷口を引き裂かないで！

って叫ぶのが精一杯です。私のいっさいのお願いはもうそれだけです。もしもあなたにそうするお気持ちがあれば、ヴェルサイユへお出かけになるのがもう少しだけ少なくなるように思うのですけれど。」

ジュリはやっとの思いでそこまで書いた。ギベールがヴェルサイユへ出かけてしまって、ひとりパリに取り残されるのが彼女はなにより心細かった。

「さようなら。ほんとうにペンを持つ力もないのです。力という力は苦しむために使いきってしまいま

した。ああ、とうとう私は死ぬのも生きるのもほとんど同じくらい苦しいあの命の終わりにたどり着きました。苦しむのが怖くてたまりません。魂の苦痛が私の力をすべて使い果たしてしまったのです。あなた、どうか私を支えてください。でもあなたのほうはどうか苦しまないでください。それが私には一番つらい苦しみですから。もう一度、率直に、手短に申しますけれど、ご家族からあしたの夜を取り上げるようなことはなさらないでください。あしたは火曜日ですわ。」

ジュリは、自分のために家族を犠牲にすることのないように、ギベールに最後にもう一度釘を刺すのを忘れなかった。自分は死の苦しみに喘いでいるというのに、愛する人の家族を思いやる気持ちを彼女は最後まで失うことはなかった。

11

四月に入ると、ジュリはもうほとんどベッドを離れることができなくなった。訪れる人もごく内輪のものに限られた。それはギベールとダランベール、コンドルセとシュアール、そして驚いたことに、あのジョフラン夫人であった。

夫人は、不自由なからだを引きずって、毎日のようにジュリの病床を見舞いに来た。夫人から見れば、ジュリは自分の娘もおなじ若さだった。それなのに、どうしてこんな不治の病に倒れなければならないのかしら。その上ジュリこそは夫人に見込まれて、彼女のサロンを十数年ものあいだ華やかに彩った掛けがえのない存在だった。そんなジュリの枕元に心配そうに身を寄せる夫人のすがたは、さきに逝くわが子を見つめる母親のように痛々しかった。

またギベールも、「私を支えてください」というジュリの手紙を受け取ってからは、彼女の容態を気づかってパリを離れないように心がけた。

ところが、五月のはじめ、はずせない用向きのために、彼はヴェルサイユへ出かけて数時間パリを留守にした。そして、夜になって戻って来ると、ジュリから短い手紙が届いていた。

死の遺言状と書かれてあった。ギベールは愕然となった。昼間、彼女は容態が急変して、危うく命を落とすところだったのである。彼は留守にしたことを激しく悔やんだ。

ギベールはペンをとって、一気に書いた。

「あなたの「死の遺言状」！　その言葉に身震いしました。たしかにあなたの手紙には死の刻印が押されています。あれは臨終の言葉です。……私はあなたを愛しています、愛していますとも。この表現は私の魂の奥底から出てくるものです。もしもあなたがここにいたら、私の嗚咽でそれも途切れるところです。……私はつねにあなたを愛していた。あなたと知り合った最初のときからあなたを愛していた。あなたは私を惹きつけるすべてであり、私をなによりもこの世に結びつけるすべてなのです。そうですとも――これだけは言わねばなりません、なぜならこころの底に降ってみると、それが私のもっとも奥底にある想いだということがわかるからです――もしもあなたの死と、私が知っているあらゆる人間の死と、二つに一つを選ばねばならない羽目になったら、私は躊躇などするものですか！」

ギベールの激しい真情がジュリのこころに染みとおった。芯からうれしかった。しかし、もうその夜は、その気持ちを手紙に託して伝える力が彼女には残されていなかった。

その後も、彼女の容態はいつ急変するか知れなかった。が、幸いジュリは持ちこたえてくれた。ギベールはほっと胸を撫で下ろした。

しかし数日後、恐れていたことが起きた。夜になって、ジュリの容態が悪化した。すぐさまギベールは彼女のもとへ人を走らせた。使いが戻って来た。病人は小康を取戻していた。しかしギベールは前の苦い経験があったから、気を抜くことができなかった。そして、その晩のうちに、もう一度使いを走らせた。

ジュリは短い手紙を走り書きすると、それを使いのものに持たせた。それが書簡集の最後から二番目の手紙になった。

「こんなことをなさるなんて、あなたとそっくりで、度が過ぎますわ。夜中に二度も使いを出すなんて！　あなたという方は、あらゆる人のなかで一番すてきな人、そして一番軽率な人ですわ！　何度も言いますけれど、どうか気を落ち着けてください。そうでないと、あなたのせいで私の苦痛が早まることになりますわ。あなたが苦しむのが私はつらいのです、とてもつらいのです。いま鎮痛剤を飲んだところですが、まだ効いてきません。私はベッドのなかです。あなたは苦しんでいるのだと何度もそう思って、私は悲しくなることでしょう。」

ギベールはジュリの手紙を読んだ。そして、彼も走り書きをすると、それをふたたび使いのものに持たせた。

「私が落ち着いたら、あなたは死んでしまうのです！　昼間、あなたは恐ろしい一日を過ごした。きっと今夜も大変な夜になるでしょう……医者に診てもらってください。牛乳を飲んでください、あなたは、牛乳は痛みをやわらげてくれる感じがすると言うのですから。もう一度使いのものをお宅にやります、あなたの容態を知りたいのです。あなたの返事が来るのは十一時半か、真夜中になるでしょう。私は起きて、涙を浮かべているでしょう。……ああ、いとしい人《モナミ》、どうして私のこころの奥底を見てくれないのですか。それを知れば、あなたのこころを動かすはずです。もう死ぬなどという覚悟はできないはずです。」

ギベールは必死だった。なんとしてでもジュリを死の淵から救いたかった。

それから数日たって、ジュリは、いつもなら一日でも逢いたくてたまらないのに、ギベールにだけは寝室に入ることを禁じるようになった。たび重なる激しい痙攣の発作で顔面がゆがみ、いつもの顔立ちがそれまでの面影を残さないほど変貌してしまったのである。

ギベールは「あなたのことを想いつづけています。そうやってあなたがドアを閉ざすなら、私はドアの敷居に口づけして、悲しみのあまりその場で死んでしまいます」と書いた紙片を小間使いに託した。それでも寝室のドアは固く閉ざされたままだった。

ジュリは、変わり果てた自分の顔をギベールにだけは見せたくなかった。忘れもしないあのムーラン＝ジョリでふたりが出会った夏の日に、木漏れ日をうけて晴れ晴れと命に輝いていた顔を、愛する人の記憶に残しておきたかった。

五月十一日、ジュリは、

――もしかしたら、これが最後の機会になるかもしれない、
と、そんな予感がして、密かにこころのなかで別れを告げながら、ギベールに手紙を書いた。それが書簡集の最後の一通になった。

「あなたという人はほんとうに優しくて、親切な方ですわ。とうとう長い苦しみの重みに負けようとしている魂を、あなたは生き返らせて、支えてあげたいとおっしゃるのですね。そのお気持ちのありがたさをしみじみ感じています。でも、もう私にはそうしていただく値打ちがないのです。あなたに愛され

れば、もうほかにはなにひとつ望むものはないと思った一時期もありました。愛されれば、私の悔恨の思いも消えたかもしれません。少なくともこころの痛みはやわらいだことでしょう。そして生きられるものなら、私だって生きていたかった。それが今日は、もう死ぬことだけが望みです。私があの方を失ったことは決して償えるものではありません。やわらげることもできません。私は生き残ってはいけなかったのです。それだけが、こころのなかであなたを恨めしく思うたったひとつのことなのです。これからあなたの行く末はどうなるのでしょうか。ぜひそれが知りたいですわ。どうかいまの境遇によってお幸せになっていただきたいのです。なぜって、あなたの性格やあなたの感情からあなたが不幸になることは決してありませんもの。……

さようなら、あなた。もしもいつかまたこの世に戻って来ることがありましたら、その命を使ってもう一度あなたを愛したいですわ。でも、もう時間がありません。」

今はもう死を待つばかりになったジュリのこころを映す静かな手紙である。それは、荒れ狂う嵐のような情念の果てに、ようやく最後の港にたどり着いた魂の安らぎを反映するかのようである。

*

これに先立つこと三カ月前の二月十一日、ジュリはひそかに遺言書と遺言補足書を作成し、ダランベールに遺言の執行人になってくれることを書き記していた。そして親しい友人や知人、また小間使いや従僕など長年世話をしてくれた人たちに遺す形見の品々を選んで遺言書に書き込んだ。

ギベールには蔵書のうちフランスとイギリスの四つ折本のすべてを、ダランベールには紫檀のライティングデスクと大型の戸棚を、コンドルセにはヴォルテールとダランベールの胸像と各種の版画を、シユアールには巻き込み式の蓋の付いたライティングデスクを、ジョフラン夫人には大理石の小鳥の彫刻を遺すことにした。

また遺言補足書には、ダグランベールに宛てた次のような指示をしたためた。自分が死んだら直ちに引き出しか、ポケットにあるはずのモラの二つの肖像を探してほしい。そして、自分がいつも指に嵌めている髪の毛の指輪を抜き取り、それを、腕時計の鎖に付けてある二つのハート型の指輪、一つは金の指輪、いま一つは髪の毛の指輪、ならびにモラの肖像といっしょに小箱に収めて、モラの妹のビリャ＝エルモーサ公爵夫人のもとへ送り返してほしいと書き加えた。

思うに、腕時計に付けられた二つの指輪というのは、一つはモラが死んだとき指に嵌めていたジュリの髪の毛で作ったあの指輪、もう一つは、「すべては過ぎ去る、愛を除いては」という銘が刻まれた金の指輪だったのではあるまいか。なぜならそれらの品々は、モラの死後、彼の妹がわざわざスペインからジュリのもとへ兄の遺品として送ってくれたものだったからである。

一方、彼女が指に嵌めていた「髪の毛の指輪」というのは、これは推測に過ぎないのだが、モラの髪の毛を巻き込んだ指輪だったのではあるまいか。だからこそ彼女はそれをモラと思って、いつも大切に指に嵌めていたのではあるまいか。たしかにこの推測にはなんの根拠もないのである。勝手にわたしが死んだモラを慕いつづけるジュリの心情をあまりに哀れと思って、そうあってほしいと願ったまでのことである。

しかし、そうした推測をわたしに促したある事実があった。

五月十六日、彼女は、ダグランベールに永遠の別れを告げる手紙を書いたとき、とくに追伸を書き加えて、

――私を、指に嵌めている指輪といっしょに埋葬していただきたいのです、と、頼んでいたのである。これは指に嵌めている指輪をモラの妹のもとへ送り返してほしいと言った先の遺言補足書にある指示を取り消すことになる。

なぜ彼女は送り返すことを思い直したのだろうか。もしもその指輪が愛するモラの髪の毛だったとしたら、ジュリがそれを指に嵌めたまま埋葬されたいと願うのは、こうして死ぬ最後のときまでモラを愛しつづけた女の自然な情であり、あまりに当然な願いではないだろうか。そのときから二百数十年がたった今となっては、真相を探り出すことはかなわないけれど、ひたすらモラを愛したジュリの心情を思えば、そう推測したくなるのもまた自然な感情ではないだろうか。

ダランベールは、指輪にまつわる秘められた事情など知る由もなかった。この期に及んでも、ジュリがモラを愛し、さらにギベールを愛していることさえも知らずにいた。彼はジュリの素振りが自分に冷たくなってからも、こころのなかで一心に彼女を愛しつづけた。そして世に知られた幾何学者、哲学者であることも、アカデミーの終身幹事という要職にあることも忘れてジュリに尽くしてきたことを、読者は覚えておられるだろう。

一方のジュリは、デファン夫人のサロンで彼と出会い、誠実な人柄を知るようになってから強くこころを惹かれていった。そして最後に夫人と訣別することになったとき、彼は去って行くジュリのほうを選び、同じ屋根の下で仲睦まじく暮らすようになったこと、これもすでに話したとおりである。

ところがモラの出現によって彼女のこころは一変してしまった。ダランベールはジュリの態度が冷たくなったとは感じても、心変わりには気づかずにいて、自分がもはや「彼女のこころの一番の対象」でなくなったとは思ってもいなかった。しかしジュリからすれば、恋愛感情こそなかったけれど、ほんとうにこころを許しあえた友達は彼のほかにいなかったこともまた事実だった。

だからこそ彼女はダランベールを遺言の執行人に選んだのであろう。その上、死後に開封することと明記した最後の手紙のなかで、ある秘密の用件を彼に託していた。それは死んでゆく彼女がいちばん気にしていた用件だった。その用件とはなんだったのか。

「なにもかもお世話になりました。私はあなたの友情を固く信じていますから、残された力を使って、もうなんの望みも、恐れもなくなった命に堪えるつもりです。私の不幸には救いも、慰めもありません。それでもまだ私は、生きているのがぞっとする日々を引き伸ばすように努めることがあなたへの義務であると感じています。ただそうは言っても、あまり自分の意志を当てにすることもできず、意志が絶望に負けるかもしれませんので、用心のためにこれを書いてお願いするのですが、黒い大型の書類入れにあるすべての書類を読まずに焼却していただきたいのです。私にはそれにさわる力がないのです。いま、もう一度私のお友達の筆跡を見たら、私は死んでしまいます。私のポケットにもバラ色の書類入れが入っています。そのなかにあの方の手紙がありますから、どうかそれも焼却してください。」

言うまでもなく、ジュリが「読まずに焼却する」ことを頼んだ書類というのは、なにより大切に取っておいたモラからの手紙であった。もしそれが焼却されずに残されていたら、悲劇的な恋の果てに死んだ若き貴公子モラのジュリによせた熱情を、わたしたちは彼の言葉そのものを通して知ることができたはずであった。しかし、惜しむべし、それは永遠に失われてしまったのである。

それからジュリは自分の手紙に触れて次のような願いを書いている。

「さようなら、あなた、どうか私を惜しまないでください。もうこの世では期待できなくなった安らぎを、私は死んで見つけるのだと、どうかそうお考えになってください。モラさんの思い出を、かつてこの世に存在したもっとも高潔な、もっともこころの濃やかな、そしてもっとも不幸な人の思い出として末永くお持ちになってください。

マガロンさんに〔シュヴァリエ・ド・マガロン。モラ、ビリャ＝エルモーサ、ダランベールおよびレスピナスたちの知人〕、私の手紙が取戻せるかどうかお訊ねになってください。あの方が大きな書類入れに入れてお持ちになっていたことは確かなのです。私の手紙がどうなっているのか、ボルドー〔モラが死んだ町〕に問い合わせてください。もしあなたのもとにそれが戻って来るようでしたら、読まずに焼却してください。」

この「私の手紙」と言っているのは、これもまた言うまでもないことだが、ジュリがモラに宛てた手紙である。しかし不幸にしてそのすべては、ダランベールが焼却する前に、ジュリを好ましく思っていなかったモラの家族の手によって焼却されたか、あるいは散逸してしまったのである。その手紙こそは、わたしがジュリに秘められた恋があったことを知ったとき真っ先に読んでみたいと思ったものだった。もしそれが残されていたら、ギベールに宛てた手紙とともに、レスピナスの不滅の愛の書簡として、かならず後世に伝わったことはまず間違いなかったであろう。

かくしてモラとジュリの往復書簡は、幻のようにこの世から消えたのである。

最後にジュリは、自分が死んだらダランベールがすぐにも読むであろう別れの手紙を次のように結んでいる。そのなかではじめて彼女は、自分とモラが深く愛し合っていたことをダランベールに明かすことにした。

「繰り返すようですけれど、どうか私のことはお忘れになってください。お体を大切になさってください。人生にはこれからもあなたにとって興味深いことがあるに違いありません。あなたの美徳ゆえにあなたはきっと人生に愛着を覚えるはずですわ。さようなら、私の心も魂も絶望で乾き切ってしまいました。もうどんな感情も表わすことができません。私の死は、私がモラさんをどんなふうに愛したか、それを示す証しにほかなりません。そしてあの方の死は、あなたには思いも及ばないほど彼が私の愛情に応えてくださったことを何にもまして裏付けるものです。ああ、あなたがこれをお読みになるとき、私は、私をおし潰す重圧から解放されているのですわ。さようなら、あなた、永遠に！」

これが五月十六日のことであった。

それから数日のあいだ、ジュリは、ダマスク織の赤い緞子の垂れた愛用のベッドのなかで、死の苦しみに喘ぎながら、生と死の境をさまよった。

その間、ダグランベールは彼女の枕元に坐って、ほとんど付きっ切りで看病した。寝室へ入ることを禁じられたギベールは、朝になると現われて、ダランベールの部屋に入って待機した。眠れぬ夜を過ごしたのか、目を赤く充血させていた。ダランベールからジュリの容態が伝わるたびに、あらたな絶望がギベールを打ちのめした。もはや言うべき言葉がなかった。わずか数日のあいだに彼はげっそりとやつれていた。

そんなギベールの憔悴した様子がダランベールから伝わると、ジュリは死の床にあっても、こころをかき乱された。

五月二十一日、午後四時、彼女はベッドの上にやっとの思いで起き上がると、ダランベールにペンと紙を取ってくれるように頼んだ。もう命はほとんど尽きようとしていた。

ジュリは最後の力をふりしぼると、絶望しているギベールに宛てて震える手で数行の言葉を書いた。しかし、かすれた文字にはジュリの情念の最後のほとばしりが記されていた。

「あなた、私はあなたを愛していますわ。それが私の苦しみを鈍らせる鎮痛剤なのです。それを愛の毒に変えるのはただあなた次第です。その毒はあらゆる毒のなかで、いちばん効き目の早い、いちばん激しい毒になります。ああ、生きているのがほんとうにつらいので、あなたにその救いの手を差し伸べていただくために、いますぐにでもあなたのお慈悲とあなたの寛大なお気持ちをお願いするところです。そうなればつらい死の苦しみも終わりになりますもの。その苦しみはもうすぐにあなたの魂の上に重くのしかかるのですね。あなた、どうか私にあなたのお力で休息を与えてください！　そしてお願いですから、またつれなくしてください。ああ、もう私は命が消えます。さようなら。」

ジュリはやっとそれだけ書いた。そして、それに封をするとダランベールを呼んで、ギベールに渡してほしいと頼んだ。

彼女は力尽きていた。しかし、ダランベールにどうしても最後に言わなければならないことが残っていた。ジュリは彼を見つめたまま、とぎれとぎれのか細い声で、長いあいだ親身になって尽くしてくれたことをこころから感謝した。それなのに私はその恩を忘れて、あなたに冷たく当たったりしてしまった。ジュリは優しく囁くような声で赦しを乞うた。

その様子は、ダランベールにとって以前とかわらないあの優しいジュリだった。彼はいまわの際にその優しさを見せられて、悲しさと愛おしさにもう自分を抑えることができなくなった。思い切ってそれまでの臆病な自分をかなぐり捨てて、なぜジュリが自分に冷たくなったのか、その真実を訊ねようとした。それだけでなく、「自分がどんなに彼女を大切に思っているか」、その変わらぬ想いをしっかりと彼女の耳に伝えようとした。

しかしジュリは、そのときすでに話す力も、彼の声を聞く力も失っていた。かくしてダランベールは取り返しのつかない「生涯でもっとも貴重な一瞬」を取り逃してしまった。

ジュリはそのまま意識を失って、長いこと眠りつづけた。

外には、五月の静かな夕暮れが迫っていた。

枕元には、ダランベールとコンドルセ、それに急を聞いて駆けつけた異父兄のアベル・ド・ヴィシーが付き添っていた。ヴィシー一族のなかで、ジュリがただひとり愛情をよせていた兄だった。

夜になって、ジュリに気付け薬をかがせた。彼女はぼんやりと目を開いた。

――私、まだ生きているのかしら、
と、不思議そうにつぶやいた。それだけ言うと、ジュリはふたたび目を閉じた。それが彼女の最後の言葉になった。

真夜中の二時を過ぎたころ、あれほど愛の喜びと苦しみに打ち震えた心臓の鼓動がとまり、ジュリは静かに最後の息をひきとった。

モラが、ジュリに逢うために死を覚悟してパリへ向かい、その旅の途中で死んでから、あと四日で二年になろうとしていた。生き残った彼女にとって、追慕と悔恨に責め立てられたなんという長い苦しみの年月だったことだろう。その責め苦から、死がやっといま彼女を解放したのであった。

それをもの語るように、いつの間にか彼女の顔から、痙攣でゆがんだ苦悶のあとがきれいに消えていた。歳さえも若返ったように見えた。まるで死が、恋に命を捧げた女を悼んで、その顔に清らかな薄化粧をほどこしたかのように、ジュリは安らかな寝顔で横たわっていた。

翌五月二十三日、つつましい葬列が、ダランベールとコンドルセに導かれてサン＝シュルピス教会へ向かった。ギベールは人にまぎれるようにして葬列のあとに従った。遺言によって、ジュリの遺体は、最後の別れのために教会の正面入口に安置されることもなく、地下で簡素な葬儀が行われたあと、貧しい人たちとおなじように教会の墓地に埋葬された。

ギベールは、ジュリが死んだ夜、家に戻ると、夜を徹して慟哭の言葉を書き綴って、亡きジュリに捧げた。のちにこれは彼女が愛読したイギリスの小説家スターンのヒロインの名に因んで「エリザを称えて」と題されて、『マドモワゼル・ド・レスピナス書簡集　一七七三—一七七六』（パリ、ロンシャン書房、一八一一年）に収められた。ジュリの死後、ギベールに子供が生れた。彼はその後もあいかわらず社交界で気晴らしをつづける一方、アカデミー・フランセーズ入りを果たし、軍法会議のメンバーとなって軍人としての職務を全うして、一七九〇年、四十六歳で死んだ。

しかしダランベールには、まったく予期していなかった痛ましい事態が待っていた。ジュリの悲劇の背後に、もうひとつの悲劇が隠れていたのである。

彼は悲しみのなかで、遺言の執行人として、ジュリに命じられたとおり彼女の残した書類の整理や、たくさんの手紙の返還あるいはその焼却の作業に当たらなければならなかった。

そのさなか、書類のなかに、表に「焼却のこと」と書かれた一束の原稿らしいものが見つかった。「読まずに」とは書かれていなかったから、彼は何気なくそれに目を通した。そしてわが目を疑った。

そこには、ジュリがどれだけ激しくモラを愛したか、その一部始終がこと細かに彼女の手で綴られていたのである。

ダランベールはことの真相に驚き、愕然となった。彼の悲劇は愛する女の死に絶望するだけでは終わらなかった。ジュリに愛されていると信じて過ごしたすべての時間を、この一瞬に失ってしまったのだ。彼は「レスピナス嬢の死せる魂に」と題した追悼文のなかにこみ上げて来る思いのすべてを書いた。

「何ということか、あなたは私からすべてを奪った、生きる喜びも、死ぬ喜びさえも！　残酷で不幸な友よ！　あなたはまるであなたの遺言の執行を私に委ねることで、私の苦しみをさらに募らせようとしたかのようです！　その執行のために課せられた務めが、なぜ私が決して知るべきでなかったこと、知らずにいたかったことを私に教えるようなことになったのですか。なぜあなたはあの不吉な原稿を開かずに焼却せよと私に命じなかったのですか。私はあれを読んでも、そこにあらたな苦しみの種があろうとは思っても見なかった。ところが読んで知ったことは、あれほどあなたが断言してくれたのに、私は少なくとも八年前から、もうあなたのこころの第一の対象ではなかったということです。あんな悲しいものを読んだあとで、私があなたにこころから愛されていると思っていたその前の八年あるいは十年のあいだ、あなたはまだ私の愛情を裏切ってはいなかったと、いったい誰が私に請け合うことができるでしょうか。ああ、あなたが私に焼却を頼んだあの夥しい数の手紙のなかに、あなたがただの一通も私の手紙を残しておかなかったのを見たとき、私は裏切られたのだと思ったのも当然ではなかったでしょうか。いったいどんな不運から私の手紙はあなたにとってどうでもいいものになってしまったのですか……」

いつもはジュリに控えめな態度で接していたダランベールも、このときばかりは彼女の裏切りを知ってほとんど逆上した。

しかし、やり場のない恨みも、ジュリへの愛情までもかき消すことはできなかった。彼は亡きジュリをかき口説くかのように、かつて二人があれほど愛し合ったころの思い出を彼女に語りかけた。

いまとなってはそれがどんなに空しく響いても、最後までジュリを誠実に愛し、その献身ゆえに絶望を味わわされた不運な男のために、わたしは彼の哀訴の声をここに引いておきたいと思う。そうしなければ、歴史に残る彼の業績と名声のかげに、これほどの絶望の嘆きがあったことが知るひともなく永遠に葬られてしまうであろうから。

「いったい誰が、この不運な私にたいしてあなたのこころをここまで冷たくさせてしまったのでしょうか。十年前、あなたは、私を慕う気持ちがあなたを幸福にして、その幸福がこわいほどですと言っていたものです。……どうしてあなたというひとは穏やかに愛し、愛されることができなかったのですか。あなたは私に幾度となく言ったものでした、死の数カ月前には、溜息をついてこう告白したものでした、あなたが人に懐かせたすべての愛情のなかで、私があなたによせる愛情とあなたが私によせる愛情だけが、あなたを不幸にしなかった唯一のものだったと！　どうしてその愛情だけであなたには充分でなかったのでしょうか。愛はほかの人たちには人生の苦しみをやわらげるためにあるものなのに、どうしてその愛があなたの人生の苦悩と絶望にならなければいけなかったのでしょうか。

悲しいかな、私はあなたとともに人生の十六年を失ってしまったのです。……いったい誰が私に残されたわずかな年月を満たし、慰めてくれるでしょうか。あなたがどんなひとであれ、私の涙を乾かすことのできるのはあなたなのです。そのあなたはいま地上のどこにいるのですか。地の果てまでであろうと、私はあなたを探し求めに行きましょう。ああ、あなたがどこにいようと、どうか私の嘆きを聞き、私のこころを見てください、そして私のところに戻って来てください。そうでなければ私をあなたのもとへ呼び寄せてください！　いまの打ちひしがれた状況から、見捨てられて身も世もない境遇から、どうか私を救い出してください。そんな境遇にいるために、私は、わびしい住まいに戻るたびに、こうつぶやくのです、

——誰ひとり私を待っていてくれる人はいない。もうこれからは誰ひとりいなくなるだろう！」

ジュリが死んだあと、ダランベールは、長いこと彼女とともに住みなれたサン＝ドミニック街の家を去って行った。そしてアカデミーの終身幹事が住む権利のあるルーヴル宮の広い一室に移った。彼がわびしい住まいと言ったのはこの一室のことである。

実際、その部屋は彼にとってひと気のない墓も同然だった。その部屋に移り住んだとき、彼は友人のマルモンテルに、「私たち二人がいっしょに過ごした幸福な宵のことを思い出してください。いまの私にいったいなにが残されているでしょうか。家に帰ったとき、私が見出すのはあの人でなく、もうこれからはあの人のまぼろしだけなのです。あのルーヴルの住まいはそれ自体が墓であって、私は恐怖を感じずには中へ入れないのです」と語っていたのである。

コンドルセは、あまりに落ち込んでいるダランベールの姿を見て、

——あの人は深く傷ついています。私が彼のために望むことはただひとつ、堪えられるような状態に戻ってくれることだけです、
と、チュルゴに語ったほどであった。

こうして絶望と痛恨の思いを綴るうちに、ダランベールの胸に、ジュリと暮らしたあの幸福だった日々の思い出が甦った。奇しくも二人には、私生児という同じ出生の秘密があったことを読者は覚えて

おられるだろうか。その出生からはじまって、同じような苦しみの経験が彼らのこころを結びつけたこともすでに話したが、そうした過去が狂おしいばかりに彼の胸に去来した。

「まるで何もかもが、私たちに共通した身の上にいたるまで、すべてが二人を結びつけるためにあったように思えたものです。身寄りも家族もない二人が、生れ落ちると同時に見捨てられて、不幸や不正を味わったために、自然は二人を、私たちがたがいに求めあい、たがいにすべての代わりとなり、たがいに支えあうためにこの世に送り出したように思えたものです、ちょうど嵐に打たれた二本の葦がからだを寄せて支えあっているように。それなのに、なぜあなたはほかの支えを求めたりしたのですか。不幸なことに、やがてあなたはその支えを失ってしまった。そして自分を天涯孤独と思って息をひきとった。そのときあなたは手を伸ばしさえすれば、あなたのすぐそばにいた人間をもう一度取り戻せたのです。でもあなたはその人間を見ようともしなかった。ああ、もしもあなたが生き延びていたら、きっと自然は、かつて二人をそれぞれの相手にむかって駆り立てたように、もう一度私たちを二度と離ればなれにならないように近づけたかもしれなかったのです！」

だが、過去の甘美な思い出は、いたずらに彼の絶望を深めるだけだった。生れたとき産みの母に捨てられたのと同じように、しかし今度は愛するジュリに置きざりにされて、ダランベールは、ルーヴルのわびしい部屋のなかで、ひたすら寄る辺ない独り身を嘆くしかなかった。ジュリに宛てた嘆きの文は、涙とともに永遠の別れを告げた。

「しかし悲しいことに、この目を最後に閉ざすとき、私の目はもうあなたの目を見出すことはないでしょう。いまわの際に涙を流してくれる目を見ることさえないでしょう！　さようなら、いとしいジュリ、永遠に閉ざしたいと思っているこの目は、この最後の数行を書きながら涙であふれているからです。あなたのために書いているこの紙も、もう私には見えません。」

彼は落ち込んだ気持ちを奮い立たせて、終身幹事としてアカデミーの仕事に打ち込んだ。そしてあるじのジュリを失ったサン＝ドミニック街のサロンが閉ざされると、ほかのサロンへ通うようになった。持ち前の快活な話しぶりは、昔と同じようにまわりの者たちを惹きつけて、彼らを楽しませた。みんなは彼が元気になったと思った。

だが、サロンを出て、夜遅く、ひとりルーヴルのわびしい住まいに戻って来ると、堪えきれない孤独が彼を襲った。

そんなダランベールを励ますために、多くの友人たちが手を差し伸べてくれた。そのなかにヴォルテールがいた。プロシア国王フリードリヒ大王もいた。しかし彼のこころはジュリの他界とともにすでに死んでいたのである。

彼はジュリが死んでから、七年間生き永らえた。以前はイタリア人のように陽気だったダランベールが悲しみのうちに人生を終えたのは、一七八三年、やがて六十六歳になろうとしていたときのことであった。

しかし、ダランベールよ、後世はその大いなる業績にもまして、あなたがジュリを愛したあのかぎりない誠実さと優しさをけっして忘れることはないだろう。

あとがき

ジュリ・ド・レスピナスの恋文はこれほど情熱的で、またこれほど人間的で美しいものだったのかと身にしみて感じたのは、この本を書きながら手紙を一通一通訳しているときのことであった。ある人の文章を書き写すということは、たとえそれが翻訳された言葉を介してであってもその人の内側に入ることを許してくれるからであろう。実際そうやって何十通もの手紙を訳すうちに初めはぼんやりとしか見えていなかったジュリという女性の秘められていた恋の曲折が徐々に見え始めたのであった。

それにしてもよくこれが失われずに残ったものである。恋文というものは恋しい人に宛てた秘密の文《ふみ》であるから普通は他人の目に触れることもめったにないであろうし、人に知られずにいつしか失われてしまうことも多いだろう。だから遠いむかしのジュリの手紙が時の経過のなかで散逸しても不思議ではなかった。恋人のモラに宛てた手紙のほうは不幸にして失われてしまった。それを思うと二人目の恋人であるギベールに宛てられた手紙がこれだけ数多く後世に伝えられたことは実際奇跡に近いことだったような気がしてくる。

恋文が発見された経緯は次のようなものである。

手紙を偶然見つけたのはギベールの妻アレクサンドリーヌであった。ジュリの死後十四年たって夫が死んだとき、ジュリが形見として彼に贈ったと思われる書きもの机が妻のもとに残された。（ただしジュリの遺言書にはこの机をギベールに贈るとは記載されていない。その後遺言の内容に何らかの変更があったのだろうか。本文三八八ページ参照）机には鍵が掛っていた。未亡人は夫の遺品の整理をしようと思ったのか、ふと机の引き出しを開けてみた。するとその中からおびただしい数の手紙があらわれた。ギベールがそこに、おそらく妻の眼に触れぬように隠しておいたのであろう。読んでみると夫に宛てたジュリからの恋文であった。アレクサンドリーヌが結婚前に一度ギベールの家でジュリと出会ってその優しさと洗練された優雅な物腰に「魅惑されて」、好印象を抱いたらしいことは本文にも書いておいたが、ジュリが夫の女友達だったことは知らされていたとしても恋人だったことまでは知らずにいたであろう。彼女は恋文を読んではじめて二人の関係を知って驚愕したにちがいない。そして、そのときの感情から一時は恋敵だったジュリの手紙を処分したとしてもやむをえないことだった。

ところが彼女はそうはしなかった。ジュリの恋文を読んでその激しい恋慕の情に呆然となり、文章のすばらしさに魅了されてしまったのであろう。ただし、正直に言ってこれはどこまでもわたしの推測に過ぎないものである。しかしこのアレクサンドリーヌという女性は若い頃から文学の好きな、自分でも小説を書いたといわれる知性豊かな人だったようであるから、読むうちに私情を忘れてジュリの手紙に驚嘆し感動したことは充分想像されるのである。そうでなければその後にあえてこれを世に出すことを決断したりはしなかったであろう。彼女は手紙の人間的、また文学的価値を認めた最初の読者だったのである。そして、たとえ秘められていた二人の恋を世間に暴露することになっても、手紙は世に出す価値があると判断したのであった。事実これが出版された当時、パリの社交界にはまだレスピナス嬢を知る友人たちが生き残っていて、この出版は彼女の名誉を汚すものだと言って非難するものもあったようである。しかし結局、手紙の圧倒的な力には勝てず、ことに女性たちは先を争うように読みふけることになった。フランス・ロマン派のさきがけとなったあのスタール夫人がこれを読んで感激したことは本文に書いておいた。かくしてアレクサンドリーヌが下した公正で無私な判断のおかげでこの世でもっとも美しい愛の書簡集の一つが今日わたしたちの手もとにまで届くことになったのである。

*

その手紙から窺えるジュリの狂おしい恋の情念は他にはほとんど類を見ないほど激しいものだったが、いったい後世はそれをどう受けとめていたのだろうか。それについてすこし思うことがあるので書きとめておきたい。十九世紀の批評家サント＝ブーヴは毎週新聞に発表する記事のなかでレスピナス嬢の恋についてこういうことを書いている。「彼女がその犠牲となったような種類の愛の情念と聖なる病がこれほどまでに激しくなったケースに遭遇することはフランスではきわめて稀なことである。」（『月曜閑談』）

これは一見すると、単にジュリの情熱がフランスでは例外的に激しいものであったと言っているだけのようにも読めるのだが、あえて「フランスでは」と断っていることがわたしにはどことなく気になっていた。サント＝ブーヴはあまり意識せずに事実としてそう書いたのかもしれないが、いったいこの文章の意図は肯定的なのか、それとも暗に否定的なのか。わたしはこれを読んでいて彼の言辞の背後にはフランス人のある生活感情が潜んでいて、それがフランスではという限定を付けさせたのではないかと、ふとそんなふうに思われた。フランスは元来、「節度ある」国、「中庸を得た優雅」の国であり、理性を尊ぶ国柄である。だからその節度や中庸や理性を逸脱する感情や行動はフランス的でなく、したがってそうした感情あるいは行動はこの国では稀なのである。これはそうした生活感情に立った言辞のようにも読めるのである。そうなると、過度なもの、常軌を逸したもの、たとえば狂気はこの立場からすれば忌避され否定されなければならないだろう。フランスで稀であるということは場合によっては讃辞の条件になるとは限らず、激しい情念は必ずしも肯定され、讃美されているわけではないのかもしれない。

二十世紀になってプルーストは、既成の観念や倫理に囚われない独自の文学観をこころに秘めて例の長編小説に取り掛かろうとしていたとき、このフランス的節度や中庸に基づく穏健な立場を文学者として厳しく批判したことがあった。彼は、ジェラール・ド・ネルヴァルの詩や小説に感じられる名状しがたい神秘で深遠な美しさは、節度や中庸といったいわゆるフランス的な特質の範疇を越えたものであって、ネルヴァルの文学の本質はその彼方にあり、ほとんど狂気と紙一重の感受性に存在することをはじめて指摘した作家であった。十九世紀ブルジョワの穏健に見えてじつは多分に偽善的でありうる生活感情はそうしたネルヴァルの文学性を理解できずに無視し、ついに忘却した。プルーストは、シュルレアリストたちがすぐれた先駆者として彼を見出す以前に、この薄幸の詩人を長い忘却の中から復権させようとしたのであった。

同様にジュリの愛の情念もフランス的中庸や節度を大きく越えたものであり、それゆえ「フランスではきわめて稀なこと」になるのであって、彼女の情念はフランス的でないもの、非理性的なものに支配されていたのである。考えてみれば、情念はもともと理性の支配圏を逸脱した感情なのである。たとえばジュリは手紙のなかでこう書いている。

――ほんとうに情念というものはなんという狂気なのでしょう！　なんと愚かなものなのでしょう！……でも公平に見て、これは認めなければならないことですが、こころの静かさと理性をいちばんと思って崇めていると、私はほとんど生きていないのも同じなのです。

あるいは、

――情念は私が持って生れたものなのです！　そして理性はこの私とはなんの関係もないのです！

または、

――私の愛の情念、あるいは私を愛してくださる人の愛の情念を満足させるためとあれば、私には殉教者の力が、それどころか、罪を犯す力だってあるのです。

たしかに愛のために罪を犯すことも辞さないと正面切って言える女性はフランスでは稀有な存在だったであろう。またそれだけに、もしジュリの本性が暴露されれば、節度あるフランス的な生活感情が敬遠しかねない女性であることも免れがたいことだったであろう。実際彼女は自分が生れたフランスでさえ半ば忘れられている。読みたいと思って書店へ行っても彼女の書簡集は容易に手に入らない。これが少なくともジュリにたいする評価の一面である。

そのフランスで毎年演劇のシーズンになると、ラシーヌの『フェードル』（ちなみにこれはジュリの愛読書であった）が上演される。言うまでもないが、これは背徳的な情念と欲望の激しさで観るものを圧倒せずにはおかない稀有な作品である。そしてそれが上演されるたびに観客から割れるような喝采を浴びている。なるほどこの戯曲がフランス演劇が誇る文句のない傑作なのだからそれも当然なのだという言い方はできる。しジュリの恋文をそんな傑作に比べることははじめから話にならないと言われればその通りかもしれない。しかし、もしフェードルがわれわれの身近にいた女性だったとしたら、あの狂気のような「野性状態の欲望」（ヴァレリー）を見せ付けられた観客はそれを黙って受けいれるだろうか。あからさまな情欲に悶え苦しむ彼女に喝采を送るだろうか。あえて言えば、二人の女のおなじ情念にたいするこの評価の違いは、一方のジュリは現実にパリに生きていた生身の女であり、他方のフェードルはわれわれの日常生活とは何の関係もない神話に現れた虚構の女であるという存在のありようの違いに左右されてはいないだろうか。たぶんこれはレスピナスの肩を持つわたしの思い過ごしなのかもしれない。しかし、万が一にもそういう意識が評価の底に潜んでいるとしたら、かつてマネの「オランピア」に描かれた裸婦が神話の女神ではなくて、裸でポーズを取ってわれわれをじっと見詰めている巷の娼婦だったために偽善的なブルジョワたちが卑猥であるといって一斉に非難の声をあげたのとおなじことになりはしないだろうか。

しかし一方でジュリ本人はというと、彼女はこんな後世の詮索には無関心だったにちがいない。「私たちのまわりにいる愚かな人たちや操り人形みたいな人たちが生きている、あの生ぬるい」世間の思惑にはお構いなく、自分で生きると決めた茨の道のような恋路を迷わず歩んで行ったからである。

——私は自由です。自立した女です。自分の意のままに生きることに何の後悔もありません。

こうきっぱりと言って、彼女は自分の「持って生れた」愛の情念の命ずるままにその半生を生き抜いたのである。本書はそんな女性にささげる遠い異国からのオマージュなのである。

＊

ひとつ私事を書かせていただこう。

ある日、パリの仕事部屋でこの本を書き始めた頃のことであったが、わたしは思ってもみなかった幸運に恵まれた。外出から戻る帰り道、家の近くまで来て、とある古書店の前を通りがかったときのことだった。

書店の名はジャン゠エチエンヌ・ユレ。ガラス張りの陳列棚に十数冊の本が並んでいた。いつもの癖で足を止めて覗き込んだ。そのなかに薄い小型の本があるのに眼がとまった。わたしは何気なく、しかし、なぜか吸い寄せられるように眼を近づけて青い活字で印刷された本のタイトルを読んだ。わたしは一瞬わが眼を疑った。*Le Tombeau de Mlle de Lespinasse*『レスピナス嬢の墓』と記されているではないか。百数十年前に出たこの本の存在は書誌によって知ってはいたが、まさかそれがいま眼の前に忽然と現われようとは思ってもみなかった。まるで本はわたしが通るのを知っていてそこに置かれていたかのような、そんな感じがした。店主に頼んで陳列棚から出してもらって手に取った。間違いない。友人のダランベールがジュリにささげた追悼文「レスピナス嬢の死せる魂に」と彼がジュリの生前に書いた「レスピナス嬢の肖像」、それに加えてギベールの追悼文である「エリザを称えて」を収めた一冊であった。ジュリがベッドの上に半身を起こしてダランベールらしい男に右手を握られているところを描いたラローズによるエッチングが一葉挿入されている。刊行は一八七九年である。発行部数は「きわめて僅少」とわざわざ注記されている。そんな貴重な本が眼の前にあることが実際夢のようであった。ジュリの生涯について書こうとしている異国の人間を励ますために、わたしが古書店の前を通るのを待ち構えていたような気さえした。家に帰ってあらためて本を手に取った。フランス装丁の本はまだページが切られていなかった。やはりこの本はわたしに読まれるのを待っていたのだ。本にペーパーナイフを入れながらわたしは勝手にそう思うことにした。こうして偶然手に入れたダランベールの追悼文は本書の追記のなかに一部を訳出しておいたのでお読みいただければ幸いである。

この本を書くに当たって主としてセギュール著『ジュリ・ド・レスピナス』を参照したが、それをそのたびに注記するのは煩瑣なので省略することにした。ご了承いただきたい。使用したレスピナスの書簡集と主な参考文献を以下に記しておく。

レスピナス嬢の書簡集

Lettres de Mlle de Lespinasse, Classiques Garnier, Librairie Garnier Frères, Paris, sans date.

Lettres de Mlle de Lespinasse, suivies de ses autres œuvres et des documents inédits et procédées d'une Notice biographique et littéraire par Eugène Asse, Paris, G. Charpentier, 1877.

Lettres inédites de Mlle de Lespinasse, publiées avec des lettres de ses amis, des documents nouveaux et une étude par M. Charles Henry, Paris, E. Dentu, 1887.

Lettres à Condorcet, Edition présentée et annotée par Jean-Noël Pascal, les Editions Desjonquères, 1990.

主な参考文献

D'Alembert et Guibert: *Le Tombeau de Mlle de Lespinasse*, Librairie des Bibliophiles, 1879.

Marquis de Ségur: *Julie de Lespinasse*, septième édition, Paris, Calmann-Lévy, 1925.

André Beaunier: *La vie amoureuse de Julie de Lespinasse*, Ernest Flammarion, 1925.

Lytton Strachey: *Mademoiselle de Lespinasse* in *Scènes de conversation*, Editions Gallimard, 1991.

Sainte-Beuve: *Les Lumières et les salons*, Hermann, 1992.

Bendetta Craveri: *Madame du Deffand*, Editions du Seuil, 1999.

Marie-Christine d'Aragon et Jean Lacouture: *Julie de Lespinasse, mourir d'amour*, Editions Complexe, 2006.

＊

レスピナス嬢の命日が近づいた五月のある日、わたしはかつて彼女がダランベールなどわずかな友人たちに見送られて葬られたパリのサン＝シュルピス教会に詣でた。教会堂の前の広場には大きな泉水盤があって、溢れる水が初夏の太陽を浴びてきらめいていた。葬儀の日も今日のように五月の太陽が燦燦とふり注いでいたのだろうか。薄暗い堂内に入ると、側廊沿いにならぶチャペルの祭壇にはすでにたくさんの蠟燭が灯されていて、思い思いに椅子に坐って静かに祈る人たちの姿があった。わたしもジュリの亡き魂のために祭壇に一本の蠟燭を献じた。そして往時を思ってその場にたたずんだ。十八世紀の昔にはよほどの人でないかぎり共同墓地に葬られるのが通例だったようだからジュリの亡骸が今どこにあるのかはわからない。墓前に詣でることは叶わないが、せめて本の執筆が一段落したら彼女が自分の「ねぐら」に決めていたサン＝シュルピス教会を訪れようと思っていたのである。その思いが遂げられたいま、資料の精読から始まった一連の仕事はすべてやり終えた。ようやく肩の荷をおろせるときが来たようだ。いまは本書がきっかけとなって一人でも多くの日本の読者にレスピナス嬢の恋文を読んでもらい、恋に命を懸けた彼女の半生を知っていただくことを願うばかりである。

この本の構想から出版の段取りにいたるまでその都度わたしのわがままを快く聞いてくださり全力で仕事

を支えてくださったのは、今回も筑摩書房編集部の岩川哲司さんであった。何年前のことだったか忘れたけれど、ある日の夕方、新宿の雑踏する人ごみの中を縫うように歩きながら、わたしは岩川さんに伝記の名手リットン・ストレチーによる小伝「マドモワゼル・ド・レスピナス」のことを夢中になって話していたのを憶えている。こちらの熱気に岩川さんも興奮気味にわたしの言葉にいちいち相槌を打ってくれた。同じ出版社の戸田浩さんもそばにいてわれわれの興奮した話しぶりをあきれ顔で聞いていた。思えばあの雑踏の中での会話がこの本を書く端緒になったのであった。本はまだ出来上がってはいないが、本作りといえば、岩川さんが編集の仕事ばかりか表紙の装丁にもそそいでくださった情熱と卓抜な着想のことも忘れることができない。拙著の『モンテーニュ私記』や『プルースト　読書の喜び』のときもそうだったが、絵のお好きな岩川さんは本の内容にふさわしいものを求めて手当たり次第に画集を繰り、満足しなければ図書館へまで出かけて最高の装丁になるものを探してくださった。出版はその国の文化を創出するというもっとも重要な使命を担っている。しかしまた出版は同時に企業でもあるから、今のような経済が幅を利かせる時代には金儲けの商業主義に振り回される危険は計り知れない。そういう状況にあって岩川さんの出版人としての使命感と誇りと熱情はまったく揺らぐことがなかった。これは彼が提案した数々の企画とその成功が証明していることである。そんな岩川さんと一体いつから仕事をするようになったのかすぐには思い出せないが、それはそれほどお付き合いが長かったということであって、いつお会いして話をしてもいつの間にか編集者と書き手の枠を越えて友達のような寛いだ楽しみを味わったものである。こうして本を作る喜びと苦しみを長いこと共にしてきた同志と言ってもいい岩川さんに感謝はもちろんのことだが、あわせて篤い友情を捧げることをお許しいただきたい。また校正刷に行き届いた校閲をして助けてくださった喜多尾氷見子さんにも、心から感謝申し上げなければならない。

二〇一四年五月　パリ十六区、モーツァルト大通りの仮寓にて

著者識

保苅瑞穂（ほかり・みずほ）
1937年、東京生まれ。東京大学名誉教授。獨協大学名誉教授。
著書に『プルースト・印象と隠喩』（1982年）、『プルースト・夢の方法』（1997年）、『モンテーニュ私記　よく生き、よく死ぬために』（2003年、いずれも筑摩書房）、『ヴォルテールの世紀　精神の自由への軌跡』（2009年、岩波書店）、『プルースト　読書の喜び』（2010年、筑摩書房）ほか。訳書に、Ph・ミシェル＝チリエ『事典　プルースト博物館』（監修・共訳、筑摩書房）、ロラン・バルト『批評と真実』（みすず書房）など。

恋文《こいぶみ》　パリの名花レスピナス嬢悲話

2014年7月10日　初版第1刷発行

著　者　保苅瑞穂
発行者　熊沢敏之
発行所　株式会社筑摩書房
東京都台東区蔵前2-5-3／郵便番号111-8755
振替00160-8-4123
印刷　加藤文明社／製本　積信堂
ISBN978-4-480-80451-8 C0095

装　幀　神田昇和